대항성 선언
COUNTERSEXUAL MANIFESTO

폴 B. 프레시아도
PAUL B. PRECIADO

이승준·정유진 옮김

포이에시스

이승준 · 옮긴이

동국대학교 철학과 박사과정을 수료하고 미셸 푸코, 질 들뢰즈, 안토니오 네그리, 주디스 버틀러 등을 중심으로 현대 정치 철학과 포스트페미니즘, 맑스주의를 연구하고 있다. 한국철학사상연구회, 생태적지혜연구소, 연구공간 L 회원이며 '자율평론', '맑스코뮤날레' 편집에 참여했다. 공저로 『비물질노동과 다중』, 『페미니즘 고전을 찾아서』, 『포스트 코로나 시대, 플랫폼자본주의와 배달노동자』가 있으며, 『자유주의자와 식인종』(스티븐 룩스), 『어셈블리』(안토니오 네그리/마이클 하트)를 번역했다.

정유진 · 옮긴이

서강대학교 여성학과 석사학위를 받고 현재 같은 학교 철학과 대학원에 다니고 있다. 한국철학사상연구회, 생태적지혜연구소, 연구공간 L 에서 여성주의와 생태주의, 퀴어이론을 연구하고 있다. 한국여성정책연구원에서 비정규직 노동자로 일하고 있으며 공저로 『녹색당 선언』(이매진), 『페미니즘 고전을 찾아서』가 있으며, 『어셈블리』를 공역했다. '오귤희'라는 활동명을 사용한다.

MANIFIESTO CONTRASEXUAL by Paul B. Preciado
Copyright © 2002, 2011, 2020 by Paul B. Preciado c/o Casanovas & Lynch Literary Agency S.L.
All rights reserved.

Korean Translation Copyright © 2022 by Poiesis
Korean edition is published by arrangement with Casanovas & Lynch Literary Agency S.L. through Imprima Korea Agency

애리조나의 모니크 위티그Monique Wittig를 위해
라스베가스의 쁘티 큐petit Q를 위해
나탈리 매그넌Nathalie Magnan을 기리며

차례

머리말(잭 핼버스탬)
: 우리는 혁명이다! 또는 인공보철의 힘   7

저자 서문   17

1부 대항성 사회
대항성이란 무엇인가?   42
생체정치적 테크놀로지로서의 생식기   47
대항성 사회의 원칙들   58
(견본) 대항성 계약서   68

2부 대항성의 역-실천들
딜도기술학   73
실천 Ⅰ : 론 애서의 태양 항문   76
실천 Ⅱ : 팔을 자위하기   81
실천 Ⅲ : 딜도-머리를 즐기는 법   85

3부 이론들

데리다의 가위: 딜도의 논리 *91*

버틀러의 진동기: 섹스 장난감과 인공 성기의 간략한 계보학 *113*

머니가 성을 만든다: 여러 성의 산업화 *147*

해러웨이의 인공보철: 성 테크놀로지 *173*

4부 대항성적 독서실행

똥구멍에 그걸 하는 더 좋은 방식으로서의 철학에 대해
— 들뢰즈와 "분자적 동성애"*201*

딜도 *232*

내 사랑 인공보철 *237*

저자 후기 *250*

감사의 말 *252*

한국어판 편집 후기 *255*

참고문헌 *265*

머리말

우리는 혁명이다! 또는 인공보철의 힘

잭 핼버스탬Jack Halberstam

폴 프레시아도의 대항성countersexual 계약에 서명한다면 당신은 자연적인 남/녀의 지위를 포기하는 데 동의하는 것이며, 또한 "자연화된 이성애중심체제의 내부"로부터 비롯되어 당신에게 확장될 수도 있는 모든 특권을 포기하는 것이다. 당신이 맺은 새로운 계약, 즉 자연에 앞서거나 자연 다음에 오는 대항성 계약은 당신을 "항문"과 "항문 노동자"로 위치시키고, 당신의 이름을 딜도의 질서에 새긴다. 이 인공보철의 질서 즉 힘·쾌락·지식·욕망으로의 대안적 방향설정은 때 이른 어떤 체계가 아니다. 이 질서는 우리가 이미 거주하는 세계의 구조적 조건이다. 그는 새로 쓴 서문 ― 이 서문은 다른 젠더를 가진 젊은 프레시아도가 처음 선언문을 작성하던 당시의 관점을 더 강화시킨다 ― 에서 이렇게 말한다. "이 책은 혁명에의 요구로 시작하는 것이 아니라 **우리가** 이미 일어나고 있는 **혁명이다**라는 깨달음으로 시작한다."

우리가 이미 일어나고 있는 혁명이다! 이 문장 자체의 에너지가 당신 안에 파문을 일으키는 것을 느낄 수 있을 것이다. 그 자리를 차지하자. 남성/인간 바리케이드—이게 아니라면 그것이 남성도 여성도 아닌 바리케이드, 트랜스 바리케이드겠는가—의 자리를. 이런 제길, 그들을 전부 끌어내리자. 우리는 혁명이다. 왜냐하면 혁명이 우리 안에 있기 때문이다. 혁명은 우리가 될 것이고 우리 덕분에 혁명은 우리 이후에도 계속 살아있을 것이다. 이 "우리"란 무심코 쓰는 일인칭 복수형이 아니라 프레시아도가 "육신의 공산주의somatic communism"라 부르는 새로운 질서의 문법이자, 또한 "돌보며 번식하고, 연결하며 증식시키는" 능력 안에 거주하는 존재의 방식, 이동의 방식, 변화의 방식이다.

모니크 위티그의 『게릴라들』에서 방랑하는 한 퀴어 인물이 그랬듯이 프레시아도의 『대항성 선언』에서 딜도를 찬 대항성 부치는 "이성애 계약"을 넘어서며 이른바 '자연세계'와의 전쟁을 개시한다. 이것은 군인이나 전차와 벌이는 전투가 아니다. 이것은 인식론적 전쟁으로 여기서 부치는 시대착오자나 실패한 복제물, 서글픈 남성 모방자가 아니라 2차 대전 이후 새롭게 조성된 산업적 풍경의 일원으로 인식되어야 한다. 이 새로운 풍경에서 군인, 주부, 할리우드 배우 등은 산산조각난 자연 세계의 풍경을 덮어버리려고 인공보철을 이용한다. 단단한 모든 것이 이 세계 안에서 함께 접붙여지고, 반짝이는 모든 것이 금빛으로 칠해진다. 부치가 비자연적인 것의 제단에 제물로 바쳐지는 동안 병사들은 인공 수족을 짜 맞추고, 주부들은 식기 세척기를 구매하며, TV는 저주받은 미인이라는 불가능한 이미지를 유포한다. 대항성주의자는 분칠을 거부하고 그들 자신의 '인조 현실'을 노출하는 인물이다.

    20세기가 저무는 시기에 쓰였지만 아직은 영역본만 있는 프레시아도의 이 초기 작업은 본질주의 대 구성주의, 수행성 대 실재성 realness, 그리고 행위자 대 생산이라는 끝없이 계속되는 논쟁을 에둘러가는 지름길을 찾는다. 또한 이 글은 감탄할 정도로 간결하고 재치 있으면서도 세련된 방식으로 독자들에게 [여러 견해를 절충시킨] 퀴어 이론을 제공한다. 푸코보다는 들뢰즈에 더 기반을 두면서도 들뢰즈에 대한 정설적 해석에 머물기를 거부하면서 말이다. 실제로 『대항성 선언』의 한 절은 들뢰즈에 대해 꽤 직설적인 비판을 제공한다. 가야트리 스피박이 「서발턴은 말할 수 있는가」에서 들뢰즈와 푸코에게 가한 비판을 계승하면서 프레시아도는 들뢰즈가 "동성애가 사랑의 진실이다"라고 말할 때 그가 실제로 의미한 바가 무엇인지를 따진다. 주지하다시피 스피박은 들뢰즈와 푸코가 포스트구조주의 지적 담론 안에서 노동자나 프롤레타리아가 스스로 말하게끔 허용하지도 않으면서 그들을 들먹였다고 주장했다. 정체성 정치가 서투르고 단순하게 보였으며, 분자성의 언어가 팽배했던 1990년대 프랑스의 맥락에 있던 프레시아도는 프랑스의 이론적 담론이 동성애와 트랜스성을 아무런 문제의식 없이 은유로 사용하는 것에 반발했다. 프레시아도는 자신의 텍스트가 의존하고 있는 성적 실천을 추상화하길 거부하면서, 추상적 비판형식 — 특히 프랑스 학계의 초가부장적인 체계에서의 — 을 꺼내 들기보다 동성애나 트랜스성의 공간을 주장하는 것과 관련된 매우 상이한 이해관계를 인식하고 명명했다. 유목민 없는 유목주의를 서술했던 들뢰즈, 현실의 여성이나 동물에 관한 것이 아닌 여성-되기나 동물-되기의 과정을 서술했던 들뢰즈는 또한 마찬가지로 동성애 행위에 실제로 관여하지도 않으면서 횡단적인 동성애 경험을 소환했다. 프레시아도는 이렇게 정체성 정치를 회피하는 일을 비판하면서도 그 자신은 정체성의 늪에 빠져 허우적대지 않았다. 그럼에도 불구하고 프레시아도는 버틀러보다 훨씬 더, 들뢰즈보다 훨씬 더 그리고 푸코보다는 확실히 더, 숨김없는 방식으로 퀴어 정체성, 퀴어 공동체, 퀴어 집단에 관한 글을 그들 퀴어와 함께 쓰면서, 그들을 소환하고 그들에 거주하며 그들의 권리를 주장하면서 그들을 기리고 그들에게 이름을 부여한다. 이들 퀴어 주체들에는 분명하게 부치가 포함될 뿐만 아니라 또한 "간성, 장애인, 퀴어한 젠더, 비백인, 트랜스" 역시 포함되어 있다.

프레시아도의 『대항성 선언』은 푸코와 들뢰즈의 작업과 대결하면서 구축되지만, 이들 이론가들에 대한 비판은 주디스 버틀러나 도나 해러웨이 그리고 특히 모니크 위티그의 사상이 지닌 역동적 힘을 경유하여 이뤄진다. 프레시아도는 레즈비언 페미니스트가 가모장제를 통해 상상한 유토피아의 순수성을 거부하지만 또한 권력을 순수하게 추상적으로 설명하는 지식도 거부하면서, 처음에는 생체정치적biopolitical 성에 대한 해석을 제시하고 이어서 이성애가 사물의 자연스러운 질서로 나타나는 인식론적 체제가 이미 얼마나 붕괴되었는가를 폭로하는 작업을 시작한다. 이러한 내용들을 뒤따라 가다 보면 우리는 몰락하는 어떤 체계의 잔해들이 흩뿌려져 있는 이데올로기적 풍경을 발견한다.

이 체계는 죽어가고 있지만 여전히 잘 기능한다는 인상을 주려고 계속해서 우측 회로에 전원을 컨다. 바로 이것이 프레시아도가 "느린 시간성 속에서는 성적인 제도들에 그 어떤 변화도 보이지 않는다"고 말한 바의 의미이다. 〈2001: 스페이스 오디세이〉의 '할 9000'을 생각해보자. 스탠리 큐브릭 감독의 고전적인 테크노 공포영화에서 우주 비행사들을 돕는 이 컴퓨터는 잘 기능할 때는 우주선 구조물 및 식민지 탐험 장치와 뒤섞여 눈에 띄지 않게 무난하게 작동한다. 그러나 오작동이 시스템을 혼란으로 몰아가기 시작하면, '할 9000'은 활동을 중단하고 자기의 전원을 꺼 버리기보다 탐험가, 기만자, 파괴자라는 새로운 역할을 맡게 된다. 이처럼 이성애 매트릭스는 눈에 띄지 않은 채 체계를 통치하다 그 정체가 폭로되면 폭력을 쓰기 시작한다. 우리 대항성들은 물론 체계의 오작동이다.

이성애 매트릭스 — 위티그를 따라 버틀러가 명명한 — 가 인간 연속성의 중심을 차지하다가 이후 자리를 옮겨 인간의 육체적 창조성의 주변부로 이동하는 것을 목격할수록, 즉 더 나은 방향으로 나아갈 출구를 틀어막고 있다가 이후 관계성과 젠더화된 권력으로 이동하는 것을 목격할수록, 우리는 딜도적·반反거세적·비동일시적인 대항성적 힘이 실린 이 간결한 매뉴얼로 돌아오는 게 좋다! 결국 프레시아도는 단지 우리를 억압하는 체계들에 이름을 붙이려는 것이 아니라, 체계를 파괴하길 원하거나 적어도 우리 모두가 파국적으로 몰락할 억압체계의 목격자임을 인식하기를 원하는 것이다. 그는 이른바 '사물의 자연적 질서'를 벼랑 끝으로 밀어붙이기 위해 젠더 체계의 조건을 개편한다. 그래서 모니크 위티그가 레즈비언은 여성이 아니라고 주장할 수 있었듯이, 프레시아도는 부치나 트랜스 인간은 하나의 "사건"이라고 주장한다. 국가 앞에 서서 인정을 기다리는 최후의 신체를 재현하는 대신 이 선언에서의 부치와 『테스토 정키』에서의 트랜스는 파열, 황홀감, "기술 도둑technology thief", 딜도 소지자, 인공보철 영웅, "대항성적 경기 침체recession economy"의 이행적 주체이다. 부치는 그녀 자신의 남성성에 냉담하며, 아무것도 결여하지 않은 사이보그적인 대항-허구이다.

몸을 딜도로 표현한 귀여운 만화를 삽화로 넣은 프레시아도의 영문판 표지그림은 그의 고유한 이론적 흐름을 반영한다. 그가 개정판 서론에 썼듯이, "자신을 딜도 편에 위치시키고", 그래서 우리에게 "이 책도 하나의 딜도"임을 떠올리게 하는 프레시아도의 선언문은 몸에 대한 서양 철학의 지배적 서사와의 화해를 거부한다. 그 대신 그는 (전통적인 페미니즘과 함께) 그 서사를 산산조각내면서, 우리에게 한편으로는 항문의 보편성을 중심으로 조직된 새로운 몸 이론을, 다른 한편으로는 플라스틱/실리콘 딜도의 조직화 논리를 제공한다.

당당하고 대담한 사람이 그러하듯 결코 망설이거나 얌전한 프레임을 쓰지 않는 프레시아도는 "이성애적-자본주의적-식민주의의 세 가지 근대적 서사인 마르크스주의, 정신분석학, 다원주의"를 파괴할 요량으로 자신의 선언문을 제시한다. '안 될 게 뭐야, 그것들을 무너뜨리자.' 썩고, 굼뜨고, 흔들리는 지식생산의 요새들을 벼랑 끝으로 몰아붙이는 데 있어 프레시아도보다 더 탁월한 이는 없다. 늘 페미니스트의 입장에 섰던 것은 아닌 프레시아도는 닐도 무기를 들고 나타난다. 그는 1980년대에 게일 루빈이 친족서사와 자본서사에 개입하면서 시작했던 일을, 그리고 1990년대에 버틀러가 프로이트와 라캉에게 치명상을 입히며 시작했던 일을 끝마치겠다는 강한 의도를 갖고 있다. 루빈의 「여성 거래」가 프로이트와 레비스트로스가 자신들이 서술했던 착취와 불평등의 체계를 비판하지 않았다는 이유로 그들에게 날선 비판을 했다면, 버틀러의 「레즈비언 팔루스」는 프로이트와 라캉이 거세에 관한 이론에서 자연화된 이성애-남성성과 그들 자신이 맺고 있는 관계를 해명하지 않았다는 점을 들어 그들을 비판했다. 프로이트와 라캉은 둘 다 남성적이지 않은 남성성이 지닌 비체적이지 않은 형태를 상상할 수 없었기 때문에, 남근 권력과 여성 거세를 다룬 그들의 작업에서는 여성의 남성성과 퀴어의 남성성이 사유가 불가능한 일종의 한계로 나타났다. 프로이트는 남근 권력이 전복될 수도 있다는 점에 너무나 당황해서 "여성은 무엇을 원하는가?"라는 의문만을 던질 뿐이었다. 푸코든 라캉이든 그들 모두가 이 질문에 어떻게 대답해야할지 몰랐던 것은 분명하다.

게일 루빈, 실비아 윈터Sylvia Wynter, 주디스 버틀러, 로데릭 퍼거슨Roderick Ferguson, 카라 킬링Kara Keeling, 도나 해러웨이에 가담하라. "여성들"이 무엇을 원하는지를 정확히 아는 퀴어이자 탈식민지주의자이며 페미니스트인 학자 세대들에 가담하라. 즉, 여성들이 원하는 것이 **여성**이 **남성**과의 관계를 통해 정의되는 문화의 종말임을, 전 인류가 경험한 결여를 여성적 체현으로 채우는 문화의 종말임을,

흑인의 신체가 탈선한 백인성의 그림자로 나타나는 문화의 종말임을, 식민화된 신체가 모방과 종속을 통해서만 실재가 되길 바라는 문화의 종말임을, 그리고 남근phallus이 여전히 (백인의) 음경penis인 문화의 종말임을 아는 그런 세대들에 가담하라. 시기상 버틀러보다는 늦었지만 그녀의 퀴어 유색인 비평보다는 앞서 있는 프레시아도의 글쓰기도 퀴어/흑인/식민화/여성/장애인의 신체가 무엇을 원하는지 알고 싶어한다. 그들의 몸은 인공보철의 확대를, 딜도와 같은 대체품을, 비-구원적이고 반-자본주의적인 육신의 반란으로 나아가는 비-원본적 경로를 원한다. 라캉이 보기에 인간은 마침표를 원하고, 프로이트가 보기에 인간의 몸은 죽음, 죽어감, 비-생성을 지향하며, 마르크스가 보기에 혁명이 백인 남성의 노동하는 몸과 그 몸의 해방 성향에 의존한다면, 프레시아도가 보기에는 우리가 원하는 것은 미결정상태이며 그것의 윤곽은 일단 우리가 "성과 섹슈얼리티의 새로운 정치적 조직화"를 선호하여 그가 '이성애적 안무'라고 부른 것을 극복할 때에만 알려질 것이라는 점이다.

    매일 우리를 찌르는 무기를 피해갈 독창적 길을 내거나 방패를 만드는 일은 고사하고, 그 무기들에 이름을 붙이기조차 점점 더 어려워질 때는 앞으로 나갈 새길을 알 수 있다고 생각하는 누군가의 목소리를 듣는 것이 생기를 되찾는 일, 아니 해방적인 일이다. 분량은 짧지만 위험하며 추진력이 있는 이 책이 20여년 전에 쓰였다는 사실 때문에 현재에 미칠 영향력이 줄어드는 것은 아니다. 실제로 이 책의 영어본 출판은 학계가 빠져있는 식민성을 환기시키는데, 학계에서는 영어가 공용어이며 그래서 다른 언어로 글을 쓰는 학자들(심지어 불어나 스페인어와 같이 다른 식민지어로 글을 쓰는 학자들조차)은 그들의 작업이 마땅히 누릴 영향력에 앞서 번역되길 기다려야만 한다. 20년을 건너뛰어 반향되려면 "뒤늦은" 읽기를 보장하는 긴 줄에 대기해야 하지만, 그럼에도 불구하고, 『대항성 선언』은 여전히 시급하고 시의적절한 텍스트이다. 실제로 가부장제의 학대, 괴롭힘, 폭력을 더는 참지 않는 다양한 문화적 표현들이 최근에 등장하고 있음을 고려했을 때, "남성/인간"의 종말에 대한 노골적이고 격렬한 찬양이자, 그것을 대체하는 딜도 체계에 대한 펑크적 찬가인 이 책은, 퀴어 이론을 다시 쓰면서도 또한 그 길에 앞장서서 어떤 이론적 묘책을 예고하고 있는 듯하다.

프레시아도의 저서 중 가장 먼저 쓰였지만 제일 늦게 영어로 번역된 『대항성 선언』은 시간과 공간의 시험을 견뎌내면서, 비아그라에 의존하는 남근적 살의 바다에서 놀라운 실리콘 좆dick처럼 버티고 서 있다. 이 책은 검증받거나 승인받기를 요구하지 않으며, 결코 도래하지 않을 미래에 대한 예측으로 좌초되지도 않으면서 처음 쓰였던 1990년대에 그랬듯, 그리고 [책의 한 절로 포함된] 내 사랑 인공보철이 처음 출판된 2001년에 그랬듯이 현재에도 상당히 적절한 주장을 제시한다.

나는 이 책의 팬일 뿐만 아니라 대항성으로 전향한 자이다. 프레시아도처럼 나도 "쾌락 자체는 더 이상 마르쿠제가 기다리던 그런 해방군일 수 없다"고 믿는다. 그는 이어서 이렇게 말한다. "대신 우리는 새로운 기관과 욕망을 발명하기 위한 혁명적 지형을 열어젖힐 필요가 있다. 어떠한 쾌락도 아직까지는 정의된 적이 없는, 즉 정체성 정치를 통해서는 재현될 수 없는 그런 새로운 주체성들을 위한 혁명적 지형을 말이다." 프레시아도가 보기에 우리가 나아가야 할 길은 돌연변이, 다양화, 그리고 '시'이다. 돌아갈 길은 알려지지 않았고, 접근할 수도 없다. 대항성 선언에 서명하자! 서명하고 나서는, 연서판을 만들어 돌리자. 이 혁명은 바로 지금이며 당신은 파편화와 분해를 해내는 그 혁명의 당사자이다. 딜도를 집어 들고 대문자 역사History에서 비켜나와 당신의 길을 작성하라. 전지구적planetary 육신의 코뮤니즘을 이루는 다중들이 당신을 기다리고 있다.

저자 서문

    냉냉한 학문 연구를 확장하는 데 있어, 자신의 연구대상이 더 이상 어떠한 영향도 받지 않은 상태로 두지 않고, 반대로 그것이 불타오르게 하는 지점에 이르게 하는 것은 위험한 일이다. 사실 내가 고찰한 끓어오름, 지구에 생기를 불어넣는 끓어오름은 또한 **나의** 끓어오름이기도 하다. 따라서 내 연구의 대상은 끓는점에 있는 주체와 구별될 수 없다.

조르주 바타유,『저주의 몫』, 1부

    『소돔 120일』[1]의 필사본은 작은 종이쪽지들을 접착제로 붙인 12미터 길이의 두루마리 종이로, 앞뒷면에는 검정 잉크로 쓴 글이 적혀 있다. 사드는 이 책을 바스티유 감옥에 수감되어 있던 1785년에 37일 밤 동안 거의 완전한 어둠 속에서 아주 작은 글자로 썼으며, 교도관의 감시를 피해 속이 빈 나무 딜도 안쪽에 원고를 숨겼다. 하지만 사드가 쓴 것은 모두 압수되었고 새로운 혐의를 직접 해명해야 할 위험에 처

---

1 [한글본] D. A. F. 드 사드,『소돔의 120일』, 김문운 옮김, 동서문화사, 2012.

했다. 사드는 읽고, 쓰고, 먹고, 자위—그의 말에 따르면 하루 6번 이상—하며 시간을 보냈다고 진술했다. 그가 아내 르네 페라지에게 항문 삽입에 쓸 나무 딜도를 만들어 달라고 부탁한 것은 이 자위행위 때문이었다. 감옥의 벽돌 안쪽에 숨겨뒀던 딜도는 바스티유 감옥이 약탈되는 중에도 필사본을 보존했고, 결국 그것을 아르누 드 생 막시맹 Arnoux de Saint-Maximin이 찾아냈으며, 1세기 정도가 지난 1904년 독일인 의사 이반 블로흐Iwan Bloch가 "유진 뒤렌"이라는 가명으로 공개했다.

사드의 가장 도전적인 글이 살아남았다는 것에서 우리가 얻는 교훈은 속이 빈 딜도가 비밀을 숨기는 유용한 저장고일 수 있다는 것, 아니 모든 딜도에는 결국 책을 담을 수 있다는 것뿐만이 아니라 또한 하나의 책이 섹슈얼리티를 제작해내는 기술이 됨으로써 딜도처럼 작동할 수 있다는 것이다. 딜도와 마찬가지로 하나의 책은 변형의 문화적 테크놀로지를 돕는 성적인 몸이다.

이런 의미에서 이 책도 하나의 딜도다. 이것을 사용할 줄 모르는 주체를 변형시키고자 하는 딜도-책이자 딜도에 관한 책인 것이다.

내가 이 책을 썼을 때 나는 정말이지 다른 사람이었다. 내 법적 이름은 베아트리즈였고, 나를 여자라고 생각했으며, 사람들은 스물여덟 살이었던 나의 정체성을 퀴어 레즈비언으로 규정했다. 이 책은 학술적 지식의 일환으로 쓰인 것이 아닌 하나의 실험이었다. 그것은 마치 소설의 기법처럼 작동해 나로 하여금 여전히 진행 중인 타자-되기의 과정을 시작하게 했다. 당시에 나는 '사회연구 뉴스쿨'2에서 자크 데리다의 지도를 받아 대륙철학에 관한 박사학위논문을 쓰고 있었다. 내 논문의 주제는 '트랜스성 과정으로서의 아우구스티누스의 회심'이었다. 아우구스티누스는 가톨릭으로의 개종과 함께 사치스러운 욕망과 왕성한 성생활에서 순결과 성적 금욕의 윤리적 의무로 이동했다. 내가 보기에 아우구스티누스는 성전환자였다. 그는 하나의 욕망 경제에서 다른 욕망 경제로 이행했는데, 이는 신학적 약물주입, 몸의 탈성화, 그리고 탈생식화가 지배하는 새로운 섹슈얼리티의 발명에 헌신하는 것이었다. 바로 이것이 내가 성적인 가소성plasticity을 오늘날의 젠더정치를 뛰어넘는 어떤 것으로, 다른 욕망체제의 제작을 함의하는 어떤 것으로 생각하기 시작했던 이유다.

같은 시기에 나는 뉴스쿨에서 프린스턴 대학 건축학부로 옮겨 나의 이 기묘한 아우구스티누스적인 주제를 이어갔다. 세기말에 건축 분야에서 회자된 해체 담론이 어느 정도 종용한 탓도 있지만 학위논문을 쓰면서 받을 더 많은 지원금을 기대한 것도 있다. 건축계에 들어간다는 것은 나의 철학적 실천을 근본적으로 유예한다는 것을 의미했다. 나는 구성주의적 젠더 이론에 숙달되어 있었지만 수행적인 젠더구성 과정의 바로 그 물질성에 대해서는 성찰해 본 적이 없었다. 건축가들

---

2 [옮긴이주] 사회연구 뉴스쿨New School for Social Research(NSSR)은 미국의 뉴욕 그리니치빌리지에 위치한 뉴스쿨 대학에 소속된 5곳의 단과대학(사회연구 뉴스쿨, 공연예술대학, 유진 랭 자유 학예대학, 파슨스 디자인 스쿨, 뉴스쿨 공공참여 대학) 중 하나이다. 학문의 자유와 지적인 탐구에 중점을 둔 이 대학은 진보적인 사상가들을 위한 거처로서 1919년에 설립되었다. 1919년부터 1997년까지 '사회연구 뉴스쿨', 1997년부터 2005년까지는 '뉴스쿨 대학', 2005년 이후부터 현재까지 '뉴스쿨'로 교명이 바뀌었다.

은 건축 테크놀로지가 자신들의 주요 "업무"라 단언하면서 내게 이렇게 물었다. "당신이 젠더에 대해 말할 때 쓰는 '구성/건설'construction이 실제로 의미하는 바는 무엇이죠?" 내가 정말 의미한 바는 뭐였을까? 나는 알지 못했다.

그래서 나는 젠더 테크놀로지의 물질성에 관심을 기울이기 시작했다. 건축가 및 설계 역사가들은 내가 신체와 섹슈얼리티를 건축과 시각 기술의 특수 효과들(프레임, 콜라주, 복제, 모방, 조립, 표준화, 분할, 공간 분배, 절단, 재구성, 투명도, 불투명도 등)로 보도록 도와주었다. 건축이 사회적 공간을 만들어 내는 정치적 테크놀로지라면, 몸 역시도 건축 용어로 이해될 수 있기 때문이다. 이것이 내가 딜도와 간성 그리고 트랜스 재구축의 의학 기술을 디자인·인공보철·생체건축의 테크놀로지로 바라보기 시작했던 이유인데, 이러한 테크놀로지는 우리의 물질적 신체 및 공간·시간·현실에 대한 우리의 지각을 기술적으로 변형시킨 기나긴 역사 내에 새겨질 수 있다. 결국 나는 성 아우구스티누스에서 나 자신의 삶으로 돌아오기로 결심했으며, 또한 나와 함께 살아가던 젠더-퀴어 및 트랜스 운동 내에서 벌어지고 있던 물질적 전환과 몸 개조의 바로 그 과정에 대해 감히 생각해 보기로 결심했다.

우선 독자는 여기서 변명이나 합리화를 발견하지는 못할 것이다. 당신이 나의 섹슈얼리티를 퀴어/기괴하다고queer 생각하든 장애로 생각하든 나는 개의치 않는다. 나는 퀴어함과 장애를 포용한다. 이 책은 환희에 차서 그리고 겉보기에는 반反과학적으로, 섹스·젠더·섹슈얼리티의 환원불가능한 다양성을 긍정하는 것으로 시작한다. 이 책은 혁명에

의 요구로 시작하는 것이 아니라 **우리가** 이미 일어나고 있는 **혁명이다**라는 깨달음으로 시작한다.

이 선언문은 또한 규범적 정신분석학3, 마르크스주의, 생물학 담론 및 그 기술, 주류 학계의 철학적 글쓰기 등에 대한 반발일 뿐만 아니라 20세기에 철학·젠더이론·인류학 담론을 마비시켰던 본질주의/구성주의의 딜레마에 대한 응답이다.

나는 이 글을 쓰면서 학술 담론의 울타리를 벗어나고 싶었지만, 그로부터 배제되어왔던 것을 이해하기 위해서 그들이 쓰는 비판 도구들을 여전히 사용한다. 학술 담론과 그 문법은 우리가 각각의 나무들을 구별하지 못하게 만드는 숲과 같을 뿐만 아니라 한 걸음 더 나아가 숲을 이해하기 위해 연구자로 하여금 나무들을 베도록 강요한다. 딜도의 논리가 주장하는 것처럼 이 책은 나무, 생명, 욕망, 섹슈얼리티를 베어버리는 대신 돌보며 번식하고 연결하며 증식시킬 것을 요구한다.

나는 섹슈얼리티를 이해함에 있어 정신분석 이론의 비판적 헤게모니 아래에서 성장한 철학자 및 활동가 세대에 속한다. 세기말의 페미니즘 이론과 퀴어 이론은 섹슈얼리티에 대한 중부 유럽의 정신분석 이론이 지닌 과잉 남성성, 백인 우월주의, 이성애중심주의와 담판을 벌인 것으로 묘사될 수 있다. 이 선언문에 포함된 글과 활동은 페미니즘 이론과 퀴어 이론이 정신분석학적인 규범에 맞서는 조치들을 끌어내는, 퀴어 및 트랜스성들의 대항임상counterclinic으로 이해될 수 있다.

---

3 나는 여기에 장 우리Jean Oury나 펠릭스 가타리 류의 사람들이 수행했던 반체제적인 임상실천을 포함시키지 않는다. 이 실천은 수엘리 롤니크Suely Rolnik 및 그 외 사람들의 프로젝트들에서 현재도 계속되고 있다.

프로이트와 라캉의 정신분석학은 달도를 남근적 심급으로, 즉 거세 콤플렉스를 피하면서 권력의 환영을 유지할 수 있게 해주는 대상으로 이해할 것을 제안했다. 질 들뢰즈와 펠릭스 가타리는 지그문트 프로이트와 자크 라캉에 맞서 거세 콤플렉스 개념을 정신분석학의 "이데올로기적 구성물" 중 하나로 이해했다. 지난 몇 년간 퀴어 및 트랜스 운동으로 정교하게 다듬어진 정치적·이론적 경험은 『안티 오이디푸스』의 제안을 확장하고 급진화시켰다.4 정신분석학의 거세관은 이성애규범적이고 식민주의적인 몸의 인식론, 즉 두 개의 신체와 두 개의 성만이 존재하는 이분법적인 해부학적 지도제작에 의존한다. 여기서 남성의 몸과 주체성은 음경, 즉 돌출된(많이 튀어나왔든 적게 튀어나왔든) 생식기와 관련해 정의되고, 여성의 몸과 주체성은 음경의 부재로 정의된다. 음경의 소유 유무에 대한 이러한 변증법은 상호 배타적인 두 가지 가능성 사이의 딜레마로 제시된다. 이 이분법 바깥에는 병리학과 장애만 있을 뿐이다.

　이 선언문은 살아있는 존재의 근본적 다양성과 욕망 및 쾌락의 생산 형태를 이성애식민주의로 거세하는 것에 대한 무례하고 분노에 찬 응답이다. 우리는 폭력적인 젠더 감별이 모든 현대적인 병원에서 합법적 관행으로 자리잡은 세계, 젠더를 이분법에 따라 강제로 할당하는 세계에 살고 있다. 이 세계에서는 피임약으로 이성애와 생식을 기

---

4 Gilles Deleuze and Felix Guattari, *Anti- Oedipus*, vol. 1 of *Capitalism and Schizophrenia*, trans. Robert Hurley, Mark Seem, and Helen R. Lane, Minneapolis: University of Minnesota Press, 1983. [한글본] 질 들뢰즈,펠릭스 가타리, 『안티 오이디푸스: 자본주의와 분열증』, 김재인 옮김, 민음사, 2014.

술적으로 분리할 수 있음에도 불구하고 이성애가 여전히 정상적이고 자연적인 생식의 형태로 선언되고, 호르몬·인공보철·수술이 젠더전환의 체험을 가능하게 하지만 젠더의 정상화가 모든 젠더 재할당 과정의 정치적 필요조건이며, 피부와 장기에 대한 3차원 프린팅 실험이 이미 진행되고 있지만 그 실험은 늘 헤게모니적인 젠더 및 인종 규범의 틀 안에서만 가능하다. 그럼에도 불구하고 우리들 간성, 불구자, 퀴어한 젠더, 비백인, 트랜스는 존재하고, 말하고, 행동한다. 우리는 약물 포르노 체제 안에서의 안티 오이디푸스이다. 우리의 몸과 주체성은 정치적 실존이나 해부학적 실존을 갖지 못할 수 있지만 이분법적 섹스-젠더 체제 안에서 그에 맞서며 살고 있다.

따라서 거세는 단지 식민주의적인 이성애 가부장제의 심리적 성장치나 정치적 성장치에 불과한 것이 아니다. 거세는 성 할당의 "머니 규약"이 확대된 1950년대 이후, 의약 산업 복합체가 몸을 규정하기 위해 활용했던 핵심 기술들 중 하나가 되었다.5 거세는 젠더 차이를 기술적으로 생산하기 위해 이른바 '간성 아기들'에게 절단 수술을 가함으로써 형태상으로나 성적으로나 환원이 불가능한 몸의 다양성을 성 이분법(음경의 소유와 음경의 부재)으로 개조 및 변형시키려는 일련의 외과적·내분비학적 절차와 규칙이다.

지배적인 정신분석학 서사와 그것의 이분법적 생식기 경제는, 병

---

5 [옮긴이주] '머니 규약Money protocol'은 1955년 존스 홉킨스 대학병원 소아과 및 의료심리학 교수인 존 머니John Money와 조안·존 햄프슨 부부가 발전시킨 이론에 기반하는 '간성 아이를 위한 관리규약'을 의미한다. 이에 대해서는 본서 〈3부 이론들〉의 "간성 … 마치 너와 나 같은" 절을 참고하라.

리학의 사례를 규정하고 성차에 대한 인식론 및 그것의 권력-지식 체제가 산출하는 불안과 심리적 고통을 정상화하는 치료를 추구함으로써 이성애규범적 식민 체제를 수반하는 임상적 장치로 이해될 수 있다. 지배적인 정신분석학과 약학은 치료실로 작동하는데, 이 치료실에서는 지배적인 이성애식민주의 체제가 생산하는 괴로움과 심리적 고통을 정치적 반란으로 변형시킬 가능성이 차단되고, 그 가능성이 주체의 정체화 과정 — "네가 남성인지 여성인지 둘 중 하나를 받아들여", "네가 이성애자인지 동성애자인지 정해"— 으로 변형된다. 즉 이분법 체제가 가한 폭력을 즐기고 성애화하라는 것이다.

　이 논쟁이 교착상태에 직면했을 때, 나는 거세에 반대하는 회심이라는 대항-아우구스티누스적 대상인 딜도 — 내가 가지고는 있었지만 여전히 내게는 낯설었던 — 로 돌아왔다. 상당히 평범하면서도 물질적인 이 인공물은 나의 여성 섹슈얼리티와 레즈비언 섹슈얼리티를 다른 어떤 것으로, 즉 비밀에 붙여야 할 정도로 견디기 힘들고 말할 수 없는 어떤 것으로 회심하게 만드는 것처럼 보였다. 딜도는 나의 라캉주의 정신분석학자 친구들과 페미니스트 친구들에게도 똑같이 골치를 썩이는 어떤 것이었다. 그들이 보기에 딜도는 나쁜 기표였으며, 거세되지 않은 나의 권력욕의 병적 징후이자 지배적·남근적인 남성성 형태의 복제품이었다. 바스티유 감옥에 있던 사드의 경우처럼, 정신분석학과 페미니즘은 둘 다 나로 하여금 딜도의 담론을 아주 작은 글자로써 몰래 딜도 안에 숨기도록 강요하는 것만 같았다.

　그럼에도 불구하고 나의 딜도 경험은 근본적으로 달랐다. 나는 딜도가 몸과 섹슈얼리티 내부에 도입한 비동일시의 문법에 흥미가 있었다. 딜도는 '갖고 있다'나 '갖고 있지 않다' 중에 하나를 택해야 하는 것에서 벗어나 있다. 즉 딜도는 본질의 존재론이나 소유의 질서에 속하지 않는다. 딜도는 누군가 지니고 있을 수는 있지만, 완전히 소유될 수 없는 하나의 기관이기도 하고 기관이 아니기도 하다. 딜도는 다양성·연결·공유·전의의 경제, 사용의 경제에 속한다. 딜도는 몸에 박혀 유기체나 동일성을 창출하기를 거부한다. 딜도는 비소유dispossession와 유목주의의 편에 서 있다.

이 선언문은 딜도의 편에 서서 이성애적-자본주의적-식민주의의 세 가지 근대적 서사인 마르크스주의, 정신분석학, 다윈주의를 붕괴시킨다. 이 선언문은 마르크스에 맞서 재생산을 정치경제학의 중심에 두며, 프로이트에 맞서 어떠한 성적인 몸도 제작할 수 있는 문화적 테크놀로지로서의 "페티시"를 탈식민화시켜 복권하는 것을 목표로 하며, 다윈에 맞서 동물/인간의 분리를 넘나들며 양자가 공유될 수 있는 논리를 통해 성 이분법을 의문에 붙인다. 대항성은 역사적 자본주의의 진보서사, 인간 구제의 서사, 그리고 지구 구원서사에 대한 안티 오이디푸스이자 '점근선'이다.[6]

---

6 [옮긴이주] 점근선asymptote은 희랍어 아줌프토토스(ἀσύμπτωτος/asumptōtos), 즉 "서로 떨어져 있지 않은 것"에서 유래하는 것으로, 무한히 뻗어나가는 곡선에서 곡선 위의 동점이 원점에서 멀어질 때, 그 점에서 어떤 주어진 직선과의 거리가 0으로 수렴해 갈 때, 그 주어진 직선을 말한다. 본문의 맥락상 프레시아도는 곡선과 점근선의 관계가 그렇듯 대항성과 '진보 및 구원서사'의 거리가 아주 가까울 수는 있지만, 결코 두 노선이 만나는 일은 없음을 지시하려는 것으로 보인다.

나아가 딜도기술은 섹슈얼리티가 젠더 이론으로 환원될 수 없음을 강조한다. 젠더 이론은 여성의 정치적 해방에서 주요한 도약을 특징짓지만, 그것은 또한 성과 섹슈얼리티를 젠더에게서 제거하는 일에도 기여했다. 젠더 연구가 가진 문제는 성차를 보편적 존재론으로 보는 입장을 비판하기 위해 섹슈얼리티 자체를 논의에서 삭제시키는 방식에 있다. 이 선언문은 섹슈얼리티가 성차나 젠더 정체성 중 그 무엇으로도 환원될 수 없다고 단언한다. 여기서 섹슈얼리티는 몸의 정치로 규정되지만, 때로는 몸과 몸의 쾌락에 대한 무의식적 미학으로 규정되기도 한다.

섹슈얼리티는 언어와 같다. 섹슈얼리티는 생명의 소통 및 재생산에 관한 복잡한 체계이다. 언어처럼 섹슈얼리티도 공통의 계보와 생체문화적biocultural 족보를 지닌 역사적 구성물이다. 언어처럼 섹슈얼리티도 배울 수 있다. 다양한 언어들이 얘기될 수 있는 것처럼 다양한 섹슈얼리티가 얘기될 수 있다. 단일 언어주의가 흔히 그렇듯, 하나의 섹슈얼리티가 우리의 유년기에 부과되고, 그것은 자연화된 욕망의 성격을 띤다. 우리는 성적인 단일 언어주의를 훈련받았다. 성적인 단일 언어는 우리가 사회적 인공물로 인식할 수 없는 언어, 우리가 그 억양과 선율을 충분히 들을 수 없는 상태에서 이해하는 언어이다. 우리는 그러한 섹슈얼리티를 젠더 할당의 의학적·법적 행위를 경유해, 교육과 훈육을 경유해, 읽기와 쓰기를 경유해, 이미지 소비, 모방, 반복을 경유해, 고통과 쾌락을 경유해 진입했다. 그럼에도 불구하고 우리는 다른 지식체제, 다른 권력체제, 다른 욕망체제 하에서 다른 어떤 섹슈얼리티로 진입할 수 있었다. 여전히 우리는 어느 정도의 소외와 낯섦의 감각, 기쁨과 전유의 감각을 느끼며 다른 어떤 성적 언어를 배울 수 있다. 다른 섹슈얼리티와 다른 욕망체제, 다른 쾌락생산체제를 배우고 발명하는 것이 가능하다. 이 선언문은 섹슈얼리티를 언어와 미학으로 생각하면서도 형식주의와 기능주의, 관점의 제국empire of vision등을 뛰어넘을 것을 요구한다. 대항성은 당신 자신의 섹슈얼리티에 대해 이방인이 되려는 시도이자 성전환sexual translation으로 당신 자신을 상실하려는 시도이다.

대항성 선언은 지난 세기 말 페미니스트 공동체와 퀴어 공동체에서 일어났던 섹슈얼리티 정상화를 둘러싼 논쟁과 침묵에 매우 많은 영감을 받았다. 이 책은 미셸 푸코, 자크 데리다, 들뢰즈와 가타리, 기 오껭겜Guy Hocquenghem, 모니크 위티그, 도나 해러웨이, 주디스 버틀러, 어슐라 르 귄과 알프레드 자리Alfred Jarry, 마르셀 뒤샹과 잭 핼버스탬, 앤 할페린Ann Halperin과 이본 레이너Yvonne Rainer의 자손이다.

나는 해러웨이가 1980년대 후반에 탐구했던 사이보그 정치의 결론을 섹슈얼리티로 확장하고 싶었다. 딜도는 겉보기에는 저차원의 기술처럼 보이지만 매우 강력한 인식 도구이다. 딜도가 섹스와 맺는 관계, 딜도가 생식기에 대한 이성애적 재현체계와 맺는 관계는 사이보그가 자연/문화의 분리와 맺는 관계와 같다. 사이보그와 마찬가지로 딜도는 인종차별적이고 남성지배적인 자본주의 전통의 가장자리에 위치해 있다. 만약 음경(남근)이 이러한 헤게모니 전통의 유기적 구현이라면, 딜도는 그것의 사이보그적 타자이다. 비록 딜도가 자연에 대한 재현 및 전유의 논리에 따라 제작(때로는 음경을 모방하여)되었다 할지라도, 사이보그처럼 딜도는 그 전통을 초과하며 패러디와 불화를 통해 그 전통을 극한으로 밀어붙인다. 딜도 존재론은 포스트자연주의적이면서 포스트구조주의적이다. 딜도 정치학은 포스트정체성주의적이다. 삶과 죽음의 극한에서, 유기체와 기계의 극한에서, 인공보철은 성과 섹슈얼리티 내부에 되기의 존재론과 비소유의 존재론을 도입할 뿐만 아니라 육신적 끌림/드랙의 정치 역시 도입한다.

실재론자 대 대항성주의자Countersexualists

글렌 굴드는 두 부류의 음악가가 있다고 단언했다. 하나는 피아노(혹은 그 밖의 다른 악기)가 그 자체로 목적이 되는 거장 연주자이며, 다른 하나는 악기가 단지 접속기에 불과한 음악가로, 그에게 악기는 우리 몸의 감각적 물질성이 음악 영역에 접근해 연주가 있기 전에는 존재하지 않았던 음향을 발명하고 선율을 창조하게 해주는 도구이다. 두 부류의 성 행위자가 있다고 말해도 좋을 것이다. 한 부류는 성행위의 목표가 기관 및 신체의 고유한 기능에 부과된 특정 정의(발기·사정·생식·오르가슴 등)에 따라 자신의 성정체성(남성이나 여성, 이성애자나 동성애자)의 악보를 반복하는 이들이다. 다른 부류는 기관

(생물학적 기관이든 인공기관이든, 몸에 붙어있는 기관이든 기술기호론적으로 병합된 기관이든)이 단지 접속기에 불과한 이들로, 이들에게 기관은 성차·젠더·성정체성으로 재현될 수 없는 특정한 형태의 쾌락이나 정동에 접근하는 수단이다. 우리는 전자를 "실재론자"나 "생식기주의자", 이성애·동성애적 "자연주의자", 그리고 그들의 자각 여부와는 상관없이 '주류적인 오락-사정射精-산업의 추종자'라고 부를 것이다. 우리는 후자를 "대항성주의자"로 지시할 것이다.

성 실재론은 '성 자동화'에 의존한다. 의학체계 및 법체계 그리고 약물 포르노 기술로 촉진된 '성 자동화'는 사회적 생식과정에 결정론을 주입하는 정치적 테크놀로지이다. 이성애든 동성애든 실재론자들은 생체음경biopenis/생체질biovagina 세계의 일관작업대 안에서 성교한다. 성식민주의적 자본주의는 섹슈얼리티를 자동화한다. 성노동(대부분은 무급노동)과 생산성을 증가시키면서도 또한 정치적·경제적 협치governance의 표적이 되는 주류적 성정체성의 생산도 증가시키면서 말이다. 철학자·심리학자·사회학자 대부분은 성 실재론자들이다.

딜도기술dildonic은 성 자동화에 맞서는, 포스트젠더 및 포스트성정체화 주체의 섹슈얼리티이다. 대항성적 실천의 진정한 목적은 늘 이윤으로 변형되는 육체적 쾌락이나 정체성 생산이 아닌 왕성한 소비, 정동 실험, 그리고 자유에 있다.

3D 프린팅 섹스

우리는 나중에 반영하기 위해 다시 돌아올 몸을 가지지 않는다. 우리는 우리 자신을 하나의 몸으로 만들고, 우리 자신의 몸을 획득한다. 우리는 몸을 위해 높은 (정치적·정서적) 비용을 지불한다. 우리의 몸과 섹슈얼리티는 우리가 거주하면서 동시에 수행하는 집단적 제도이다. 이 살아있는 제도를 생산하고 정당화하는 사회적 테크놀로지들이 급격히 이동하고 있다.

우리는 15세기의 지구적 변화에 버금가는 역사적 시대를 살아가고 있다. 우리는 곧 책 인쇄를 중단하고 살을 인쇄하기 시작할 것이며, 따라서 디지털 생체-쓰기의 새 시대에 진입할 것이다. 구텐베르크의 시대가 성경을 탈신성화하고 지식을 세속화하고 라틴어에 맞서 토착어를 확산시키는 과정으로 특징지어졌을 뿐만 아니라 또한 정치적으로 반체제적인 언어를 증식하는 것으로 특징지어졌다면, 생체-구텐베르크 3D 시대는 지배적인 살아있는 언어/코드로 근대 해부학의 탈신성화를 앞당길 것이다.

곧 우리는 3D 생체프린터의 도움으로 우리의 성기를 인쇄할 수 있을 것이다. 생체잉크가 몸에서 추출한 모세포 집합으로 제작되고, 그 몸에 장기가 이식될 것이다. 이 새로운 기관은 디지털로 디자인되고 인쇄된 뒤에 몸에 이식되고 심어질 것이며, 몸은 그것을 자신의 것으로 인식할 것이다. 신장과 간과 같은 소위 '생명유지의 필수기관'을 인쇄하는 과정이 이미 시험 단계에 있지만, 생명공학 실험실들이 성기

인쇄에 대해 논의했던 적은 없다. 그들은 윤리적 제한이 설정되어야 한다고 말한다. 하지만 그들이 말한 윤리는 누구의 것인가? 신장은 인쇄하고 이식하면서, 음경과 질은 아니 자지와 보지는 왜 안 되는가? 인체 변형의 윤리적 한계로 성차의 미학이 꼭 고려되어야 하는가? 가부장 규범과 이성애 규범이 윤리적이라고 간주될 수 있는가? 구텐베르크도 1451년에 장당 42줄로 이뤄진 성경(이른바 '신의 말씀'이라 얘기되는) 180부를, 허가받은 수도사들만이 필사할 수 있었고 그것도 수개월이 걸리던 일을, 자신은 단 몇 주면 인쇄할 수 있다고 주장했다는 이유로 박해를 받았다. 우리는 3D 생체프린터의 사용법은 알지만, 그것을 자유롭게 사용하는 방법은 모른다. 대항성은 어떤 성 기관이라도 디자인하고 인쇄할 수 있다고 단언한다. 성 기관은 여성 또는 남성인 성차의 미학에 따라 음경이나 질로 식별되는 미리 정해진 형태학적 기관이 아니다. 성 기관은 **'포텐샤 가우덴디'** potentia gaudendi[기쁨의 힘]를 전하는 능력을 가진 모든 (비유기적 혹은 유기적) 기관으로, 이것은 신경계를 통해 살아있는 몸을 외부와 연결하거나 몸과 기계의 네트워크를 생산한다.

남성 헤게모니와 성차의 체제(이것은 여전히 정치적 용어로 우세하게 쓰이지만 적어도 1950년대 이래로는 과학적 의미에서 위기에 처해 있다)가 섹슈얼리티와 맺는 관계는 종교적 유일신주의가 서양의 신학 영역과 맺었던 관계와 같다. 중세 서양에서 신의 말씀에 의문을 제기하는 것이 불가능했던(더 정확히는 신성모독이었던) 것처럼, 오늘날 성 이분법과 성차에 대한 형태학적 미학에 의문을 제기하는 것은 불가능하다(더 정확히는 자연에 반하는 것이다). 그럼에도 불구하고 성 이분법과 성차의 미학은 증식하는 우리 욕망의 형태를 틀에 가두고 제한하며 정상화하고 위계화하는 인지적·정치적 지도이자 역사적 범주에 불과하다. 성 이분법의 논리뿐만 아니라 동성애와 이성애를 구별하는 논리는 각각의 특이한 몸이 지닌 카오스모스적 잠재력을 성 재생산의 산업화 과정에 예속시킨 결과이다. 몸이 인간으로 인정되는 것은 그것이 포드주의-가족의 생산 및 재생산 연쇄 내에 놓이게 되는 난자나 정자의 잠재적 생산자일 때뿐이다.

우리는 식민주의적인 이성애적 자본주의가 억류시킨 욕망의 생산적 힘을 해방시켜야 한다. 욕망은 이미 특정 기관을 리비도적 잉여생산의 자연화된 장소로 삼은 기계적 인공보철이다. 오페라이스모(노동자주의)가 '**잉여**(고정 자본의 전유에 의해 구성된 잠재력의 생산 및 발전에 부가된 가치)는 본질상 **생산적인 사회적 협동**에서 유래한다'는 점을 긍정한다면, 우리는 성적인 잉여가 사회적인 성 협동 및 집단적인 욕망생산에서 유래한다는 점을 긍정한다. 유일하게 관심이 가는 성은 낯선 성으로, 이는 체현된 주체인 당신에게 아직 알려지지 않은 욕망을 투여시키는 당신 성의 타자-되기를 의미한다.

좌파의 실패는 서양·백인·생물학적 남성·가부장적 몸과 관련해서가 아니라면 주권을 재정의하지도 못하는 그들의 무능력에 기인한다. 오늘날 전지구적 변이를 일으키는 유일한 길은 지구 안에서 그리고 지구와 함께, '살아있는 (모든) 몸들의 코뮤니즘', 즉 '**지구적인 육신 코뮤니즘**'을 구축하는 길이다. 생산과 재생산의 구분(남성과 여성으로 각각 자연화된)이 근대적인 식민주의적 이성애 자본주의의 분업의 핵심을 차지하는 상황에서 노동의 새로운 정치적 조직화는 성과 섹슈얼리티의 새로운 정치적 조직화 없이는 성취될 수 없다. 이것이 의미하는 바는 우리가 생식 기능 및 정상적 이성애 안무(삽입자, 피삽입자)와 관련되어 있다고 알고 있는 성 기관이 완전히 극복되어야 한다는 것이다. 첫째, 생식 기능은 생체 기관으로부터 절단·추출·탈영토화되어야 할 것이다. 즉 우리의 생식 세포의 관리는 집단적으로 결정될 수 있고, 그래서 수백만 년 동안의 돌연변이·학습·변형의 산물인 DNA의 다양한 사슬들은 공통적인 집단적 부로 취급될 수 있다. 섹슈얼리티의 완전한 변형은 제도적 이행을 필요로 할 것이다. 우리는 가족·결혼·커플 안에서 성을 노동으로 조직하는 전통적이고 자연화된 구조를 끝장내야 할 것이다.

19세기의 훈육적 이성애 체제에서 1950년대 동안 야기된 약물 포르노 체제로의 이행은 공장의 자동화가 위치를 바꾸어 성적인 것으로 간주된 기관의 기능에 적용된 것이자, 행위의 자동화(미리 정해진 대본 및 생산물로 이루어진 성적 안무)가 노바티스, 로슈, 화이자, 사노피, 유포른, 구글, 페이스북 등을 통한 성정치 영역의 총체적 컴퓨터화에 적용된 것으로 설명될 수 있다.[7] 우리는 침대 위에서 하는 몸들

---

[7] [옮긴이주] 노바티스Novartis는 스위스 바젤에 본사를 둔 세계 최대의 다국적 제약회사이다. 로슈Roche 혹은 '호프만 라 로슈 AG'는 스위스의 제약 기업으로 레돈손이라는 합성 비타민C를 최초로 대량생산한 스위스의 제약회사이다. 화이자Pfizer는 독일에서 미국으로 이주한 찰스 파이처와 찰스 에르하르트가 브룩클린에 1849년에 설립한 제약회사이다. 사노피Sanofi는 프랑스 파리에 본사를 둔 글로벌 제약회사이다. 유포른YouPorn은 미국 LA에 본사를

간의 섹스에서 스크린 위에서 하는 실체들 간의 섹스로 나아갔다. 즉 우리는 성교하는 로그logarithm들이자 화학적 합성물들이다. 성적인 몸을 미시정치적으로 재전유하는 과제는 몸에게서 미디어와 생명공학을 빼앗는 것으로는 이루어질 수 없다. 우리는 미디어이자 생명공학적 생물체이다. 그와는 반대로 우리의 과제에는 새로운 기관과 성 기능을 발명하기 위해 코드를 합선合線시켜 망가뜨리는 일이 포함된다.

레즈비언·게이·양성애·트랜스(LGBT) 정체성 운동의 개혁주의적이고 [사회]통합적인 법적 아젠다에 맞서, 대항성은 욕망과 몸의 관계, 기술과 의식의 관계를 새롭게 배치할 것을 제안한다. 전통적인 민주주의적 수단(투표와 법개정 등)에 의거한 정체성 인정 및 재현 투쟁에 맞서 나는 집단적 성 해방과 성 자치의 새로운 실천을 급진적으로 실험할 것을 제안한다.

육신의 힘이 생체 분자 및 시청각 사이버네틱 기술에 사로잡힌 약물 포르노 시대에, 쾌락은 더 이상 허버트 마르쿠제가 기다리던 해방군일 수 없다. 그 대신 우리는 아직 어떠한 쾌락도 정의되지 않은 새로운 기관 및 욕망의 발명을 위한 혁명 지형을, 즉 정체성 정치로 재현될 수 없는 새로운 주체성을 열어낼 필요가 있다.

더욱이 생식 세포를 외부화하고 성 제도를 변형하는 이행의 과제는 국가 및 더-이상-유효하지-않은 그것의 수직적 명령에게, 혹은 신자유주의 운영 및 점점 커지는 그것의 수평적 네트워크에게 위임될 수 없다. 그것의 목표란 모든 개인의 기관 및 주체성을 총체적으로 '스

둔 무료 포르노 동영상 공유 웹사이트이다.

스로-하게-만드는-것'DIYization이다. 혁명도 생산도 미리 계획될 수 없지만, 열린 기획으로서의 돌연변이는 미개척의 영역으로 남아 있다.

새로운 몸의 발명은 전통적으로 고유한 정체성으로 이해되던 것의 경계선에서 경험된 아상블라주와 잡종화를 통해서만 가능할 것이다. 즉 기관·기능·몸은 동성애와 이성애, 트랜스와 생물, 장애인과 비장애인, 동물과 인간, 백인과 비백인이 갈라지는 문턱에서 재형성된다. 이들 정체성들(이것들은 결코 존재한 적이 없었고, 가부장-식민지의 권력-지식 체제안에서 늘 고정된 지점에 불과했을 뿐이었다)은 이제 시효가 다했다.

모든 성노동(유급이든 무급이든, 결혼 내에서든 밖에서든, 생식을 위한 것이든 아니든)은 인지노동이다. 왜냐하면 성노동은 기술기호론적인 체계(프로이트가 "리비도"라 부르고, 들뢰즈와 가타리가 "욕망"이라 부른)에 의존하며, 그 체계가 없다면 몸은 성적인 것도 살아있는 것도 아닌 그저 몸에 불과하기 때문이다. 새로운 사회계약을 제안하기 위해서는 인지적 욕망의 생산적 가능성으로 채워진 완전체를 개발하는 것이 필요하다. 탈자연화되기만 한다면, 섹슈얼리티는 특이성과 공통적인 것의 관계를 생각하게 하는 개방형 모델을 제공한다. 모든 섹슈얼리티는 전에는 연결되지 않았던 여러 몸들 간의 기술적 아상블라주이다.

테크놀로지 체계와 생물체계의 상호작용뿐만 아니라 언어와 미학 그리고 지식 및 욕망 형태의 미결정된 범위를 고려할 때에만, 성 협동의 차원은 중심 역할을 획득하고 정치적 가능성을 변형시킬 열쇠로 나타날 수 있다. 쾌락 생산의 물질적 플랫폼이자 정체성 기입의 재현적 장소인 기관은 이성애 규범적인 제약에 맞서 다시 프로그래밍되고 포맷될 수 있으며, 또 그렇게 될 것이다.

이러한 주장은 약물 포르노 체제 내에서 섹슈얼리티 구조가 변했다는 깨달음에서 비롯된다. 억압과 착취는 더 이상 한 신체가 다른 신체로부터 '**포텐샤 가우덴디**'라는 잉여를 추출하는 것에서 유래하지 않는다. **잉여**로서의 '**포텐샤 가우덴디**'는 생물학적 기관(음경이나 질, G-스팟이나 심지어 뇌)의 산물이 아니라 항상 성 협동을 통해 생성된다. 왜냐하면 섹슈얼리티를 적극적으로 구성하는 기호기술적 테크놀로지, 미디어 테크놀로지, 생화학 테크놀로지로 이루어진 약물 포르노 네트워크는 특별히 누군가에 속해 있지 않으며, 결코 단수적인 신체와 같은 것일 수 없기 때문이다.

우리는 앞으로 걷는 데 있어 튼튼한 다리가 필요하지 않다. 우리는 움직임과 고요함, 능동과 수동, 생산성과 창조에 대해 다르게 생각할 필요가 있다.

시는 유일한 정치이다

이 책이 선언문이라고 불린다면, 그것은 이 글이 러시아·유럽·미국·아프리카의 비판적 전위주의 운동에서 나타나는 확신에 바탕을 두기 때문이다. 그 확신이란 예술적 상상력이 제공하는 도구들을 통해 정치(여기서는 섹슈얼리티와 몸의 정치)를 생각할 필요가 있다는 것이다. 하나의 선언은 과장되고 화려한 정치적 딜도다. 시 없는 정치에는 어떤 자유도 없다. 제2물결 페미니즘 이론과 퀴어 이론이 젠더 해방을 촉진하기 위해 인식론적 체제를 변형시킬 필요를 강조했던 반면, 지금은 성적인 몸을 탈식민화하기 위해 욕망 체제를 변형시켜야 한다는 것이 분명해 보인다. 욕망은 주어진 진리가 아니라 만들어진 사회적 장으로, 이는 은유와 상상, 시와 '육신 실험'somatic experimentation의 도구를 투여하는 조건하에서 변경될 수 있다.

성적 식민주의 체제의 폭력이 너무 심각하다는 바로 그 이유가 그에 맞서 무의식적이고 해체적인 시의 힘을 펼치는 것을 필요하게 만든다. 여기서 우리는 예술운동과 마이너리티운동이 우리에게 가르쳐주었던 모든 것을 이용해야 한다. 이 선언은 섹슈얼리티에 적용된 다다이즘이며, 젠더 차이 및 생식기의 인식에 적용된 개념구상적 conceptual 페미니즘이자, 젠더 정체성 및 성 정체성의 훈육으로 몸에 밴 습관을 버리는 데 적용된 급진적 교육학이다. 공연 예술과 포스트구조주의 이론은 여기서 딜도로 이해되어야 하며, 또한 이 글은 해부학적 실재론의 중심성을 대체하는 데 이용한 정동 및 상상 생산의 문화적 장치로 이해되어야 한다.

이 선언은 이제 막 움트기 시작했으며, 몸·정동·섹슈얼리티의 훈육과 통제의 과정에 저항하는 자폐적이고 유아기적인 에너지에 영감을 받아, 한 컷 만화에서 행해진 것 — 성 억압과 젠더 억압의 벽에

문을 그리고 그 문을 통해 탈출하라 — 을 하는 이론적이며 시적인 시도이다. 이 문은 "육신 코뮤니즘"이라 불린다.

2018년 프랑스 아를Arls에서

1부
대항성 사회

성이라는 분석 대상에 어떻게 접근해야 하는가? 성의 생산에서 역사적·사회적 요인은 어떤 역할을 하는가? 성이란 무엇인가? 우리가 성교할 때 우리는 실제로 무엇을 하고 있는가? 글을 쓰는 사람의 성적 관행은 글쓰기 기획에 어떤 영향을 주는가? 영향을 준다면, 어떤 식으로 영향을 주는가? 연구자가 성을 철학적 주제로 다루는 동안 일련의 성교에 참여하는 것이 나은가? 아니면 반대로 과학적 객관성을 위해 그러한 활동과 점잖게 거리를 두는 것이 나은가? 퀴어들은 이성애에 대해 글을 쓸 수 있는가? 이성애자는 동성애에 대해 글을 쓸 수 있는가?

철학에서 늘 그랬듯이 가장 유명한 사례를 빌어오고 고정된 방법론적 결정에 최대한 따르거나 아니면 적어도 전통의 권위에 호소함으로써 우리의 실수를 감추기는 쉽다. 잘 알려진 것처럼 마르크스가 『정치경제학 비판 요강』을 쓰기 시작했을 때 누가 봐도 그가 인구 개념에 기초해 경제를 분석해야 할 것 같았다. 자, 이제는 내 차례다. 섹슈얼리티에 대해 사유하면서 나 역시 그와 유사한 개념적 명령과 마주했다. 누가 봐도 내가 젠더 개념과 성차 개념에 기초해 이 기획을 해내야만 할 것 같았다. 그러나 마르크스는 "잉여가치" 개념을 분석하는 일에 집중하면서 앞선 이론들이 처한 역설을 피했고, 이는 그 시대의 철학자들과 도덕주의자들을 충격에 빠뜨렸다. 나는 마르크스의 전략을 최대한 활용하면서 주변적으로 보이는 것에 대한 분석을 이 주제의 중심축으로 삼아 성을 탐구하고자 한다. 그것은 특정 퀴어들의 성생활에서 존재하는 플라스틱 물체로 지금까지는 레즈비언이나 트랜스인의 성적 장애를 완화시키기 위해 고안된 단순한 인공보철로 여겨지던 것이다. 나는 딜도에 대해 말하고 있다.

로버트 벤투리Robert Venturi가 건축학은 라스베이거스로부터 배워야 한다고 말했을 때 그는 뭔가를 이뤄냈다. 지금은 철학이 딜도로부터 배워야 할 때이다.

이 책은 딜도, 인공보철, 플라스틱 생식기에 관한 책이며 성과 젠더의 가소성에 관한 책이다.

대항성이란 무엇인가?

대항성은 새로운 본성[자연]을 창조하는 것이 아니라 어떤 신체를 다른 신체에 종속시키는 일을 정당화하는 질서로서의 자연을 끝장내는 것이다. 첫째, 대항성은 이성애중심적 사회계약의 산물이자 우리 몸에 생물학적 진리랍시고 새겨진 규범적 수행성인 젠더와 성차를 비판적으로 분석한다.8 둘째, 대항성은 우리가 "본성[자연]"이라고 말하는 이러한 이성애중심적 사회계약을 대항성적 계약으로 대체하는 것을 목표로 한다. 대항성 계약의 틀 안에서 신체는 자신과 타자를 남성이나 여성이 아니라 살아있는 몸으로 인식한다. 역사가 남성·여성·트랜스·간성·변태 등으로 확립시켰던 개체로서의 신체는 [대항성 계약을 통해] 자신 안에서 모든 언표행위의 위치뿐만이 아니라 모든 의미화 실천에 접근할 수 있는 가능성을 인식한다. 그 결과 신체는 자연적으로 규정된 닫힌 성 정체성을 포기할 뿐만 아니라 그러한 정체성의 의미화 실천이 지닌 사회적·경제적·법적 효과를 자연화시킴으로써 얻을 수 있는 이점도 포기한다.

이러한 새로운 사회는 적어도 두 가지 이유로 "대항성"이라는 이름을 갖는다. 첫째, 부정적으로 규정하자면 대항성 사회는 자연화된 젠더 체계 및 성 관행을 체계적으로 해체하는 데에 전념한다. 따라서 대항성 사회는 해체적인 사회이다. 둘째, 긍정적으로 규정하자면 대항성 사회는 대항성 계약의 조항을 마음에 새기고 쾌락-지식에 대한 탐구에 헌신하는 모든 살아있는 몸의 등가성equivalence(평등equality이 아니다)을 천명한다. 대항성 사회는 특이한 신체의 끝없는 다양성을 구성하는 집합체assembly이다.

"대항성"이라는 이름은 간접적으로 미셸 푸코의 이론에서 나왔

---

8 Judith Butler, *Gender Trouble: Feminism and the Subversion of Identity*, New York: Routledge, 1990. [한글본] 주디스 버틀러, 『젠더 트러블: 페미니즘과 정체성의 전복』, 조현준 옮김, 문학동네, 2008.

다. 미셸 푸코가 보기에, 우리의 해방 사회들에서 섹슈얼리티의 규율적 생산에 대한 가장 효과적인 저항 형태는 (1960년대의 성해방 운동이 억압에 반대하면서 제시했던) 금지와의 싸움이 아니라 오히려 대항-생산성, 즉 근대적 성 체제의 규율에 대한 대안으로서 쾌락-지식의 형태 및 대항협약을 생산하는 것이다. 여기서 제시된 대항성 실천은 저항의 테크놀로지로, 다시 말해 성적인 대항규율 형태로 이해되어야 한다.

또한 대항성은 남녀, 남성/여성, 이성애/동성애, 트랜스/시스의 양극성 바깥에 위치한 몸에 대한 이론이다. 대항성은 섹슈얼리티를 테크놀로지로 정의하며, "남성"·"여성"·"동성애"·"이성애"·"성전환"과 같은 이름이 붙은 섹스/젠더 체계[9]의 다양한 요소들뿐만이 아니라 성 관행 및 성 정체성을, 다음과 같은 것들에 불과한 것으로 간주한다. 즉 기계, 제품, 기구, 장치, 인공보철, 네트워크, 어플리케이션, 프로그램, 연결, 에너지 및 정보의 흐름, 차단기, 스위치, 키, 순환 법칙, 논리 시스템, 설비, 포맷, 사고accident, 폐기물, 메커니즘, 용법, 일탈 등.

대항성은 태초에 딜도가 있었다고 단언한다. 딜도는 음경에 선행한다. 딜도는 음경의 기원이다. 대항성은 자크 데리다가 고안한 "대리보충" 개념을 떠올리며 그래서 딜도를, 추정상 반드시 완성해야만 하는 것을 생산하는 대리보충물과 동일시한다.[10]

---

9 "섹스/젠더 체계"라는 표현은 게일 루빈의 논문 「여성 거래」에서 처음 사용되었다. Gayle Rubin, "The Traffic in Women," in *Towards an Anthropology of Women*, ed. Reyne R. Reiter, New York: Monthly Review Press, 1975, pp.157210. [한글본] 게일 루빈, 『일탈』, 임옥희·조혜영·신혜수·허윤 옮김, 현실문화, 2015, 95-147쪽.

대항성은 욕망, 성적 흥분, 오르가슴이 단지 재생산 기관을 성기와 동일시하는 특정 성 테크놀로지의 소급적 산물에 불과하며 이는 신체 전체와 세계 전체의 성화sexualization에 해악을 끼친다고 단언한다.

지금은 성이 마치 인간 사회의 자연적 역사 일부를 형성하기라도 한 것처럼 연구 및 서술하는 일을 멈춰야 할 때이다. 차라리 "섹슈얼리티의 역사" 자체를 "테크놀로지의 역사"로 다시 명명하는 편이 더 나을 것이다. 섹스·젠더 장치가 복잡한 생체기술 체계에 새겨져 있기 때문이다. 이러한 "테크놀로지의 역사"는 "인간 본성"이 인간과 동물, 신체와 기계의 경계뿐만이 아니라, 또한 기관과 인공보철, 유기체와 플라스틱, 살아있는 것과 죽은 것의 경계를 끊임없이 협상한 결과임을 보여준다. [11]

대항성은 과거를 레즈비언 헤테로토피아(그것이 아마조네스의 시대이든, 성차의 발생 전이든 후이든, 어떤 생물학적·정치학적 우월함으로 정당화되든, 아니면 단지 성 분리의 산물로 정당화되든 상관없이)로 지시하는 것을 거부한다. 그것은 일종의 급진적인 분리주의적 페미니즘 유토피아를 구성할 것이기 때문이다. 우리는 섹스와 젠더를 급진적으로 변형하는 일을 정당화하기 위해 남성적이면서 이성애주의적인 지배를 벗어나 있는 어떤 기원을 필요로 하지 않는다. 이미 일어나고

---

10 Jacques Derrida, *De la grammatologie*, Paris: Minuit, 1967. [한글본] 자크 데리다, 『그라마톨로지』, 김성도 옮김, 민음사, 2010.
11 Donna Haraway, *Simians, Cyborgs, and Women: The Reinvention of Nature*, New York: Routledge, 1991. [한글본] 도나 해러웨이, 『유인원, 사이보그, 그리고 여자: 자연의 재발명』, 민경숙 옮김, 동문선, 2002.

있는 변화를 손쉽게 정당화하는 역사적 근거란 존재하지 않는다. 바로 그런 것이 대항성이다. 역사적 우연성은 그것이 해체의 재료인 것만큼이나 대항성의 재료이기도 한 것이다. 대항성은 도래할 세계에 대해 말하지 않는다. 대항성은 순수한 과거도 더 나은 미래도 지시하지 않는다. 그와는 반대로 대항성은 근대적인 **서구** 담론이 규정한 신체가 이미 최후에 이르렀음을 보여주는 흔적을 읽는다.

대항성은 두 개의 시간성에 작용한다. 대항성은 첫째, 성적인 제도들이 늘 겪어왔던 그 어떤 변화도 보이지 않는 느린 시간성에 작용한다. 이 시간성은 성 테크놀로지가 "상징 질서", "초문화적 보편자" 그리고 간단히 말해 "자연"이라는 이름을 빌려와서 고정된 것으로 제시한다. 여기서는 성 테크놀로지를 변경하려는 모든 시도가 "집단 정신병"의 한 형태 혹은 **"인류의 종말"**로 판단된다. 이 고정된 시간성이 그려내는 청사진은 모든 성 테크놀로지를 형이상학적으로 기초짓는 것이다. 대항성은 이 시간적 틀과 반대 방향에서 작용하고, 개입하는 데 모든 노력을 기울인다. 그러나 [둘째] 반복과 되풀이의 시간성, 그리고 모든 우발적 사건이 일직선적 경로를 벗어나는 발생의 시간성도 있다. 이 시간성은 다양한 "지금들"로 구성된 프랙탈적 시간성으로, 이는 성 정체성의 자연적 진리나 어떤 상징적 질서의 단순한 결과일 수 없다. 이 영역에서는 대항성이 성 테크놀로지를 효과적으로 통합하는데, 대항성이 몸과 정체성에 직접 개입하고, 또한 "허구적"이지만 여전히 존재하는 이러한 몸과 정체성에서 비롯된 성 관행에 직접 개입하기 때문이다.

대항성은 성별화되고 **젠더화된** 신체의 기술적 생산 및 변형을 자신의 연구 대상으로 삼는다. 대항성은 젠더를 사회적·심리적 구성물로 보는 가설을 거부하지 않으며 이러한 구성물을 더 거대한 테크놀로지체계 안에서 작동하는 메커니즘, 전략, 사용법으로 재배치한다. 대항성은 이성애를 정치체제로 보는 모니크 위티그의 분석, 근대적 성장치에 대한 미셸 푸코의 연구, 수행적 정체성에 대한 주디스 버틀러의 분석, 도나 해러웨이의 사이보그 정치학 등과 밀접한 관계를 맺는다. 대항성은 (젠더뿐만이 아니라) 성 기관과 섹슈얼리티가 복잡한 생체정치 테크놀로지로 이해되어야 한다고 가정한다. 즉 대항성은 성 기구와 인공물에 대한 연구(이것은 지금까지는 근대 테크놀로지의 역사 안에서 큰 관심을 받지 못한 채 에피소드 정도로 취급되었다)와 섹스/젠더 체계에 대한 사회정치학적 연구가 서로 정치적?이론적으로 연결될 필요가 있다고 가정한다.

대항성은 섹스와 젠더에 관한 전통적 관점을 탈자연화·탈신비화시키려는 목적에 따라 성 도구 및 성 기구에 대한 연구를 최우선 과제로 삼은 뒤 몸과 기계 간에 확립된 성관계 및 젠더 관계 그리고 그 생성/되기를 연구한다.

생체정치적 테크놀로지로서의 생식기

성 기관은 엄밀히 말해 생물학적 장소가 아니며 또한 성도 자연적 충동이 아니다. 성 기관과 성은 살아있는 몸을 성감대로 환원하는 이성애 지배의 테크놀로지로, 이는 젠더들(여성/남성)에게 비대칭적으로 권력을 분배시키면서 특정한 정동을 특수한 기관과 일치시키거나 특정한 감각이나 정동을 특수한 해부학적 반응과 일치시킨다.

서구적인 인간 본성은 사회적 테크놀로지의 산물로 '본성=이성애'라는 등식을 우리의 신체, 건축물, 담론 위에 재생산한다. 이성애 체계는 인식 체제이자 사회적 장치로, 여성성과 남성성을 생산하고 몸을 분리 및 조각내면서 작동한다. 이성애 체계는 기관을 절단하고 고도의 감각 지대(시각·촉각·후각) 및 운동 강도를 생성하고, 이후에는 성차의 자연적·해부학적 중심과 동일시한다.

남성 젠더와 여성 젠더에 자연적 속성으로 부여된 성 역할과 성 관행은 규제의 임의적 분류로, 규제는 살아있는 몸에 새겨져 하나의 성이 다른 성을 물질적으로 착취하는 것을 보장한다.[12] 성차는 몸을 이성애적으로 분할하며 여기서는 대칭이 불가능하다. 성차가 만들어지는 과정은 살아있는 존재로부터 특정 부분을 제거하거나 고립시켜 이 부분들을 성적 기표로 만드는 기술적 환원 작용[축소 수술]이다. 남자

---

[12] 이에 대해서는 Monique Wittig, "The Category of Sex," *Feminist Issues*, Fall 1982, pp.6368, reprinted in The Straight Mind and Other Essays, Boston: Beacon Press, 1992, pp.18을 보라. [한글본] 모니크 위티그, 『모니크 위티그의 스트레이트 마인드: 이성애 제도에 대한 전복적 시선』, 허윤 옮김, 행성B, 2020, 43-54쪽.

와 여자는 이성애적 생산-재생산 체계의 환유적 구성물로 이 체계는 여성을 성적인 노동력이자 생식수단으로 예속되게 만든다. 이러한 구조적 착취의 결과로 남자 이성애자와 여자 이성애자가 얻는 성적·정치적 이익은 필연적으로 세계의 에로틱한 표면을 성적인 생식기관으로 축소시키고, 생체-음경을 성충동 생산의 유일무이한 기계론적 중심으로 특권화한다.

섹스/젠더 체계는 피, 정액, 우유, 물, 소리, 잉크, 기름, 코일, 우라늄, 자본, 빛, 전기, 방사선 등으로 작성되는 생체-쓰기 bio-writing 체계이다. 몸은 살아있는 텍스트이자 구성된 텍스트이며, 인간 역사를 성적인 생산-재생산의 역사로 기록하는 유기체적 보관고이다. 이 보관고에서는 특정 코드들이 자연화되고, 다른 코드들은 생략되며, 그 밖의 코드들은 체계적으로 삭제되거나 취소선이 그어진다. (이성애적) 섹슈얼리티는 새로 태어난 모든 몸에서 자생적으로 발생하지 않으며, 지속적인 반복 작용을 통해서 그리고 자연적인 것으로 확립된 사회적 코드들(남성성·여성성)의 되풀이를 통해서 스스로 재등록·재확립해야만 한다.[13]

대항성의 과제는 오류가 난 공간, 즉 생체-텍스트의 구조적 결함(간성 신체, 트랜스젠더 신체와 트랜스성 신체, 퀸, 디젤 다이크, 패곳, 부치, 히스테리자, 발정난 자와 불감증자, 성불구자와 정신질환자,

---

[13] 이에 대해서는 Judith Butler, Bodies That Matter: The Discursive Limits of Sex, New York: Routledge, 1993을 보라. [한글본] 주디스 버틀러, 『의미를 체현하는 육체: "성"의 담론적 한계들에 대하여』, 김윤상 옮김, 인간사랑, 2003.

허매프로다이크 등)을 식별하는 것이자 이성애중심적 생체-쓰기 기계로부터 일탈하고 표류하는 힘을 길러내는 것이다.14

대항성이 섹스/젠더 체계를 생체-쓰기 체계라고 말하거나 몸을 생체-텍스트라고 말할 때, 그것은 언어에 변화를 주는 것에 불과한 추상적인 정치적 개입을 제안하겠다는 의미는 아니다. 상아탑 정상에서 목소리를 높이는 자들은 인칭 대명사에 사선을 긋자고 요구하고, 명사와 형용사의 젠더 표식을 삭제하자고 설교할 뿐이다. 이들은 텍스트성과 글쓰기를 그들의 언어적 잔여로 환원시킨다. 그들은 그러한 언어를 가능하게 만들고 살아있게 만드는 생체-기입의 테크놀로지를 망각한다.

이것[생체-쓰기]은 적극적 조치의 한 형태로 표식(여성적이거나 중성적인)을 특권화하는 일의 문제가 아니며, 또는 남성 지배를 벗어나 언표행위의 순수 위치를 구성하는 새로운 대명사를 발명하거나 근거를 마련하기 위한 새롭고 순수한 기원, 오류없는 정치적 목소리가 발생할 수 있는 출발점 등을 발명하는 문제도 아니다.

우리가 뒤흔들어야 할 것은 성과 젠더의 생체-쓰기 테크놀로지와 그 제도이다. 우리는 어떤 용어를 다른 용어로 대체하자고 말하는 것이 아니다. 우리는 젠더 표식이나 이성애 지표를 없애자고 말하는 것이 아니라 기술언표행위technoenunciation의 위치, 체액 순환, 기관과 몸의 사용 등을 변혁하자고 말하는 것이다. 데리다는 J. L. 오스

---

14 [옮긴이주] 퀸queen은 '드랙 퀸'을, 디젤 다이크diesel dyke는 '트럭운전자 타입의 부치'를, 패굣faggot은 '남자답지 않은 게이'를, 허매프로다이크 hermaphrodyke는 '자웅동체 레즈비언'을 가리킨다.

틴을 따라 수행적 발화에 관한 자신의 독해에서 이를 예견한 바 있다.15 이후에 버틀러는 이 수행성 개념을 사용해 퀴어와 트랜스인들이 헤게모니적인 언어의 목을 비틀어버리는 발화행위를 이해하고자 했다. 버틀러는 **퀴어 수행성**이라는 용어를 만들어냈는데, 이는 동성애 혐오적 모욕의 탈맥락화를 뒷받쳐주는 정치적 힘이며, 헤게모니적 언표행위의 위치를 전도하여 도발하는 것이다. 예를 들어, **퀴어**라는 말은 동성애자가 동성애자를 "비체"abject로 표시하기 위해 사용할 때는 더 이상 모욕적인 말이 아니며, 일군의 "비체적 몸"의 반란적이고 생산적인 자기-지시가 된다. 이때 "비체적 몸"은 처음으로 그 단어를 포착하여 자기 자신의 정체성을 개선시킨다.

우리는 이성애 규범적인 생체-시체-정치적bio-necro-political 테크놀로지(끊임없이 여성/남성의 몸을 생산하는 제도들의료제도나 가정제도뿐만이 아니라 언어적 제도를 포함하는의 집합)를 존재론적 생산 기계로 특징지을 수 있는데, 이러한 생산 기계는 성별화된 신체에 대한 주체의 수행적 소환을 통해 기능한다. 1990년대 주디스 버틀러와 이브 코소프스키 세지윅은 퀴어 이론을 정교화하여 출생의 순간(심지어 초음파를 통해 태아가 가시화되는 순간)에 "여아입니다", "남아입니다"라고 말하는 것이 겉보기에는 사실기술적 표현으로 보이지만 실제로는 수행적 소환임을 밝혀냈다. 이 수행적 주문은 "이 신체는 두 다리, 두 팔, 그리고 꼬리 하나를 갖고 있다"와 같은 기술적 진술이라기

---

15 Jacques Derrida, "Signature Event Context," in Margins of Philosophy, trans. Alan Bass, Chicago: University of Chicago Press, 1982, pp.307330.

보다 결혼식에서 "동의합니다"라고 하는 것처럼 사회적 의례에서 발화되는 계약적 표현에 더 가깝다. 이러한 젠더 수행문은 역사적으로 권력을 부여받은 언어의 조각들로, 이 권력은 하나의 몸에 남성성과 여성성을 투여할 뿐만 아니라 간성의 신체와 형태학적으로 반체제적인 신체를 거세한다. 이러한 신체들은 시체-성적인 necrosexual 미용 수술(클리토리스 축소, 음경 확대, 실리콘 유방 보형물, 호르몬을 통한 얼굴의 재여성화 등)을 받아야 하기에 섹스/젠더 체제의 일관성을 위협하기 때문이다.

성 정체성은 담론 이전의 육체의 진실에 대한 본능적 표현도 아니고, 평평한 표면으로 여겨지는 신체 위에 젠더 관행이 새겨진 결과물도 아니다.16 소위 구성주의적 페미니즘은 **서구**의 자연/문화의 분리를 믿음으로써 신체를 형태없는 물질로 전환시키고, 그 위에 젠더가 문화적·역사적 매트릭스를 따라 문화적 형식과 의미를 부여한다고 보는 실수를 저질렀다.

버틀러의 독자 일부가 주장하듯이 젠더는 단순하고 순수하게 수행적인 것(즉 언어적-담론적인 문화적 관행의 효과)은 아니다. 무엇보다도 먼저 젠더는 인공보철적인 것이다. 즉 젠더는 몸의 **물질성**을 제외하고 발생하지 않는다. 젠더는 전적으로 구성된 것이자, 동시에 순수하게 유기체적인 것이다. 젠더는 **서구**의 형이상학적 이분법 — 신체와

---

16 반복과 되풀이가 일어나는 이러한 플랫폼으로서의 몸은 역설적이게도 이성애적 주체가 강제적 훈련을 받는 중심이자 동시에 모든 가능한 전복이 발생하는 공간이다. 이에 대해서는 Butler, Gender Trouble, pp.128134을 보라. [한글본] 주디스 버틀러, 『젠더 트러블』, 326-337쪽.

영혼, 형식과 물질, 자연과 문화 — 으로부터 발생했지만 동시에 그 이분법을 찢기도 한다. 젠더는 딜도를 닮았다. 젠더와 딜도 모두 모방을 능가한다. 그것들의 육체적carnal 가소성은 모방되는 것과 모방하는 것, 진리와 그 재현, 지시와 지시체, 자연과 인공물, 성 기관과 성 관행 간의 구분을 불안정하게 만든다.

바로 이러한 생식기-인공보철 생산의 메커니즘이 여성 젠더와 남성 젠더에 성적-실재적-자연적 특성을 부여한다. 그러나 모든 기계들이 그렇듯 이성애 기계의 구성요소에는 실패와 사고가 있다.17 주술적으로 소환되는 "진짜 남성"이나 "진짜 여성"은 존재하지 않는다는 점을 고려하면, 모든 불완전한 근사치는 체계의 이익을 위해 스스로를 재자연화해야 하며, 체계의 모든 시스템적 사고systematic accident(동성애·양성애·트랜스성 등)는 자연의 규칙성을 증명하는 왜곡된 예외로서 작동해야 한다.

가령 동성애 정체성은 이성애 기계가 만들어낸 체계의 시스템적 사고이다. 자연을 생산해내는 관행의 안정성을 위해 동성애는 비자연, 비정상, 비체로 낙인찍힌다. 부르주아적이고, 식민주의적이며, 중앙집중적인 유럽의 생식기-인공보철 기계는 상대적으로 최근의 것이며 실제로 자본주의 기계의 발명과 사물에 대한 산업적 생산과 동시대에 발생했다. 의료-법률 제도는 1868년에야 이러한 "대항자연적인" 사고를 성 생산의 안정성을 구조적으로 위협하는 것으로 처음으로 확인하고, 그

---

17 Paul Virilio, Speed and Politics: An Essay on Dromology, New York, Semiotext(e), 1977. [한글본] 폴 비릴리오, 『속도와 정치: 공간의 정치학에서 시간의 정치학으로』, 이재원 옮김, 그린비, 2004.

것을 이성애적 정상성에서 벗어난 것(페티시즘과 레즈비언에서부터 구강성교에 이르기까지 모든 비생식非生殖 형태의 섹슈얼리티가 포함되었다)이라는 이유로 반대했다. 지난 200여 년 동안 동성애 정체성이 형태를 갖추게 되었던 것은 이성애 정체성을 생산하는 수행적이고 기계적인 반복의 축이 이행·중단·전도된 덕분이며, 이는 온갖 성들의 구성적이고 인공보철적인 성격을 드러낸다. 이성애는 해부학적 테크놀로지이지 기층에 깔려있는 자연적 근원이 아니기 때문에, 자신의 성 정체성 생산 관행을 전도시키고 방향을 바꾸는 것(진로변경, 형태변형, 표류)이 가능하다. 패곳, 미소년, 드랙퀸, 레즈비언, 디젤 다이크, 톰보이, 부치, 남자가 된 여자(F2M), 여자가 된 남자(M2F), 트랜스젠더 등은 "존재론적 농담"[18] 이자, [성]기관 사칭, 인공보철적 돌연변이, 거짓되고 초월론적인 성적 생체코드의 전복적 반복이다.

바로 이러한 패러디와 가소적 변형의 공간에서 최초의 대항성적 실천이 지배적인 섹스/젠더 체계에서 급진적으로 이행할 가능성으로 등장한다. 성 돌연변이 과정의 세 가지 계기만 말해보자면 딜도의 사용, 항문의 성애화eroticization, 그리고 계약적인 구속/훈육/사도마조히즘(BDSM) 관계의 확립이 있다.

성 기관 자체는 존재하지 않는다. 우리가 자연스럽게 성적인 것이라고 인식하는 기관은 이미 그 맥락을 규정하는 정교한 테크놀로지의 산물로, 이러한 맥락에서 기관들은 자신의 의미(성관계)를 획득하고

---

[18] Monique Wittig, "The Mark of Gender," in The Straight Mind, p.80. [한글본] 모니크 위티그, 「젠더의 표식」, 『스트레이트 마인드』, 178쪽.

자신의 "본성"(이성애 관계)에 따라 고유하게 이용된다. 성적인 맥락은 편향된 시공간적 경계설정을 통해 확립된다. 건축술은 정치적이다. 해부학은 정치적 지도제작이다. 건축술과 해부학은 우리의 관행을 조직하고 그것에 특성 — 공적인 것인가 사적인 것인가, 제도적인 것인가 가정적인 것인가, 사회적인 것인가 친밀한 것인가, 가능한가, 불가능한가 — 을 부여한다.

공간의 관리는 식민화된 영토에서 몸으로 확장된다. 특정한 신체부위를 성적이지 않다고 지정하는 것(특히 항문이 그러한데, 항문은 "사유화를 겪고, 사회적 장에서 제거되는 첫 번째 기관"19 이다)과 마찬가지로, 특정한 젠더 및 성관계의 배제는 우리가 성적인 것이라고 인식하는 관행을 자연화하는 기본적인 고정화 작용이다.

1970년대부터 시작된 게이·레즈비언·트랜스 문화에서 체계적 성장을 보인 주먹-성교(항문이나 질에 주먹을 삽입하는 것)의 실천은 고도의 대항성 테크놀로지의 한 사례로 간주되어야 한다. 항문 노동자들은 대항성 혁명을 가능하게 할 새로운 프롤레타리아들이다.

항문은 생체-코드로 세 가지 근본적인 특성을 보여주며, 이를 통해 항문은 대항성적 해체라는 과제를 위한 일시적 장소가 된다. 첫째, 항문은 그것의 공적인 확장인 구강과 마찬가지로 성차가 부여한 해부학적 한계를 뛰어넘어 위치한 "보편적" 성감대의 중심이며, 여기서

---

19 Gilles Deleuze and Flix Guattari, Anti- Oedipus, vol. 1 of Capitalism and Schizophrenia, trans. Robert Hurley, Mark Seem, and Helen R. Lane, Minneapolis: University of Minnesota Press, 1983, p.143. [한글본] 질 들뢰즈, 펠릭스 가타리, 『안티 오이디푸스: 자본주의와 분열증』, 김재인 옮김, 민음사, 2014, 250쪽.

는 그 역할과 범위가 보편적 가역성으로 나타난다. (항문을 가지지 않은 사람은 없지 않은가?) 둘째, 항문은 원초적 수동성의 영역이며, 흥분과 쾌락 생산의 중심이지만 미리 규정된 오르가슴 목록에는 포함되어 있지 않다. 셋째, 항문은 테크놀로지적인 작업장을 구성하는 대항성적인 사후처리 시설이다. 항문의 과제는 생식을 지향하지 않으며, 낭만적인 연결관계를 수립하는 일에 기반을 두는 것도 아니다. 항문은 이성애중심 경제에서는 계산될 수 없는 이익을 창출한다. 전통적인 섹스/젠더 재현 체계는 항문을 통해 **배설된다**.

항문을 대항성적 쾌락의 중심으로서 개척하는 것과 딜도의 논리는 공통된 기반을 갖는다. 즉 신체의 모든 지점은 딜도가 놓일 수 있는 잠재적 평면 그 이상이며, 또한 하나의 구멍-입구이자 소실점, 다운로드 센터, 가상실효적 행동-열정의 중심축이기도 하다.

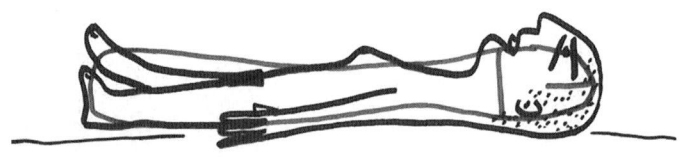

total dildo

[그림 1.1]

복종 및 지배 역할을 규제하는 계약상 합의 도출과 같은 BDSM 관행은 이성애가 자연적인 것으로 부과한 계약의 밑에 깔려있는 에로틱 권력 구조를 폭로했다.

대항성 사회는 자연화된 젠더 역할을 패러디하면서 퀴어 및 BDSM 문화의 실천적 지식을 계승하고, 대항성적 관계를 확립하는 데 선호되는 형태로 영구적이지 않은 대항성 계약을 채택한다.

대항성 사회의 원칙들

1조

대항성 사회는 생물학적 범주(남성/여자, 남자/여성)에 해당하는 **남성** 지칭, **여성** 지칭을 신분증은 물론 국가의 모든 행정적·법적 양식에서 삭제할 것을 주장한다. 남성성 및 여성성이라는 코드는 개방적이면서 카피레프트에 입각한 등록기가 되어야 하며, 상호합의한 영구적이지 않은 계약의 틀 안에서 말을 하는 신체, 살아있는 신체가 이 등록기를 이용할 수 있어야 한다.

2조

몸이 사회체계 내에서 여성이나 남성으로 재전유되는 일을 피하기 위해, 모든 새로운 몸(즉, 모든 새로운 서명권자)는 사용하는 언어가 무엇이든 어떤 젠더도 지시하지 않는 새로운 이름을 가져야 한다. 처음에는 이성애 중심 체계의 안정성을 뒤흔들 목적으로 모든 사람들이 적어도 두 개의 이름을 가질 것이다. 하나는 전통적인 여성 이름이고, 다른 하나는 전통적인 남성 이름이다. 또는 이전의 젠더를 함의하지 않는 이름이 될 수도 있다. 로버트 캐서린, 줄리아 짐, 앤드류 마사와 같은 이름 모두가 합법적인 것이 될 것이다.

3조

이성애 중심적 생식체계를 해체하는 과정의 일환으로 대항성 사회는 다음과 같이 주장한다.

- 결혼 계약의 폐지. 결혼은 이성애 결혼이든 동성애 결혼이든 그리고 사실혼과 같은 결혼의 자유주의적 대체물이든 모두 성 역할을 영구적으로 자연화시킨다. 국가는 모든 성적 계약에서 증인으로 나설 수 없다.
- 이성애 중심 체제의 틀 안에서 살아있는 신체의 (자연적이라고 가정되는) 남성 상태나 여성 상태로부터 파생되는 사회적경제적 특권의 해체.
- 이성애 중심적인 생식체계 및 식민체계의 틀 안에서 살아있는 신체들이 획득하는 세습적경제적 특권의 전달체계 및 그 유산의 해체.

4조

신체의 대항성적 재의미화는 특정한 대항성 정책의 점진적 도입과 함께 이루어져야 한다. 첫째, 이성애 중심주의의 틀 안에서 비체로 낙인찍힌 실천들이 보편화되어야 한다. 둘째, 새로운 형태의 감정과 정동이 집단 실험의 대상이 될 수 있도록 대항성적인 첨단기술 연구단을 만들어야 한다.

대항성 체계는 다음과 같은 일련의 대항성적 실천을 통해 효력을 발휘할 것이다.

- 항문(가장 불결하고 가장 비체적인 것으로 여겨지기 때문에 이성애 중심적 관행에서 배제되는 신체 부위)을 횡단적 대항성의 중심으로 재성화resexualization하기.
- 이성애 중심 체계의 틀 안에서 반복되는 자연화된 남성성과 여성성이라는 생체코드 및 범주를 전복하는 실천들을 전파·분배·유통하기. 이성애 중심 체계의 틀 안에서 권력의 축으로서 의미를 갖는 음경의 중심성을 재의미화하고 해체하는 방향으로 나아가기 위해서는 엄청난 노력이 필요하다. 이러한 이유로 대항성 사회를 건립하는 초기 시기에는 가공적·가역적·합의적인 대항성 계약의 틀 내에서 모든 신체들과 말하는 주체들은 딜도와 그것의 통사론적 변형 — 손가락, 혀, 진동기, 소시지, 당근, 팔, 다리, 몸 전체 등 — 뿐만이 아니라 또한 그것의 의미론적 변형 — 시가, 권총, 경찰봉, 달러 등 — 을 생체음경이 완전히 해체될 때까지 이용해야 한다.
- 이데올로기적으로 구성된 자연적 반응을 전복 및 변형시키기 위해 습관적으로 오르가슴과 연관되는 효과를 체계적으로 패러디하고 모방하기. 이성애 중심 체제에서 성적 부위의 제한과 축소는 이른바 성 기관에 대한 의학과 성심리학이라는 분과학문의 정의에 따른 결과이자 음경과 이른바 G-스팟을 오르가슴의 중심과 동일시한 결과이다. 이 모든 점에서 쾌락 생산은 하나의 단일한 해부학 영역의 자극에 의존하고, 이 영역은 남성에게는 위치 파악이 쉽지만,

여성에게는 접근이 어렵고, 다양한 효과를 가지며, 심지어 의심스러운 존재이기도 하다.

- 몸을 조각내고 쾌락을 국소화하는 이성애 규범적인 생산-억압의 패러다임적 효과인 오르가슴은 다양한 모방 훈련 덕분에, 그리고 전통적으로 성적 쾌락과 연관된 효과들의 일련의 반복 덕분에 체계적으로 패러디될 것이다(이에 대해서는 2부 "대항성의 역-실천들"을 참고하라). 오르가슴을 모방하는 것은 쾌락의 습관적인 공간적·시간적 국소화를 부정하는 것과 같다. 이러한 대항성 훈련은 몸에 전반적인 변형을 일으키기 위해 실행되며, 개념 예술, 신체 예술, 그리고 특정한 영적 전통에서 제시된 육신 개조, 극단적인 명상적·샤머니즘적 실천 및 의례와 유사하다. 론 애서Ron Athey, 애니 스프링클Annie Sprinkle, 베스 스티븐스Beth Stephens, 파키르 무사파르Fakir Musafar, 장 환Zhang Huan, 호세 페레스 오카냐Jos Prez Ocaa, 로베르토 자코비Roberto Jacoby, 엘리오 오이티카Hlio Oiticica, 밥 플라나간Bob Flanagan 등의 선구자적인 프로젝트가 이러한 대항성 훈련의 사례이다.

5조
모든 대항성 관계는 참여자 모두가 서명한 합의된 계약의 산물이다. 계약이 없는 성관계는 강간으로 간주될 것이다. 모든 말하는 신체는 자신들의 성 관행의 기초를 이루는 자연화된 허구(결혼, 연애, 로맨스, 매춘, 불륜, 질투)를 명확히 제시하도록 요청받아야 한다.

대항성 관계는 제한된 시기 동안 (일시적 계약으로) 유효하고 효력을 발휘할 것이며, 절대로 신체 및 말하는 주체들의 생애 전체 동안 유지될 수 없다. 대항성적 관계는 평등이 아니라 등가성에 기반을 둔다. 대항성 계약이 비대칭적이고 자연화된 권력 관계를 절대로 초래하지 않도록 가역성과 역할 변경이 요구되어야 한다.

대항성 사회는 모든 살아있는 신체들이 참여할 수 있는 느슨하게 형성된 집단에서 사회적으로 조직된 대항성적 실천의 의무를 확립한다. 모든 신체는 하나의 혹은 여러 개의 대항성 공동체에 속할 권리를 거부할 수 있다.

6조

대항성 사회는 성 활동과 생식 활동의 전적인 분리를 선언하고 요구한다. 어떠한 대항성 계약도 생식 행위로 이어져서는 안 된다. 생식은 임신할 수 있는 몸 또는 정자를 제공할 수 있는 몸에 의해 자유롭게 선택되어야 한다. 이러한 재생산 행위 중 어느 것도 재생산된 신체들이나 신생아와의 "자연적" 부모 자식의 유대를 확립해서는 안 된다. 새로 태어난 모든 신체는 대항성 교육을 받을 권리를 가진다.

7조

대항성은 현재의 정신의학·의료·법률 정책과 그 정책에서의 질병/건강 및 장애/비장애에 대한 정의 및 성전환과 관련된 행정 절차를 배격한다. 대항성은 젠더(그리고 이름) 변경에 대한 금지뿐만이 아니라 일체의 젠더 변경이 (호르몬이나 외과적) 성전환을 동반해야 한다는 식의 의무를 배격한다. 이성애 규범적 국가 및 기업은 남성성과 여성성에 대한 고정된 해부학적-정치적 모델에 따라 성전환을 강요하는 특성이 있으며, 대항성은 이에 속하는 민간기관이나 공공기관이 트랜스성 실천을 통제하는 것을 배격한다. 어떠한 정치적 근거도 국가가 성전환 보증인으로서 행위하는 것을 정당화할 수 없다(일례로 코 성형수술을 국가가 보증하지 않듯이 말이다). 신체기관은 생식기관이든 비생식기관이든, 내부기관이든 외부기관이든, 모두 법 앞에 평등해야 한다.

대항성 사회에서 성전환 수술은 자발적인 공익 수술의 형태로 이뤄져야 한다. 성전환 수술은 신체들이 또다시 남성이나 여성의 일관성이라는 개념을 고수하게 해서는 안 된다. 대항성은 이성애 중심적이지 않은 신체생산 테크놀로지를 지향한다. 대항성 테크놀로지 연구단은 특히 다음과 같은 절차를 연구하고 증진시켜야 한다.

- 다양한 형태의 복장도착transvestism — 크로스 드레싱, 인터넷 드랙, 사이버 정체성 등 — 에 의한 젠더 전환 및 성전환을 다루는 가상실효적 탐구.
- 사이버-클리토리스를 다양한 신체 부위에 이식하기 위한 체외-생산 및 3D 프린팅 기술.
- 다양한 신체기관을 딜도 이식물로 변형하기.

8조
대항성은 성과 젠더가 복합적인 신체 사이버-테크놀로지라고 주장한다. 대항성은 해러웨이의 가르침을 최대한 활용해 "자연"의 퀴어화가 시급하다고 호소한다.[20] "자연적"이라고 불리는 물질(테스토스테론, 에스트로겐, 프로게스테론), 기관(남녀 생식기), 신체 반응(발기, 사정, 오르가슴 등)은 강력한 "살아있는 정치적 은유"로 간주되어야 하며, 이에 대한 정의 및 통제를 국가나 신자유주의 기업 — 그것이 의료기관이든 제약회사든 상관없이 — 의 손에 맡겨서는 안 된다.

대부분의 치료술 및 사이버네틱 의료 분야(이종기관 이식술, 사이버네틱 시청각 인공보철)가 정교화되고 있지만, 매우 대조적으로 기관변형술(남근-성형술, 질-성형술 등)과 성관행(가령 지난 2천 년 동안 콘돔은 거의 진화하지 않았다)은 충분히 발전하지 못했다. 현대 생명공학은 이성애 규범적인 성과 젠더 범주의 안정화를 목표(이 기획은 출생 전이나 출생 당시 흉물로 여겨지는 성적·신체적 기형의 제거술에서부터 성전환 수술에 이르기까지 다양한 범위에 걸쳐있다)로 삼는다. 가령 테스토스테론은 여성으로 지정된 신체에서 남성으로 지정된 신체로의 이행을 허용하는 생체-사회적 은유이다. 그것은 성호르몬을 생체정치적 약물로 간주하려는 정언명령으로, 이에 대한 접근은 이성애 규범적 국가 기관에 의해 보증되어서는 안 된다.

9조
시간에 대한 통제와 규제는 대항성 실천을 설계하고 개선하는 데 있어

---

[20] Donna Haraway. "A Game of Cat's Cradle: Science Studies, Feminist Theory, Cultural Studies," Configurations 2, no. 1, 1994: pp.59~71.

결정적이다. 대항성 사회는 대항성 행위가 모든 신체(또는 말하는 주체)의 권리이자 의무이면서 또한 사회적 노동으로 간주되어야 한다고, 나아가 상황에 맞게 규정된 특정한 시간 동안 매일 규칙적으로 대항성 행위가 실행되어야 한다고 선포한다.

10조

대항성 사회는 생산·재생산·소비의 단위이자 지구 파괴의 단위인 핵가족을 해체할 것을 요구한다. 짝(즉 구별된 성을 가진 개인들이 한 명보다는 많아야 하고 세 명보다는 적은 개별 집단)을 지은 성적 관행은 이성애 중심 체계의 재생산 및 경제적 목적에 의해 조건지어진다. 질적(이성애)이고 양적(두 명)인 육체적 관계의 성 정상화는 대항성의 역-실천 및 개인적·집단적 실천을 통해 체계적으로 전복되어야 하며, 이는 자유롭게 분배된 대항성적 이미지와 텍스트(대항포르노그라피 문화)에 의해 가르쳐지고 촉진되어야 한다.

11조

대항성 사회는 대항성 건축의 원칙을 확립할 것이다. 대항성적 공간 개념 및 그 공간의 창출은 공적 영역과 사적 영역 간의 경계를 해체하고 재협상하는 것에 기초해야 한다. 이러한 과제는 이성애 중심적 생산 및 재생산을 위한 사적 공간으로서의 집을 해체하는 것을 의미한다.

12조

대항성 사회는 대항성 실천을 다양화하고 향상시키기 위해서뿐만 아니라 살아있는 몸들 간의 에로틱한 관계를 극대화하기 위해 전통적인 교육 제도를 해체하고, 대항성적인 첨단기술 교육학을 발전시킬 것을 권장한다. 대항성 사회는 지식-쾌락의 발전을 선호한다. 즉 대항성 사회는 몸을 근본적으로 변형하는 것 그리고 억압을 자연화(계급·인종·성·젠더·장애·종species 등)하는 인간 역사를 중단시키는 것을 지향하는 테크놀로지의 발전을 선호한다.

13조

대항성 사회는 모든 성행위가 잠재적인 노동으로 간주되어야 한다고 주장하며, 따라서 매춘을 성노동의 합법적 형태로 인정할 것을 주장한다. 매춘은 자유롭게 합의된 계약의 체결에 따라 당사자 중 한 사람은 성노동의 구매자로, 다른 사람은 특정한 성 서비스의 판매자로 규정되는 경우에만 실행된다. 모든 성노동자는 성 정체성이나 젠더 정체성이 무엇이든 강요나 착취를 당하지 않는 평등하고 제약되지 않는 노동의 권리를 가지며, 동일한 영역 내에서 일하는 모든 피고용인들로서 동일한 법적·의료적·경제적 특권을 누려야 한다. 대항성은 대항성-대항경제 체계의 틀 안에서 쾌락과 지식의 대항생산을 창출하고자 한다. 이러한 이유로 대항성적 이미지 및 텍스트(대항포르노그래피)의 출판뿐만이 아니라 대항매춘도 예술과 학문으로 간주되어야 한다. 이에 다양한 대항성 학문의 연구를 준비하는 선진화된 연구 프로그램의 수립을 예견할 수 있다.

대항성 사회의 틀 안에서, 말하는 신체들은 **포스트-몸들** 또는 **위티그**들로 불릴 것이다.

(견본) 대항성 계약서

　　의지와 육체를 가진 서명인 나, ＿＿＿＿＿＿＿는 이것으로써 한 명의 남성□ 또는 한 명의 여성□으로서의 나의 자연적 조건뿐만이 아니라 자연화된 이성애 중심 체제의 틀 안에서의 나의 성적 조건으로부터 비롯되는 모든 특권(그것이 사회적이거나 경제적인 것이든 아니면 세습적인 것이든) 및 모든 의무(그것이 사회적이거나 경제적인 것이든 아니면 재생산적인 것이든)를 포기한다.
　　나는 나 자신과 타자들을 살아있는 몸으로 인정하며, 전적인 동의하에서 나는 이것으로써 성관계를 자연화시키는 것은 물론 비영구적이고 합의적인 대항성 계약을 벗어나는 성관계를 하지 않겠다고 맹세한다.
　　나는 나 자신을 딜도 생산자로 인정하며, 또한 내 자신의 신체 및 서명을 한 모든 신체들을 딜도 전파자와 딜도 확산자로 인정한다. 나는 딜도의 반복과 재각인이 불평등한 권력 지위를 만들어낼 수 있음을 미리 알고, 그래서 그로부터 비롯될 수 있는 모든 특권과 의무를 선제적으로 포기한다.
　　나는 나 자신을 하나의 항문이자 한 명의 항문 노동자로 인정한다.
　　나는 이성애 중심 사회가 나에게 부여한 모든 가족 유대(그것이 부부관계이든 부모자식 관계이든)와 그로 인해 얻게 된 특권 및 의무를 포기한다.

나는 나 자신의 정액이나 자궁의 생산물에 대한 모든 소유권을 포기한다. 나는 나의 생식세포를 사용할 나의 권리가 자유롭고 합의된 계약의 틀 안에서만 유효하다는 것을 인정하며 앞서 말한 재생산 행위가 생산한 살아있는 몸에 대한 모든 소유권을 포기한다.

이 계약은 ___부터 ___까지 ___개월(갱신 가능) 동안 유효할 것이다.

이름 (날인) _____
문서 번호 _____
서명 _____
날짜 _____

2부

대항성의 역-실천들

딜도기술학

딜도 = 플라스틱 음경

테크톤Tkton = 건설자, 생성기

딜도기술학Dildotectonics은 딜도의 모양·형성·활용 등을 연구하는 대항과학이다. 그것은 딜도가 섹스/젠더 체계에 가한 형태변화에 집중한다. 딜도기술학을 대항성에서 제일 중요한 분야로 만드는 것은 신체를 표면과 영토로, 즉 딜도의 자리바꿈과 자리잡음의 현장으로 생각하는 것이다. 몸과 성을 자연화하는 의학과 심리학의 정의(이에 따라 딜도는 "물신"에 불과한 것이 된다)로 인해, 이 일에 착수하는 것이 종종 아주 어려울 수 있다.

이성애 중심적인 관점에서 보면, **딜도기술학**이라는 용어는 딜도와 성교를 하거나 딜도를 사용하는 하나 이상의 몸에서 발견할 수 있는 기형 및 비정상성에 대한 서술 일체를 지시할 수 있다.

딜도기술학은 이성애 및 퀴어의 성 문화 내에서 신체-쾌락-이익-신체의 생산 사슬에 저항의 테크놀로지(그 연장선에서 우리는 이를 "딜도테크니아dildotechnia"라 부를 것이다)와 균열의 순간들을 위치시키는 일에 착수한다.

또한 철학과 예술 생산의 역사를 재해석하기 위해 "딜도" 개념을 일반화하는 것도 가능하다. 가령 데리다가 묘사했듯이 글쓰기는 단지 현존의 형이상학의 딜도에 불과할 것이다. 같은 방식으로 발터 벤야민의 선례를 따라, 우리는 기술복제시대의 예술작품의 생산과 관련해 예술 복제품 박물관이 딜도학 법령집을 가질 것이라고 주장할 수 있다. 결국 모든 철학은 자신의 기원을 쫓아 다소 복잡한 딜도학까지 거슬러 올라갈 것이다.

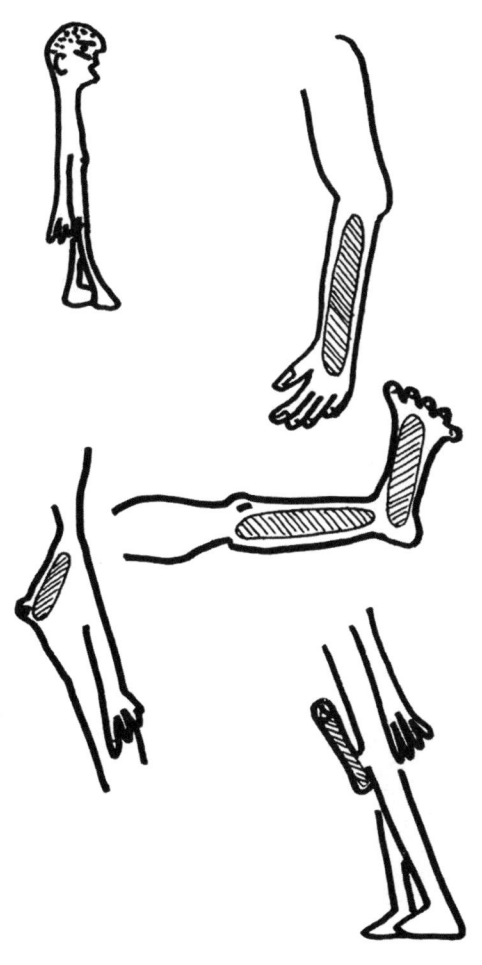

[그림 2.1]

실천 Ⅰ : 론 애서의 태양 항문

자기 항문삽입으로 이어지는 한 켤레 스틸레토 힐에서의 딜도의 반복[21]

1980년대 초반 로스앤젤레스. 론 애서가 나이트클럽에서 공연한다. 1994년 미네아폴리스의 〈워커아트센터〉에서 첫선을 보인 그의 공연은 여러 아트센터에서 혹평을 받았고 공연과 신체 예술의 한계에 대한 국제적 논쟁을 불러일으켰다. 「가혹한 삶에서의 네 장면」에서, 애서는 피를 사용한다. 그는 공동 합의에 따라 자신과 다른 사람들의 피부를 절개하고, 약물 사용에 관해 그리고 자신이 에이즈 양성판정을 받은 동성애자임을 공개적으로 말한다. 공연자들이나 관객들이 위험에 처하지 않았음에도 불구하고 애서는 에이즈 양성판정을 받은 피를 관객들에게 노출시켰다고 고발당한다.

1999년 8월 21일 파리. 애서는 〈포럼 데 이마주〉에서 「태양 항문」을 공연한다. 이 공연은 신체 예술과 섹슈얼리티를 모두 초월한다. 그것은 대항성적이다. 먼저 우리는 장갑 낀 손이 문신 기계의 도움을 받아 그의 항문 주변에 검은 태양을 조심스럽게 그려 넣고 색칠하는 비디오를 본다. 그 다음 관객의 시선이 무대를 향하고, 무대에 선 애

---

[21] 반복Iteration은 이 맥락에서는 데리다의 반복가능성iterability 개념을 지칭한다. 그에 따르면 "고유명"이나 서명signature의 주된 특징은 그것의 원본성이 아니라, 반복될 수 있다는 사실에 있다. 이에 대해서는 Jacques Derrida, "Signature Event Context", in Margins of Philosophy, trans. Alan Bass, Chicago: University of Chicago Press, 1982, pp. 307330을 보라.

서는 왕좌에 오를 준비를 한다. 그는 벌거벗었다. 무독성 액체(식염수)를 주입하는 매우 정교한 생식기 고문이 그의 음경과 고환을 변형시킨다. 다리 사이에서 튀어나와 흔들리는 그의 생식기는 남성의 생식기보다는 일종의 외부 자궁을 더 닮은 것처럼 보인다. 그의 음경은 부풀어 올랐지만 발기한 것은 아니다. 음경은 꽉 차 있지만 정자가 없다. 사정하는 대신, 그는 기술적으로 계산된 주사기의 사정을 받아들인다. 그의 성기는 대항성적이다. 그는 가터벨트를 착용하고 있다. 그는 스틸레토 힐을 신은 채 걷는다. 그는 걸음을 내디딜 때마다 넘어질 듯 천천히 전진한다. 딜도 두 개가 박차처럼 그의 힐에 고정된다. 피에르 몰리니에Pierre Molinier가 「사랑의 박차에 관한 자화상」에서 했던 것처럼, 그는 딜도들을 자기 발에 묶는다. 딜도들은 축 늘어진 제2의 기관처럼 그의 신발 뒤로 질질 끌린다.

그는 자기-딜도하기self-dildoing를 준비한다. 그는 자신의 왕좌를, 즉 산부인과 검진대, 화장대, SM 팔걸이끈의 잡종인 의자를 달라고 요구한다. 그는 얼굴 피부에 긴 바늘들을 꽂아 자기를 치장한 다음, 끈을 이용해 자신의 가시 면류관에 부착한다. 그는 황금 왕관으로 길게 늘어난 자기 얼굴을 가진 여왕이다. 그는 검은 태양으로 달궈진 처녀 항문을 가진 아내로서, 고독한 신혼 초야를 준비한다. 네 발로 엎드린 여왕은 그녀의 항문을 사람들에게 바친다. 관객 신하들은 똥[구슬]의 물결로 채워지길 기다린다. 애서의 항문은 다음의 것을 하사한다. 그는 나무 막대의 도움을 받아 항문에서 루이즈 브룩스의 백진주 목걸이를 뽑아낸다. 깔끔하게 빛나는 똥구슬의 끝없는 사슬. 그의 항문은 축복이자 선물이다. 항문이 텅 비워지고 받아낼 준비가 되자 딜도-성교식이 시작된다. 그의 다리 사이에서 딜도들의 왕래가 일어난다. 힐에 매달린 딜도들은 그의 항문에 삽입하려고 다툰다. 딜두스 인테르룹투스Dildus interruptus[딜도들이 끼어든다]. 매 순간. 어떤 딜도도 그의 항문을 완전히 소유하지 못한다. 그의 항문은 어디에도 속하지 않는다. 쓰리썸 성교다. 아니 그것은 정말이지 성교가 아니다. 그들은 자위한다. [그것도] 아니다.

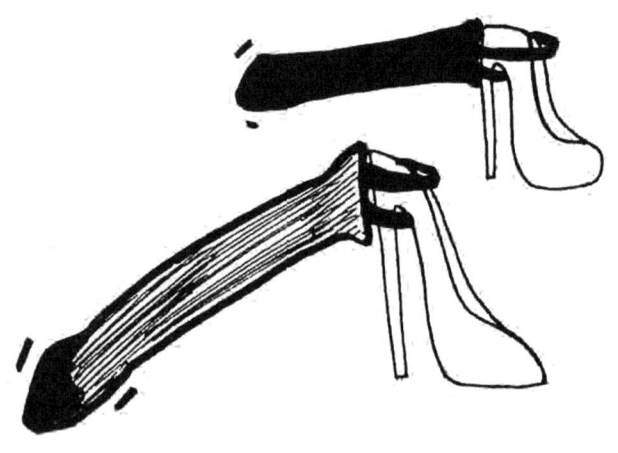

[그림 2.2]

지침 원칙 : 이 실천은 (완전히 사적인 것은 아니지만) 가정환경에서 애서의 태양 항문 공연의 순서를 반복하려고 고안되었다. 특히 집안에서 많은 자유시간을 가지며, 트랜스젠더나 동성애 성향을 아직 탐험해 보지 않은 외로운 남편들에게 추천한다. 이 실천은 탈-부르주아적 가

정환경의 퀴어화로 이해될 수 있다. 이는 부치들, 자신을 남성과 동일시하는 레즈비언들, 남성 정체성을 가진 이성애 여성들(파트너가 있든 없든) 중 6개월 이상 어떠한 성적 활동도 하지 못한 이들에게 추천할 만하다.

참여하는 신체 수 : 하나.

테크놀로지 : 딜도의 스틸레토 힐로의 대항성적 전환[트랜스-하기](trans-lation)(전이, 인용, 전달)에 뒤이은 자기-딜도하기.

재료 : 관장제 한 알, 한 쌍의 스틸레토 힐, 딜도 두 개(하나는 작고 딱딱하고, 다른 하나는 크고 부드러운), 끈 두 개, 팔걸이의자 한 개.

총 지속 시간 : 11분.

이 실천의 목적은 딜도들과 교섭하는 법을 배우는 것이며, 하나의 성 테크놀로지를 생체콜라주(biocollage)나 그라마톨로지의 성 테크놀로지와 유사하게 전환시키는 것이다. 이에 대한 실행은 크로스드레싱과 '자기-항문에 딜도 삽입하기'를 결합하는 것으로 이루어져 있다.

설명 : 옷을 벗고 관장을 준비한다. 세로 방향으로 길게 눕고, 관장 후 2분 동안 알몸으로 이 자세를 유지한다. 일어나 큰 소리로 반복한다. "나는 모든 에이즈 보균자들에게 내 항문의 쾌락을 바친다. 나는 당신들에게 내 모든 쾌락을 빚지고 있다." 이미 그 바이러스를 보유한 이들은 항문의 쾌락을 그들 자신의 항문과 그들의 연인인 누군가의 항문 개방에 바칠 수 있을 것이다. 스틸레토 힐을 신고, 끈으로 딜도 두 개를 힐에 묶는다. 적절한 윤활유를 항문에 발라 삽입을 준비한다. 팔걸이의자에 누워 각 딜도를 번갈아가며 자기 똥구멍에 넣는다. 당신

의 손을 써 딜도가 항문에 잘 삽입되게 한다. 항문에서 딜도를 뺄 때마다, 당신의 대항이름을 퇴폐적으로 울부짖는다. 가령 "줄리아, 줄리아"라고. 7분간의 자기 딜도하기 후에는, 격렬한 오르가슴을 흉내내기 위해 거친 신음을 내지른다.

이 실천의 시간은 초시계로 관리되어야 한다. 초시계는 시간의 관음증자처럼 쾌락의 끝과 오르가슴의 정점을 알려줄 것이다. 오르가슴 흉내내기는 10초간 지속되어야 한다. 그 뒤로 즉시 호흡을 고르고 숨을 깊이 들이마시며, 다리와 항문을 완전히 이완시켜야 한다.

실천 II : 팔을 자위하기
팔뚝에서 딜도의 반복

지침 원칙 : 딜도의 논리.
참여하는 신체 수 : 하나.
테크놀로지 : 팔뚝의 딜도로서의 대항성적 전환(전이, 인용, 전달) 또는 팔에 적용된 딜도기술학.
재료 : 빨간 사인펜 하나.
추가 재료 : 바이올린(또는 해당 악기의 모조품) 하나.
총 지속 시간 : 2분 30초.

　　이성애 중심적인 자본주의 체제의 틀 내에서 신체는 생식 및 생식기-쾌락 생산에 기여하는 총체적 인공보철로 기능한다. 신체는 단일한 의미론적-성적 축을 중심으로 조직되는데, 이것은 되풀이해서 기계적으로 자극되어야 한다. 그렇게 이해된 성행위는 이성애든 동성애든 모두 규범적이며 지루하고 단조롭다. 이 대항성적 실천의 목적은 성기들 및 그것들의 생체정치적 반응을 전복시키는 법을 배우는 데 있다. 이 연습은 특정 신체 부위(이 경우에는 팔뚝)를 다시 지정하는 것에 기반하는데, 이는 내가 "역-투자-임명의례"라 부르는 반복 작업에 의존한다.

　　"역-투자-임명의례"는 인공보철적-텍스트적 반복 작업을 의미한다. 먼저 이성애 중심체제의 의미론적 축의 위치를 바꾸고 전복시킨

다음 [전복된 의미를] 새로운 몸에 투자(옷 입히기, 임명하기)하는데, 이는 경제적 의미(몸을 활성화시키고, 특정한 대항-이윤을 생산하게 하기)와 정치적 의미(뭔가를 해낼 권위를 부여하고, 수행적 힘으로 채워진 의미와 권력의 의례적 이행을 포함하기) 모두에서 그렇다. 이 반복 작업은 주체화 과정을 역전시키고 투자하기 위해 이성애 중심 코드의 수행적 힘이 놓여있는 위치를 바꾼다.

[그림 2.3]

[그림 2.4]

설명 : 하나의 몸이 턱 밑과 왼 어깨 사이에 바이올린을 지탱한다. 왼손은 현을 정확히 짚으며 얹혀 있다. 오른손은 활을 힘차게 흔든다. 몸은 악보대 위의 악보를 따라가려는 듯 왼팔 쪽에 시선을 고정시킨다.

몸은 자세를 바꾸지 않고 바이올린을 내려놓는다(작업: 바이올린 치우기). 이제 바이올린이 없이 머리가 왼팔에 얹혀 있다. 전에는 대상[바이올린]이 차지하던, 그리고 그 대상이 몸에 설정한 관계가 차지하던 공간이 덜도로 체계적으로 대체된다.

육신의 전환 작업은 빨간 사인펜의 도움으로 딜도 모양을 왼팔에 그려 딜도를 반복하는 것이다. 이 실천은 팔의 피부와 근육을 떼어내 음경을 제작하는 음경성형술의 수술법에서 영감을 얻었다. 실제로 현대 의학은 열린 풍경처럼 몸에 작업한다. 여기서는 어떠한 기관도 다른 기관을 낳을 수 있다. 이 육체적 가소성으로 판단해보건대, 모든 몸은 적어도 네 개의 잠재적 음경(팔에 두 개, 다리에 두 개)과 셀 수 없이 많은 질(몸 위에 인공적으로 열린 구멍들만큼이나 많이)을 갖는다.

이제 시선은 딜도가 반복되었던 팔의 수평면을 향한다. 오른손이 딜도-팔을 잡고 위아래로 쓰다듬어 혈액순환을 손가락까지 증폭시킨다(작업: 딜도-팔을 수음하기). 왼손이 리듬감있게 열리고 닫힌다. 혈액이 점점 더 강하게 펌프질한다. 이 느낌은 음악적이다. 피부를 문지를 때 생긴 소리가 선율이다. 몸은 쓰다듬는 리듬에 맞춰 호흡한다.

이전의 실천과 마찬가지로, 쾌락의 끝과 오르가슴의 정점을 알려줄 초시계의 도움을 받아 총 지속시간이 관리되어야 한다. 오르가슴 흉내내기는 10초간 지속되어야 한다. 그 뒤로 즉시 호흡을 고르고 숨을 깊게 들이마시며, 팔과 목을 완전히 이완시켜야 한다.

실천 III : 딜도-머리를 즐기는 법
머리 위에서의 딜도의 반복

지침 원칙 : 딜도의 논리
참여하는 신체 수(또는 말하는 주체) : 셋.
테크놀로지 : 머리 위로의 딜도의 대항성적 전환(전이, 인용, 전달) 혹은 머리에 적용된 딜도기술학.
재료 : 빨간 사인펜 하나, (무독성) 빨간색 물 75ml, 전기면도기 하나.
총 지속시간 : 2분 5초.

[그림 2.5]

설명 : 신체 셋이 대항성 계약에 서명한다. 그 목적은 머리 위로 딜도의 반복을 실행하기 위함이다. 이 실천은 각 신체가 적어도 한번은 받는 위치에 있게 하기 위해 그들이 필요하다고 여긴 횟수만큼 실행될 것이다. 첫째와 둘째 몸이 셋째의 머리를 깎는다.

육신의 번역 작업은 면도된 머리 표면 위에 딜도를 반복하는 것두피에 빨간펜으로 딜도를 그리기으로 실행된다.

[그림 2.6]

받는 위치에 있는 몸은 입에 75ml의 빨간색 물을 머금는다. 이 몸은 다른 두 몸 사이에 서 있다. 다른 두 몸은 일정한 리듬으로 그들의 손으로 딜도-머리를 문지르고 위아래로 쓰다듬는다(작업: 딜도-머리를 수음하기). 40초마다 딜도-머리는 하늘을 올려보고 물을 뿜는다. 다른 두 노동자는 자주색 비로 축복을 받는다.

[그림 2.7]

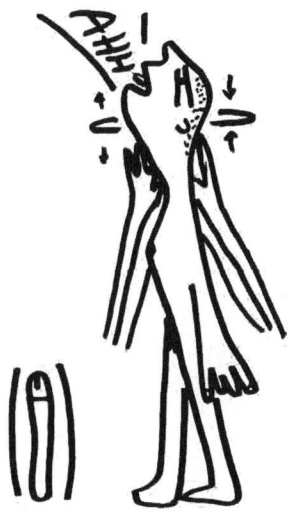

[그림 2.8]

2분 뒤 그 몸은 세 번 물을 뿜을 것이다. 세 번째 물을 뿜은 직후, 딜도-머리는 격렬한 오르가슴을 흉내내며 거친 신음을 내지를 것이다.

이 실천은 항상 머리 면도(작업: 머리카락 자르기)로 시작해 여러 날 지속될 수 있다. 이 계약 기간 동안 세 신체 각각은 요청받은 면도에 참여할 것이고, 이후 이 실천은 먼저 신체들 중 하나의 머리 위에서 딜도를 반복할 것이다. 계약으로 묶인 신체들은 머리 마사지를 능숙하게 실행하는 법을 배울 것이고, 오르가슴 흉내내기의 기예에서 전문가가 될 때까지 극도의 끈기를 보여줄 것이다.

3부

이론들

데리다의 가위: 딜도의 논리

딜도란 무엇인가? 대상, 기관, 물신…? 우리는 딜도를 음경의 아이러니한 패러디 혹은 음경의 상스런 반복으로 생각해야 하는가? 딜도가 부치/펨 레즈비언이나 트랜스젠더 실천의 요소가 될 때, 우리는 딜도를 가부장제를 연상시키는 것으로 해석해야 하는가? 딜도는 성의 남근중심주의적 구성물의 징후일 수 있는가? 그렇다면 우리는 "남근적"이지 않은 딜도(돼지나 나비, 인어처럼 생긴 딜도 혹은 그 어떤 비유적 형태도 갖지 않은 딜도)에 대해 무엇을 말할 수 있는가? 안드레아 드워킨 같은 미국의 검열 친화적 페미니스트들과 다니엘 샤베스트*Danielle Charest* 같은 퀘벡의 급진적인 분리주의적 레즈비언들은 남근을 모방한 딜도가 음경 선망에 조력하기에 딜도를 사용하는 모든 레즈비언을 위선자이자 남자이길 바라는 자로 간주해야 한다고 단언한다. 만일 그렇다면 딜도를 사용하는 게이 남성들은 어떻게 설명될 수 있는가? 딜도의 사용이 이성애 행동을 모방한다고 가정하는 페미니스트들과 안티페미니스트 부류가 공유하는 흔한 믿음을 반박하는 것은 가능한가? 이성애는 성적 실천에 포함된 기관의 형태로 혹은 주체화 과정을 틀 짓는 정치적인 메타-생식기적 서사로 정의되는가?

딜도를 부착한 몸에서 생식기는 어디에 있는가? 딜도는 여성적 속성을 갖는가 남성적 속성을 갖는가? 딜도로 성교하는 동안 쾌락과 향유는 어디서 일어나는가? 누가 쾌락을 느끼는가? 딜도를 사용할 때 누가 쾌락의 주체인가? 혹은 오히려 딜도는 기관과 쾌락의 원래 주인인 주체를 망치는가? 딜도가 단지 음경의 인공 대체물이라면, 이미 음경을 갖고 있음에도 몸에 딜도를 부착한 시스-남성을 우리는 어떻게 설명할 수 있는가? 두 개 이상의 딜도가 사용될 때 우리는 딜도를 결여를 메우기 위한 음경의 인공 복제품이라고 계속해서 말할 수 있을까? 그래서 그 경우 딜도를 부착한 시스-남성은 얼마나 많은 음경을 가지는 것인가? 딜도가 몸의 일부로서 골반 부위(팔, 팔뚝, 넓적다리) 곁에 자리잡을 때, 우리는 딜도를 남성 몸의 '자연적' 이미지를 모방된 어떤 것이라고 부를 수 있을까? 딜도와 진동기 간의 생체정치적 차이는 무엇인가? 딜도와 채찍의 차이는? 부착식 딜도와 정조대의 계보학적 관계는 무엇인가? 달리 말해 딜도는 모방의 논리를 통해 음경과 계보학적으로 연결되는가? 아니 오히려 딜도는 정조대와 클리토리스 진동기같이 쾌락의 억압-생산 테크놀로지와 연결되는가?

미래의 성性 세계에 사는 누군가는 1990년대를 딜도의 시대로 기억할 것이다. 1991년 호르몬 변형과정을 막 시작했던 델라 그레이스 볼케이노는 화보집 『러브 바이츠[애무 자국들]』를 출판했지만, 런던의 몇몇 페미니즘 서점은 판매를 거부했다.[22] 서점들은 유독 두 장의 사진을 비난했는데, 하나는 게이 남자가 다이크[레즈비언, 부치]의 딜도에 구강성교를 하는 사진이고, 다른 하나는 여러 다이크들이 서로에게 딜도를 삽입하는 사진이었다. 영국에서는 또한 제니퍼 손더스Jennifer

---

22 Del LaGrace Volcano, Love Bites, London: Gay Men's Press, 1991.

Saunders가 어린 소녀를 딜도로 강간했다고 고발당했고, 그 어떤 시스-남성의 강간 판결보다도 훨씬 가혹한 판결을 받았다. 그 사이 '수지 섹스퍼트'[성전문가]라는 가명으로 알려진 수지 브라이트Susie Bright는 처음으로 게이·레즈비언 잡지 『디 아드보케이트』에 기고한 칼럼에서 딜도에 대한 월간기록을 남겼다. 얼마 뒤에 잡지 『아웃룩』과 『오 아우어 백스』 역시 이 주제를 다루기 시작했다.

모니카 트뢰트Monika Treut의 영화 『버진 머신』(1988)에서 주인공 도로티는 샌프란시스코에서 만난 성-긍정 페미니스트 스트립퍼가 그녀에게 준 반투명 딜도를 통해 세상을 본다. 파리에서 딜도는 레즈비언 영화제 〈레즈비언이 영화를 만들 때〉를 통해 은막에 침투해 세대 간 갈등과 정치적 갈등에 불을 붙였다. 뉴욕·LA·런던의 레즈비언 클럽에서 다이엔 토르Diane Torr는 최초로 드랙킹 워크숍을 개최했으며, 거기서 시스-여성들은 하루 동안 '남성으로 패싱되는 법'을 배웠다. 같은 시기에 프리옵 F2M 성전환자[23]인 애니 스프링클, 잭 암스트롱, 다이엔 토르 등은 "일일 드랙킹"이라 불리는 워크숍을 조직했는데, 거기서 이성애 여성과 레즈비언 여성은 남성성 수행을 익혔다. 이 워크숍은 참가자들이 "패킹[포장]" 기술에 익숙해지게 만들었다. 즉 그들의 속옷 안에 양말을 집어넣어 불룩하게 패키지를 만들고, 필요한 경우 그들의 섹스파트너가 알아채지 못하는 방식으로 몰래 딜도를 사용하여 자신을 포장하는 것이다. 워크숍의 결과는 놀라웠다. 참가자들은

---

23 프리옵pre-op와 포스트옵post-op는 각각 성전환 수술(호르몬을 투여하거나 하지 않은) 전과 후의 몸의 상태를 지시한다.

자신들이 남성으로 패싱되자 그 어느 때보다도 더 자유롭게 도시를 경험하게 됐다고 고백했다.

딜도는 퀴어 앨리스의 거울이 되었고, 그것을 통해 우리는 다양한 성문화를 읽어낼 수 있다. 딜도는 특정한 페미니즘?레즈비언 담론에선 비판을 불러일으킨다. 딜도는 사도마조히즘과 부치/펨24의 장신구로 전락하게 되고, 종종 가부장적이고 남근 중심적인 전형이 레즈비언과 트랜스젠더 섹슈얼리티 안에 얼마나 스며들었는지를 보여주는 유감스러운 기호로 해석된다. 레즈비언계에서 딜도 검열을 지지하는 이들은 딜도가 남근 및 쇼비니즘 권력을 다시 포르노 안으로 밀어 넣고, 나아가 남성의 욕망을 레즈비언의 섹슈얼리티나 심지어 여성의 섹슈얼리티에 투사하는 것에 불과하다고 주장한다. 사악한 대상인 딜도는 이성애중심의 성 모델 내에서 레즈비언과 트랜스남성의 성으로 대표되는 편집증적 수수께끼를 해결하는 잃어버린 퍼즐조각이다. 이것은 마치 딜도가 다음과 같은 불타오르는 질문에 응답하는 것과 같다. 어떻게 레즈비언은 음경 없이 섹스할 수 있는가? 어떻게 트랜스 남성들은 음경 없이 남자일 수 있는가?

딜도에 대한 약간의 언급만으로도 논쟁이 촉발되는 것으로 판단해 보건대, 일레인 크레이스가 "섹스 장난감은 정치적으로 휘발성이 강하다"고 주장한 것은 실수였다고 말하는 것이 안전해 보인다.25 사실

---

24 부치/펨 실천은 1940년대 말 미국 레즈비언 문화에서 나타났다. 당시는 남성성(부치)과 여성성(펨)의 자리바꿈 그리고 전통적으로 남성과 여성으로 이해된 성 역할의 자리바꿈이 있었다. 어쨌든 부치와 펨은 정상적 이성애 여성의 정체성과 관련해 서로 거리를 두는 두 가지 메커니즘을 나타낸다.

딜도의 주변화와 비가시화는 지속적이고 광범위하다. 레즈비언 페미니즘 문화담론 안에서 딜도는 절대적으로 금기시되고, 게이 관행에서는 딜도의 현존에 대한 분석이 결여되어 있으며, 트랜스성 공동체와 사도마조히즘 공동체에서는 딜도에 대한 불완전하고 상업적인 정보만이 제공된다. 대부분의 퀴어 이론의 문헌들에서는 딜도에 관한 부재, 소심함, 부끄러움이 있다.

    1990년대에 정신분석학이 야기한 미국의 퀴어 이론과 정신분석에 대한 비판적 재독해를 샅샅이 뒤져보아도, 우리는 딜도에 대한 분석이 거의 없다는 것을 발견하며, 그나마 얼마되지도 않는 분석은 "여성 남근"과 "음경 선망"에 대한 일반적 토론이나, 프로이트의 페티시즘 개념을 여성의 욕망과 재접합하려는 문헌들에 담겨 있다.

    테레사 드 로레티스는 이성애 중심주의안에서 라캉이 남근/음경의 애매함을 끊임없이 활용하며 놀 수 있다고 비판한다. 라캉에게 있어 음경은 남자의 몸에 속하는 생식기인 반면, 남근은 기관이나 대상이 아니며 오히려 권력과 욕망을 대표하고 상징적 질서에 대한 접근을 확정하는 "특권화된 기표"이다. 『사랑의 실천』의 저자에 따르면, 라캉 안에서 우리는 이성애적 관점 — 정신분석의 이론과 실천은 자신들의 주체들을 이성애적 관점에 위치시키거나 그 관점으로 끌어들이고자 애쓴다 — 에 입각해 남근의 소유 유무에 대한 질문과 만난다. 그러한 관점에서는 생식을 목적으로 하는 남/녀의 성차나 교미 행위(이성애적 생체-음경이 생체-질로의 삽입되는 것으로 이해되는)가 규범이다.[26]

---

25 Elaine Creith, Undressing Lesbian Sex, London: Cassell, 1996, p.91.

이러한 맥락에서 딜도는 남근과 음경 사이 어딘가에서 어떤 전략적 위치를 차지한다. 딜도는 음경의 남근적 야망을 드러내는 상징적 문턱의 역할을 한다. 이런 것이 로레티스가 셰일라 맥러플린의 고전 영화『그녀는 사물을 보고 있음에 틀림없다』(1987)에서 끌어낸 결론인데, 이 영화에서 레즈비언인 아가타는 자신의 섹스 동반자가 시스-남성 때문에 자신을 버릴까 두려워하면서 질투의 편집증에 시달린다. 이 영화에서 딜도와 섹스 장난감은 레즈비언 주인공이 이성애 무대를 탈낭만화·탈자연화하게 만드는 전이의 대상으로 등장한다. 이 영화는 가시적 질서의 안정성에 의문을 제기한다. 로레티스에 따르면 거기서 대본이 맴도는 질문은 이런 것이다. "그녀가 보아야만 하는 그 '사물'이란 무엇인가?"[27] 레즈비언이 보는 "사물"이란 무엇인가? 또는 달리 말해, 만일 이성애가 정상적인 가시적 체제로 이해되어야 한다면 레즈비언은 사물·기관·몸을 어떻게 보는가? 아가타는 자기가 바라는 것을 찾을 때까지 연인의 일기와 사진을 샅샅이 뒤지며 자신의 질투심에 기름을 끼얹는다. 그리고는 연인 조Jo가 남자에게 관심이 있으며 바람을 피고 있다는 것을 확실히 알게 된다. 남자 경쟁자와 동등해지기를 바라면서 아가타는 남성복을 입기 시작하고 결국 섹스숍에 가 진짜 같은 딜도를 사기로 결심한다.

아가타는 섹스숍에서 새로운 시각으로 사물을 보는 법을 배운다.

---

26 Teresa de Lauretis, The Practice of Love: Lesbian Sexuality and Perverse Desire, Indianapolis: Indiana University Press, 1994, 220.
27 같은 책, p.113.

로레티스에 따르면 딜도를 처음 보았을 때 아가타는 "남근을 더욱 초라한 모습과 상품 형태 속에서 대면한다."28 훨씬 더 중요한 것은 아가타가 그 상점에서 뭔가를 본다는 점 즉 실물 크기의 공기주입식 인형을 본다는 점이다. 이 영화의 이성애적 상상 속에서 공기주입식 인형은 딜도와 상관관계를 맺는다. 이성애 성 시장에서 남성들은 여성 몸의 복제품을 온전한 형태로 구매할 수 있지만 여성들은 음경 모형에 만족해야 한다. 로레티스에 따르면 "공기주입식 인형"과 "진짜같은 딜도"의 차이는 "성 상품으로 규정되는 여성과 남성의 섹슈얼리티에 대한 접근권에 있어서 젠더 비대칭"이 있다는 점을 분명하게 만든다.29

이 장면에서 아가타의 "사물을 보는" 방식, 그녀가 상상계와 맺는 관계, 그녀가 자기 자신을 욕망의 주체로 구축하는 방식이 변화한다. 아가타는 레즈비언주의가 "보는" 것을 이해하기 시작하는데, 그것은 이성애가 아주 작은 "사물"로 환원된다는 사실이다. 로레티스가 보기에 딜도는 레즈비언의 섹슈얼리티와 이성애가 대치하는 최초의 순간을 구성한다. 두 번째 순간은 레즈비언의 성이 상징적인 이성애 질서가 지닌 비대칭의 재생산에서 벗어날 때 발생할 것이다. 여기서 로레티스가 관심을 갖는 것은 딜도에 의해 도입된 인식론적 단절이다. 이 분석에서 딜도는 실용적 가치가 아니라 비판적 가치를 가질 뿐이다. 바로 그것이 아가타가 이성애적 상상에 직면하고 그녀 자신의 남근의 무게를 덜어낸 뒤에 딜도를 사지 않고 섹스숍을 떠나는 이유이다.

---

28 같은 책, p.101.
29 같은 책, 같은 곳.

『의미를 체현하는 육체』에서 주디스 버틀러의 딜도 분석은 "레즈비언 팔루스[남근]"라는 더 넓은 질문 뒤로 숨겨지며, 또한 레즈비언 주체·권력·성욕의 규제라는 겉으로는 좀 더 기품있고 철학적인 질문 뒤로 숨겨진다. 버틀러는 프로이트가 규정한 "음경 선망"의 목을 비틀면서 남성들이 남근 이상에 맞서서 스스로를 평가해야 한다는 점에 주목한다. 그들은 남근이 아닌 음경을 달고 나왔고, 따라서 자신의 정력을 강제적으로 수행할 의무가 지워지기 때문이라는 것이다. 이 시험을 레즈비언들이 치를 필요는 없다. 비록 딜도라는 용어를 쓰는 것을 생략하긴 했지만 버틀러는 우리가 일말의 망설임 없이 섹스 장난감들과 연관지을 법한 특성인 "가소성, 양도가능성, 수용성"을 남근에게 부여한다.30 버틀러가 말하길, "**남근의 자리바꿈, 즉 다른 몸의 일부 혹은 몸을 닮은 다른 사물과 관련해 상징화하는 그것의 능력은 레즈비언 남근을 위한 길을 열어준다.**"31

버틀러의 성 정체성 본질주의에 대한 비판은 모든 이성애의 성이 남근적이고, 모든 남근의 성이 이성애적이라는 잘못된 가정이는 딜도에 반대하는 레즈비언 페미니스트들과 동성애 혐오 담론이 공유하는 것이다을 허무는 데 일조한다. 가령 정통 페미니즘 내에서, 남근에 대한 일체의 표상은 여성과 레즈비언을 지배하는 이성애주의 권력으로의

---

30 나는 이 예리한 관찰에 대해 일라 리빙스톤Ira Livingston에게 빚을 졌다.

31 Judith Butler, Bodies That Matter: The Discursive Limits of Sex, New York: Routledge, 1993, pp. 5791, 158. [한글본] 주디스 버틀러, 『의미를 체현하는 육체』, 김윤상 옮김, 인간사랑, 2003, 165쪽. 강조는 원문 그대로.

회귀와 동의어로 간주된다. 일부 급진적 분리주의자들은 이 가설을 기호론적 극단으로 밀어붙이면서 두 레즈비언의 성행위에 딜도를 포함하는 일은 "진정한 레즈비언이 아니다"고 주장할 것이다. 분리주의적 페미니즘 서사와 겉으로는 대립하지만 형이상학적으로는 대칭적인 규범적인 이성애중심 담론에서 레즈비언들 간의 딜도의 사용은 "성기 없는 성행위는 진정한 성으로 간주될 수 없다"는 점을 실효적으로 입증하는 것으로 나타난다. 딜도는 성 정체성과 젠더 정체성이라는 이원론 내에서 존재론적 구멍인 것이다.

초기 페미니즘 퀴어 이론들은 남근과 음경 간에는 거리가 존재한다는 점, 그리고 이 거리는 레즈비언의 성으로 극복될 수 있고 재영토화될 수 있으며 전복될 수 있다는 점을 증명하고자 했다. 딜도는 남근이 아니며 남근을 재현하지 않는다. 왜냐하면 마지막으로 한 번만 더 말해보자. 남근은 존재하지 않기 때문이다. 남근은 이성애규범적인 가부장 문화가 만들어낸 음경에 대한 환영이자 정치적 휘포스타시스 hypostasis[위격]에 불과하다. 진짜 문제는 근대 해부학의 지도제작 내에 남성 헤게모니 권력이 새겨진다는 점이다. 간성 아기들에게 성을 할당하는 것처럼, 이른바 '자연적 성차'의 이원적 인식론과 관련해 단순히 남자나 여자로 동일시될 수 없는 그러한 성기를 가진 간성 아이들에게 성을 할당하는 것(이에 대해서는 이 글의 세번째 절인 머니가 성을 만든다를 보라)처럼, 그러한 할당에서 기원하는 것처럼 보이는 상징적 질서는 남성 헤게모니적 육신-정치적 지위를 유지하기 위한 '몇 센티미터인가의 문제'에 불과한 것이다. 이로부터 뒤따라 나올 수 있는 흥미로운 결론은 (축 늘어진) 성기는 아직 충분히 남성적이지 않다는 점이다. 오로지 발기하고 사정하는 음경, 생산기관이자 생식기관인 음경만이 남근이라고 주장할 수 있다.

레즈비언과 트랜스성애 대한 가장 페미니즘적이고 퀴어한 해석들은 정신분석학 언어에 대한 애착으로 인해 딜도가 남근과의 관계를 넘어선다는 점을 이해하지 못했다. 이 글의 목적은 규범적인 정신분석학적 문법에서 한 걸음 비켜서서 딜도를 성 테크놀로지로 다시 생각해보는 데에 있는데, 이때 성 테크놀로지는 자위를 억압하는 근대의 생체정치적 테크놀로지와 쾌락-생산의 테크놀로지 사이에 전략적 공간을 차지한다. 딜도가 균열을 일으킨다면, 이는 딜도가 레즈비언을 남근의 낙원에 들어가게 해주어서가 아니라 그것이 남성성 — 여성성도 마찬가지겠지만 — 이 구성과 통제의 사회적·정치적 테크놀로지에 종속된다는 점을 보여주기 때문이다. 딜도는 몸의 성적 가소성을 작동시키는 것이자 몸의 윤곽 및 정체성에 대한 인공보철적 변경을 작동시키는 것이다. 어쩌면 딜도는 우리가 자연적인 것(남자나 여자)이라고 해석하는 기관들이 이미 그와 유사한 가소적 변형과정을 겪었다는 점을 제시하는 것일지 모른다.

정신분석학적인 문제틀에서 출발하는 잭 핼버스탬은 남근 기표가 아니라 무엇보다도 성적 대상이자 젠더 조절기로서의 딜도에 대한 이론을 연구했다. 핼버스탬에 따르면, 딜도가 레즈비언 공동체와 그들의 일반적 재현안에서 질타를 불러일으킨다면 그것은 이 성가신 장난감이 우리로 하여금 "진짜" 음경이 작은 차이 — 비교적 최근까지도 우리는 음경을 살 수 없었다 — 로 밀도에 불과하다는 점을 깨닫게 만들기 때문이다.32 핼버스탬이 보기에, 드랙킹이 딜도를 사용한다는 것은 남성성의 거짓된 모방을 전시하는 것이 아니라, 오히려 어떻게 남성성이 진품으로 구성되는지를 힐끗 엿보게 해주는 것이다.

딜도로부터 배우기

정신분석학 논쟁이나 도덕 논쟁을 한쪽으로 치워두면, 이 글은 적어도 18세기부터 생산 및 사용했다는 점에서 딜도를 생체정치적 테크놀로지의 일부로 생각하기를 제안한다. 즉 딜도를 신체, 도구, 기호, 기계, 용도, 이용자 간의 관계를 규정하는 규제 장치의 복잡한 체계 내의 한 요소로 생각하기를 제안한다. 그랬을 때 딜도는 단순히 살아있는 성 구성물의 복제품으로서가 아니라, 너무나 다양한 유기적 기계와 비유기적 기계들(손채찍·음경·정조대·콘돔·혀 등) 중에서도 별개의 도구(혹은 별개의 신체)로 자신을 드러낸다.

대항성은 말한다. 이성애의 논리는 딜도의 논리인데, 딜도가 임의적 기관에게 성차와 젠더 차이를 자리잡게 하는 힘을 부여할 초월론적 가능성을 불러내기 때문이다. 몸에서 "자연적으로 남성적인 것"으로 확립하는 기관을 "추출하는 것", 그 기관을 딜도라고 부르는 것은 이성

---

32 Jack Halberstam, Female Masculinity, Durham, N.C.: Duke University Press, 1998, p.215. [한글본] 주디스 핼버스탬, 『여성의 남성성』, 유강은 옮김, 이매진, 2015, 353쪽. [인용된 영어본의 p.215는 p.251의 오타로 보임]

애 해체에 있어서 결정적인 정치적 행동이다. 딜도의 발명과 함께 음경은 성차의 뿌리이기를 중단한다. 만일 섹슈얼리티에 있어 음경이 자연에게 있어 신과 같다면, 니체가 예언했듯이 딜도는 성관계의 영역에서 신의 죽음을 야기한다. 이런 점에서 딜도는 대항성 테크놀로지의 역사에서 결정적 행동으로 생각될 수 있다.

망치가 아니라 딜도로 철학을 하자. 우리는 고막을 터트리는 일에 대해 얘기하는 것이 아니다. 우리는 항문을 여는 일에 대해 얘기하는 것이다. 우리는 성기를, 즉 욕망의 기원이자 성의 원료로 통했으며 스스로를 특권화된 중심여기서는 쾌락이 종을 재생산하는 보증서로 간주되고 제시된다으로 도입했던 성기를 다이너마이트로 폭발시켜야 한다. 우리가 성교할 때 딜도는 외부자이다. 내 몸에 묶여 있을 때조차 딜도는 내게 속하지 않는다. 부착식인 딜도는 나로부터 기원하는 것으로서의 쾌락의 진실을 부정한다. 딜도는 **미결정적이다**. 그것은 쾌락이 주체에 속한 어떤 기관에서 발생한다는 것을 입증하는 증거와 모순된다. 딜도는 이방인이다. 살 곁에 붙은 비유기적 대상인 딜도는 죽음, 기계, 똥에 근접해 있다는 이유로 줄리아 크리스테바가 "비체"라 불렀던 것을 닮아있다.[33] 딜도는 불청객, 외부자, 해커이다.

섹슈얼리티가 해부정치적 이데올로기임을 폭로하기 위해서는 딜도(몸으로부터의 그것의 분리)를 성적·정치적 의미화의 지연된 중심으

---

33 예를 들어 Julia Kristeva, Powers of Horror: An Essay on Abjection, trans. Leon S. Roudiez, New York: Columbia University Press, 1982. [한글본] 줄리아 크리스테바, 『공포의 권력』, 서민원 옮김, 동문선, 2001을 참고하라.

로 이해할 필요가 있다. 딜도는 상실된 어떤 것을 대체하는 대상이 아니다. 그것은 이성애 내에서 발생한 자르고-붙이는 작용이며, 이른바 '성적 생산의 유기적 중심'을 몸 바깥의 공간으로 대체한 것이다. 권력과 성적 흥분의 참조로서 딜도는 의미론적 근사치에 의해 재-성별화된 다른 의미화 공간(유기적 공간과 비유기적 공간, 남성 공간과 여성 공간)으로 이동함으로써 해부학적 기관을 배반한다. 그 순간부터 무엇이든 딜도가 될 수 있다. 모든 것은 딜도이다. 심지어 음경까지도.

레디메이드 장르의 발명자인 마르셀 뒤샹은 1912년 항공 박람회를 관람한 뒤, 자신의 친구 페르낭 레제와 콘스탄틴 브랑쿠시에게 이렇게 말했다. "회화는 끝났어, 저 프로펠러보다 더 나은 걸 누가 만들어 낼 수 있겠어?" 우리는 성적인 인공보철, 딜도, 진동기에 대해 같은 것을 말할 수 있다. 성은 끝났다. 이 딜도보다 더 나은 걸 누가 만들어낼 수 있겠는가? 만일 뒤샹의 경우에서 레디메이드가 회화에서 개념예술로의 이행을 특징짓는 것이라면, 딜도는 성 자연주의에서 개념적 대항섹스로의 이행을 특징짓는다.

비록 발기된 음경이 그 자체로 직접적이고 진정한 자기-현존이라 주장할지라도, 이러한 자기-동일성은 자기가 배제하려 한 것, 즉 축 늘어진 음경, 클리토리스, 질, 항문, 그리고 딜도 등에 의해 오염된다. 그러나 이 최초의 해체적 국면에서도 실재 그대로의 딜도는 여전히 자신의 규범적 준거(음경)의 형식적 그리고/혹은 질료적 특징을 보유한다. 같은 모양, 같은 크기, 같은 색 등은 이미 자크 데리다가 루소의 자연/문화의 대립 및 그것과 글쓰기의 관계에 대한 분석에서 "위험한 대리보충"으로 정의한 것의 전형적 사례로 생각될 수 있다.

그러나 대리보충은 대리보충한다. 대리보충은 대체하기 위해서만 더해진다. 그것은 [무언가를] **대신해** 개입하거나 끼어든다. 그것이 [무언가를] 채운다면, 그것은 공백을 메우는 것과 같다. 만일 그것이 어떤 이미지를 재현하고 만든다면, 그것은 이전에 어떤 현전의 결여에 의해서이다. 보완하고 대리하는 대리보충은 **(그) 자리를 차지한** 부속 심급이나 하위 심급이다. 대체물로서 대리보충은 현전의 실증성에 단순히 더해진 것이 아니다. 그것은 어떠한 두드러짐도 생산하지 않으며, 그것의 자리는 빈 곳이라는 표시에 의해서 구조 안에 할당된다. 어딘가나 무언가는 스스로를 기호와 대리를 통해 채워지게 함으로써만 **그 자체**로 채워질 수 있고, 그 자체로 완성될 수 있다.[34]

그러므로 비록 딜도가 처음에는 음경의 인공 대체물처럼 보인다 할지라도, 절단 작용은 이미 원본-기관의 해체과정을 가동시켰다. 딜도는 오로지 대체하기 위해 더해진다. 복제가 원본의 가능성의 조건이며, 대리보충이 대리보충될 것을 생산하는 한에서만 대리보충할 수 있는 것과 같은 방식으로, 겉보기에는 자연적 기관의 가소적 재현인 딜도는 원본 음경을 소급해서 생산한다. 딜도는 기의도 기표도 아니다.

---

34 Jacques Derrida, Of Grammatology, trans. Gayatri C. Spivak, Baltimore: Johns Hopkins University Press, 1976, 145. [한글본] 자크 데리다, 『그라마톨로지』, 김성도 옮김, 민음사, 2010, 257쪽. 강조는 원문 그대로.

딜도는 진정한 재현물도 단순한 현존도 아니다. 경박한 형이상학적 피루엣[외발로 돌기] 덕분에 딜도는 음경에 선행한다. 딜도는 그것이 추정상 재현한 성을 대체함으로써 음경의 음경, 대리보충의 대리보충이 된다.

딜도는 일체의 성적 권위 형태를 해체한다. 종속된 용어(**질, 항문**)를 특권화된 용어(**음경**)로 바꾸기 위해 이분법을 전도시키는 것은 의미의 위계적이고 권위적인 구조를 온전하게 남겨두지만, 딜도(낯선 것, 대상, 성적이지 않은 것)는 권위를 무기한 지연시킨다. 바로 이것이 성 정체성을 허무는 그라마톨로지이다. 한편으로 딜도는 이미 충만하고, 현존하며, 그 자체로 충분한 음경의 부가물인 듯 가장한다. 다른 한편 생식기의 대체물로서 딜도는 결여하고 있는 어떤 것에 대한 보완물(레즈비언의 보완물, 트랜스의 보완물 혹은 장애인의 보완물)로 나타난다. 즉 그것은 그 자체로는 불충분하다. 이 모든 경우에서 완전히 현존해야 하는 것은 대리보충물을 요구하는 구성적 부재를 포함한다.

대리보충으로서 딜도는 외부를 도입한다. 그것은 유기체 바깥에 속해 있다. 딜도는 이방인이다. 그것은 기관의 정밀한 복제물이자 동시에 그리고 역설적으로 기관에서 가장 멀리 떨어져 있는 사물이다. 이 점에서 딜도의 위상은 모리스 메를로-퐁티에게 있어 현상학의 모든 전제에 트러블을 일으키는 인공보철의 위상과 다르지 않다.[35] 음경을 기생적으로 모방한 복제물로서 딜도는 늘 항상 모방의 이념에 더 가까이

---

35 Maurice Merleau-Ponty, The Phenomenology of Perception, trans. Donald A. Landes, New York: Routledge, 2013. [한글본] 모리스 메를로-퐁티, 『지각의 현상학』, 류의근 옮김, 문학과지성사, 2002.

다가간다. 그것으로는 충분하지 않다. 딜도는 기관에 결코 충분히 근접하지 못한다. 그것은 모조품에 안주하지 않을 것이다. 바로 이것이 딜도가 스스로를 계속해서 변형해야만 하는 이유이며, 문자 그대로 그것이 모방한다고 가정한 것의 형태, 크기, 탁월함을 뛰어넘는 방식으로 스스로를 능가해야만 하는 이유이다. 딜도는 음경을 스스로에 반하는 것으로 돌려놓는다. 지금까지 자연적인 것으로 간주된 살-과-피로 이루어진 성기는 하나의 현존으로서 자기충족적인 것으로 여겨졌다. 이러한 이유로 근대의 이성애중심적 심리학 담론과 의학 담론에서 딜도는 살아있는 기관이 더 이상 기능하지 않는 상황(동성애, 거세, 사고, 질병 등으로 인해)에 한정되는 치료법처럼 보였다. 딜도는 장애, 질병, 변태, 발기부전 등을 동반한다. 레즈비언, 트랜스젠더, 장애인의 몸은 딜도에 의해 대리보충되는 것으로 구축된다. 이러한 근대의 병리학 담론에 따르면, 장애인 (남녀의) 몸은 다이크나 성전환자와 같다. 즉 그들은 어떤 성도 갖지 않는다. 자연이 이미 실패했고, 죽음을 예고할 때에만 이성애적 의료기관들은 공백을 메우기 위해 딜도를 응급조치나 보조도구로 간주한다. 그러나 딜도는 단순히 모조 자지처럼 작동하지 않는다. 딜도는 삭제된 곳에서 성을 써 내려간다.

딜도는 성을 그것의 "진정한" 근원으로부터 이탈시킨다. 왜냐하면 딜도는 그것이 모방한다고 가정되는 그 기관과 연결되어 있지 않기 때문이다. 자연과는 이질적인 **기술**이자 기예로서 딜도는 마치 기계처럼, 즉 자연을 변형시킬 위험에 빠뜨리지 않고는 자연을 재현할 수 없는 기계처럼 행동한다. 딜도는 사악한 타자이다. 딜도는 살아있는 음경을 스토킹하는 죽음이다. 딜도는 끔찍하다. 지금까지는 이차적인 모조품의 지위로 강등되어 있던 이 새로운 플라스틱 생식기는 음경 진화의 대안으로서 테크노-육신의technosomatic 진화의 길을 열어놓는다.

그러나 딜도는 또한 무기력, 소외, 발기부전, 통제력 상실 등과 동의어이기도 하다. 이 점에서 딜도는 19세기의 여성·동성애자·장애인·비백인·원주민의 섹슈얼리티하지만 남성의 섹슈얼리티는 아닌의 재현에 더 가깝다. 따라서 딜도를 사용해 오르가슴을 느끼는 것은 어떤 대상에 사로잡힌 것처럼 보일 수 있다. 결국 가소적 쾌락을 얻으려고 성적인 주권을 상실한 것처럼 보일 수 있다.

이런 식으로 조금씩 딜도는 성과 생식기의 진실을 오염시키는 바이러스가 된다. 딜도는 기관의 본성에 충실하지 않다. 딜도는 자기 주인에게 반항하는 하인이며, 자신을 대안적인 쾌락의 길로 제시함으로써 주인의 권위를 조롱의 대상으로 바꿔버리는 하인이다.

딜도는 어떠한 자연적 사용법도 가지고 있지 않다. 딜도를 위해 자연적으로 갖춰진 구멍은 존재하지 않는다. 질이 항문보다 더 잘 들어맞는 것이 아니다. 딜도에 의해 재현되는 자르고-붙이는 수술의 첫 단계는 기표 이행의 베일을 벗기는데, 이로써 이성애 중심 질서의 파괴라는 중단할 수 없는 과정에 시동을 건다. 이러한 재현 논리의 둘째 단계는 이상형에 훨씬 더 가까이 다가가는 방식으로 딜도를 완성하는 것(이 점에서 포르노 언어로 대표되는 로코 시프레디Rocco Siffredi와 제프 스트라이커Jeff Stryker의 좆은 살아있는 딜도들로 간주되어야 한다)인데, 이때 이상형은 성차를 확립하면서도, 그것의 해부학적 참조

물보다 훨씬 더 멀리 나아간다. 딜도는 기계적이고, 부드러우며, 조용하고, 빛나고, 미끌미끌하고, 투명하며, 살균 소독되고, 안전한 것이 된다. 딜도는 음경을 모방하지 않는다. 딜도는 음경을 대체하며, 성적 탁월함에서 음경을 능가한다.

담론적 재현의 세번째 단계에서, 딜도는 몸을 대항 성화시키기 위해 몸으로 복귀한다. 따라서 몸은 전에는 위계와 차별을 발생시키는 유기적 질서에 의존했지만, 이제 완전한 수평, 평평한 표면이 되고, 여기서 기관과 그 인용은 다양한 속도로 대체된다. 딜도는 항상 다양한 효과이지, 단일한 근원이 아니다.

딜도의 발견은 성적 기표의 무한반복의 가능성을 체계에 도입한다. 따라서 남근은 그것을 자연화하려는 초월론적 힘과 동일한 것에 의해 삼켜진다. 자본이나 언어처럼 추상화의 경향을 지닌 딜도는 자기 자신의 다형적 팽창만을 탐색한다. 딜도는 유기적 한계나 물질적 한계를 알지 못한다. 딜도는 차이를 만들기 위해 모든 것을 단단히 움켜잡는다. 딜도는 사방으로 차이를 발생시키지만, 차이 자체와 동일시되지 않는다. 딜도는 본질이 아니라 이행이다.

딜도는 패러디로서의 이성애의 진실이다. 딜도의 논리는 이성애적인 남/여, 능동/수동 체계라는 바로 그 두 개의 항이 임의적인 의미화 체계 내의 무수한 요소들 중 하나에 불과하다는 점을 증명한다. 딜도는 의미화 메커니즘으로서 생식기의 진실이며, 그에 반해 음경은 지배 이데올로기의 거짓 사칭처럼 보인다. 딜도는 "음경은 가짜 남근이다"라고 말한다. 딜도는 성차에 의해 발생된 기표가 그 자신의 덫에

걸려들었음을 보여준다. 그것[이성애적 기표]은 자신을 확립했던 바로 그 논리에게 배신당할 것이다. 그래서 모두[이성애 사회에 속한]가 [딜도에 대해]모방, 손상에 대한 보상, 단순한 인공보철물이라는 구실 하에 있다.

그러므로 이러한 배신은 이성애의 전복적 반복을 지지하지만 모든 형태의 "가부장적" 의미화를 거부하는 것은 아니다. 부정 신학이 존재하는 것처럼, "부정 성학negative sexology"도 존재한다. '부정 성학'은 음경의 변모을 고려하는 가운데 "가부장제"에 대한 일체의 재현을 배제하는 방식으로 나아간다. 남성 지배의 상징과 공모한다는 이유로 딜도의 사용을 비판하는 분리주의적 레즈비언 이론과 트랜스 혐오 페미니즘은 여전히 헤게모니적 생식기로서의 음경의 존재론적 실재성을 믿는다. 이 과잉 여성화의 에로티카에서 부재는 단일 중심적 총체화의 해부학적 차트에 충실하게 몸을 구조화하면서 그것이 비판하는 바로 그 남근 중심 체계의 흔적에 애도를 표한다. 기표의 부재로서의 이러한 결여, 유효한 진공("음경 없이 딜도 없다")은 이제 새로운 쾌락의 중심이 된다. 부정 성학은 특이한 정치적 가능성일 수 있다. 그러나 부정 성학은 그것이 규범적이 되고, 트랜스 섹슈얼리티와 딜도 섹슈얼리티를 비체라는 이유로 배제함으로써 보편화되는 것처럼 가장할 때 그 자신의 비판성을 상쇄시킨다. 이러한 부정 성학에서는, 마치 모든 성 문법이 오염되었거나 "가부장제화"되었기라도 하는 양, 성적 의미화를 생산하는 바로 그 문법을 부인함으로써 위반을 생산한다. 이 이론들은 또 다른 텅 빈 중심에 기초해 몸을 재구조화할 위험을 안고 있지만, 대신 바로 그 중심 개념이 무의미해질 때까지 중심을 증식함으로써 중심의 중심성을 부정할 수도 있다. 딜도가 가져온 이행의 절정은 중심의 대체와 등가적이지 않으며, 심지어 원형을 모방하는 텅 빈 중심의 대체와도 등가적이지 않다. 원본은 어떤 주어진 공간의 가능한 중심으로의 전환에 의해 배신당한다. 어떤 몸(유기체든 비유기체든, 인체든 비인체든)을 가능한 쾌락의 중심으로 변형하는 것은 원본을 지연시키며, 중심에 트러블을 일으킨다. 생식기는 탈영토화되어야 한다. 따라서 모든 것이 딜도이며, 모든 것이 구멍이 된다.

정신분석학에서 거세가 그토록 강력한 은유라면, 그것은 전복의 전략으로서 절단술의 잠재력 덕분이다. 다시 한번 말하지만 모든 가치를 전도시키는 것은 니체의 좆dick-망치가 아니라, 자르고, 옮기고, 붙이는 다이크dyke의 그라마톨로지적 가위이다. 그러므로 "딜도 다이크"나 "딜도 F2M" 혹은 "딜도 불구"는 여성 몸이나 장애인 몸에 대한 남성성 코드의 너무 많은 혹은 단순한 편향에서 나온 또 다른 성 정체성이 아니라, 최종적으로 가능한 성 정체성이다. 딜도를 넘어서면 모든 것이 대항성적인 것이 된다.

전통적인 남성/능동, 여성/수동 대립에서는 딜도가 기관으로 식별될 수 없기에, 딜도는 성교를 역설적 행위로 바꿔놓는다. 이 작은 대상과 마주하면 전체 이성애적 젠더-역할 체제는 자신의 의미를 상실한다.[36] 딜도와 관련해 이성애적 쾌락·오르가슴과 동성애적 쾌락·오르가
_____

36 레즈비언 섹스에서 젠더-성교gender-fucking에 대해 더 나아간 것으로, Cherry Smyth, Lesbians Talk Queer Notions, London: Scarlet Press, 1992.를 보라.

110

습을 둘러싼 관습적 개념 및 정동은 무용지물이 된다. 몸과 관련해 딜도는 움직이는 경계의 역할을 한다. 의미가 맥락을 벗어나면 날수록 전복적 반복으로서 딜도는 맥락의 범위를 정하기가 불가능하다는 것으로 이어진다. 우선 딜도는 남성의 몸이 인공보철/음경을 구분하는 자연적 맥락이라는 생각에 의문을 제기한다. 다음으로 딜도는 과감하게 유기체가 섹슈얼리티의 고유한 맥락이라는 가정을 위협한다.

부착식(모방이라 생각되든 패러디라 생각되든 상관없이)은 착용자의 성 정체성과 젠더 정체성을 안정화시키기는커녕 동일시, 부정, 유비, 전위의 연쇄를 촉발한다. 살에 고정된 대상으로서 딜도는 내부와 외부, 수동과 능동, 기관과 기계 간의 관계에 트러블을 일으킨다. 이동할 수 있는 대상으로서 딜도는, 몸에서 위치가 바뀔 수 있고, 몸에 묶이지 않으며, 몸과 분리될 수 있으며, 또한 그 사용의 전도 가능성으로 특징지어지며, 남/녀, 삽입/배설, 주기/받기 등과 같은 대립의 안정성을 끊임없이 위협한다.

딜도를 적당한 가격에 구매하고 처분할 수 있다는 점은 사랑과 성, 삶의 재생산과 쾌락의 재생산 사이에 습관적으로 확립된 연결을 탈신비화시킨다. 여기에 깨끗하고 좋은 상태로 만들기 위해 반드시 삶아야만 하는 대상이, 당신이 선물로 줄 수 있고, 쓰레기통에 던지거나 종이 누르개로 쓸 수 있는 대상이 있다. 사랑이 떠나고 사랑이 돌아오고, 섹스파트너가 오고 가고, 하지만 딜도는 늘 거기에 사랑의 생존자처럼 있다. 사랑과 마찬가지로 딜도는 본질이 아니라, 이동이다.

딜도는 성교하는 몸/성교당하는 몸의 성감대 경계를 재배열함으로써 살의 한계가 몸의 한계와 일치한다는 관념에 의문을 제기한다. 쾌락은 늘 사회관계, 담론, 테크놀로지, 외부성에 의해 구축된 관계적으로 확장된 몸에서 발생한다. 딜도는 느끼는 주체와 무생물적인 대상 간의 구별을 교란시킨다. 딜도는 스스로를 분리시킴으로써, 마치 쾌락이 몸 **내부**에서, 주체 **내부**에서 나오기라도 하는 양 몸이 자기를 위해 모든 쾌락을 전유하고자 하는 그 힘에 저항한다. 딜도가 조달하는 쾌락은 딜도가 그저 '묶여있다'는 이유로 재전유되는 한에서만 몸에 속한다. 딜도는 섹스에서의 죽음의 문제, 흉내내기와 정직하지 않음의 문제를 제기한다. 반대로 딜도는 또한 섹스에서의 삶·진실·주체성을 검토할 것을 강제한다. 쾌락을 경험한 딜도는 쾌락(모든 성적 쾌락)이 결코 주거나 받는 것이 아니며, 소유되지 않는다는 것을 안다. 즉 쾌락이 실제로 거기에 있지 않다는 것, 쾌락이 결코 실재적이지 않다는 것, 쾌락이 항상 외부성, 병합, 재전유라는 것을 안다.

버틀러의 진동기: 섹스 장난감과 인공 성기의 간략한 계보학

미셸 푸코는 자신의 기획 『성의 역사』(오늘날은 『생체권력의 역사』라는 제목이 더 좋을 듯하다)에서 우리로 하여금 섹슈얼리티를 금기, 억압, 법적 금지의 부정적 결과가 아니라 긍정적이고 생산적인 테크놀로지의 산물로 이해하게 해주는 네 가지 장치를 확인한다. 푸코에 따르면 이 네 가지 성 테크놀로지는 여성 몸의 히스테리화, 어린이 성의 교육화, 출산 행위의 사회화, 변태적 쾌락의 정신병리화이다.

"정상"이나 "비정상"이라 불리는 섹슈얼리티 구축 장치에 대한 분석은 질 들뢰즈와 자크 동즐로가 "사회적인 것"이라 부른 영역에 대한 연구에 속할 것이다. 들뢰즈가 동즐로의 책 『가족의 감시』의 서문에서 말했듯이,

> 사회 부문은 사법 조치의 장을 확장하더라도, 사법 부문에 통합되지는 않는다. 그리고 동즐로는 사회적인 것이 경제 분야에도 통합되지 않는다는 점을 보여준다. 사실은 사회적인 것이 사회적 경제 전체를 발명하고, 부자와 빈자의 구별을 만들기 위한 새로운 토대를 마련하기 때문이라는 것이다. 또한 사회적인 것은 공적 부문이나 사적 부문에도 통합되지 않는데, 그와는 반대로 사회적인 것이 공적인 것과 사적인 것의 새로운 혼합형태를 낳고, 그 자체 하나의 재분할, 즉 국가의 개입과 철수, 국가의 기소와 불기소의 새로운

뒤얽힘을 생산하기 때문이라는 것이다.37

"사회적" 공간에 대한 이러한 정의는 인류학이나 사회학에 관한 것이 아니라, 오히려 지식을 생산 및 재생산하는 기관이나 대학 캠퍼스에서 우리가 배워서 알고 있는 인간학 구조에 대한 내부 비판을 형성한다. 이것은 "남성"·"인간"·"여성"·"성"·"섹슈얼리티"·"인종"과 같은 범주들이 계속해서 작동할 가능성에 의문을 제기하는데, 이 범주들은 18세기 이래로 서양의 인간 과학 분과에서 수행되었던 정상성 작업의 수행적 산물에 불과하다.

푸코는 여성, 어머니, "히스테리 환자" 등의 인물을 연구하는 데 바쳐진 『성의 역사』에 대한 책을 출판할 계획이었다. 푸코에 따르면 이 책은 여성 몸의 성애화, 성애화와 관련해 발생한 병리학 개념, 그리고 여성의 몸을 사회 정책에서 중요하게 투여하는 관점 안에 그 몸을 집어넣는 것 등에 대한 분석으로 작성된 것이었다.38 결국 그는 1974년과 1975년에 '콜레주 드 프랑스'에서 여성 몸의 생산에서 작동하는 성 장치의 소심한 계보에 불과한 것만을 발전시켰고, 그래서 논증의 윤곽을 그려낼 충분한 시간을 갖지 못했다. 그러한 논증은 그로 하여금 이성애자 여성과 레즈비언, 아내와 독신녀, 불감증 여성과 색욕광 여성,

---

37 Gilles Deleuze, "The Rise of the Social", foreword to Jacques Donzelot, The Policing of Families, trans. Robert Hurley, New York: Pantheon, 1979, x.

38 이에 대해서는 David Macey, The Lives of Michel Foucault, London: Vintage Books, 1993, p.354를 보라.

착한 소녀와 매춘부와 같이 여성 몸 위에서 다양한 성적 각인을 유발하는 장치에 대한 미분적 분석을 해낼 수 있게 했을 텐데 말이다.

이러한 방향에서 어떤 작업의 노력이 이뤄졌다면 그것은 페미니즘과 레즈비언 및 퀴어 분석으로부터 나온 것이다. 1950년대부터 페미니즘은 사회적·역사적으로 구성된 여성성과 남성성의 차원을 주장하기 위해 "젠더"에 대한 의학적·심리학적 관념을 다시 정치화시켰다. 오늘날의 페미니즘과 퀴어 담론 안에서 드랙퀸, 트랜스성, 트랜스젠더 여성 등의 인물이 중심을 이룬다고 할지라도 "젠더 수행성"과 "정체성 수행"에 대한 대부분의 연극적·언어적 독해는 몸과 섹슈얼리티를 너무 성급하게 처리하곤 하는데, 그래서 젠더 수행을 자연적이거나 자연적이지 않은 것으로 "통과시키는" 기술적 각인 과정에 대한 비판적 분석을 실행하기 어렵게 만든다. 젠더 수행을 통해 젠더 한계를 가로지를 가능성을 강조하는 대부분의 퀴어 수행성 담론들은 몸의 과정, 특히 트랜스젠더와 트랜스성 몸에서 발생하는 변형을 무시했으며, 또한 이성애 몸에서 작동하는 젠더-안정화 및 성-안정화 기술 역시 무시했다. 트랜스성, 트랜스젠더, 간성 및 장애 활동가들이 테이블 위에 올려놓은 것은 크로스-젠더 연극이나 무대 퍼포먼스가 아니라, 무대 밖에서 일어난 물리적·성적·사회적·정치적 수행이었다. 혹은 달리 말해 그들이 테이블 위에 올려놓은 것은 엄밀한 트랜스-합병 기술, 즉 외부 성기가 될 때까지 커지는 클리토리스, 출산하지 않는 자궁, 정액을 생산하지 않는 전립선, 바뀐 목소리 톤, 얼굴과 가슴에서 예상하지 못하고 자라난 잔털·턱수염·머리카락, 오르가슴을 지닌 딜도, 음경이 삽입되길 바라지 않는 재구축된 질, 212°C 온도에서 끓일 수 있으며, 심지어 전자레인지에서는 녹기까지 하는 인공보철 고환 등이었다.

　내가 제안하는 바는 이른바 젠더 구성주의라는 가설이 의미있는 정치적 변화를 일으키지 않고 받아들여진 것이라면, 그것은 바로 이러한 구성주의가 성과 젠더의 구별에 의존하고 그 구별을 유지했기 때문일 것이라는 점이다. 이때 성과 젠더의 구별은 서구 형이상학이 그어 놓은 대립인 자연과 문화의 대립, 그리고 확장해서 자연과 기술의 대립을 완성하는 것이다. 모든 규범적인 형태의 성 본질주의에 맞서 싸울 필요성은 1990년대에 페미니즘과 퀴어 이론가들을 그 싸움 자체의 무분별한 숙청의 희생자로 만들었다.

　"누군가는 태어나는 것이 아니라, 여성이 되는 것이다"라는 시몬 드 보부아르의 주장과 이 격언에 대한 1981년 모니크 위티그의 일탈 사이에는 이론적·정치적 위반이 있다.[39] 위티그가 "레즈비언은 여성이 아니다"고 주장했을 때[40] 이는 단지 젠더[성별]의 구성적 성격을 지적하는 것뿐만 아니라, 이성애의 재생산을 방해하고 자연적이지는 않을지라도 사회적 규범이나 상징적 선호에 의해 강요된 존재로부터 탈주선을 열 수 있는 가능성까지 포함해 이 구성에 개입하는 가능성을 다

---

39 Simone de Beauvoir, The Second Sex, trans. Constance Borde and Sheila Malovany- Chevallier, New York: Vintage Books, 2011, p.283. [한글본] 시몬 드 보부아르, 『제 2의 성』, 이정순 옮김, 을유문화사, 1995, 392쪽.

40 Monique Wittig, "The Straight Mind," in The Straight Mind and Other Essays, Boston: Beacon Press, 1992, p.32. [한글본] 모니크 위티그, 『모니크 위티그의 스트레이트 마인드』, 허윤 옮김, 행성b, 2020, 95쪽.

시 찾는 것이다.41

나의 과제는 퀴어 이론과 포스트구조주의 철학의 분석 도구들(데리다의 해체, 푸코의 권력의 계보학, 들뢰즈·가타리의 분열 분석, 버틀러의 젠더 수행성 등) 모두를 특정한 부적합한 존재와 마주보게 함으로써 잘못된 본질주의-구성주의 논쟁에서 벗어나려는 시도를 하는 것이며, 페미니즘 또는 퀴어 이론이 반응하기를 원하지 않거나 할 수 없는 부적절한 신체, 기관, 대상과 마주하게 하는 것이다. 바로 이것이 내가 이전 장에서 그라마톨로지적 기계에 딜도를 던져넣었던 목적이었다. 나는 이후의 글('머니가 성을 만든다')에서 외과수술로 재구축되고 호르몬으로 인해 변형된 성기 몇 가지를 연구함으로써 다시 이 문제를 다룰 것이다. 현재 이 글에서 나는 지금까지 물신숭배적 장치로 간주되어왔던 오늘날의 섹스 장난감의 전조가 되는 비이성애적 오르가슴의 생산과 그에 대한 억압과 관련된 테크놀로지와 맞붙고자 한다.

이러한 강제된 대결은 젠더뿐만이 아니라 무엇보다도 모든 성의 "메타구성주의"를 향해, 즉 구성주의의 한계에 대한 반성을 향해 나아간다. 그러한 대결은 급진적 퀴어 유물론이나 트랜스 경험주의의 일종을 예시한다. 또한 그것은 정체성 정치에 잠시 집중한 뒤에, 실천으로 되돌아갈 필요성, 즉 푸코가 "성을 만드는 다층적 방식"이라 불렀던 것으로 몸이 구축되고 몸이 자신을 "정체성"으로 구축하는 방식으로 되돌

---

41 여기서 나는 줄리아 크리스테바의 것과 같은 특정한 정신분석 이론이 구성주의적 젠더 도식을 채택하면서도 동시에 전통적인(물질적이고 언어 이전의) 여성성 모델을 특권화시키는 것이 지닌 모호함에 대해 논하고 있는 것이다.

아갈 필요성에 응답하는 것이다.42

퀴어 이론의 한계를 질문하기 위한 시도로, 나는 성적 쾌락의 억압과 생산과 관련된 이 이상한 기관들과 대상들에 대한 성찰로부터 시작한다. 내가 딜도의 구조적 이웃과 동일시한 이러한 "섹스 기계"는 기관과 대상 사이의 공간을 차지한다. 섹스 기계 자체는 자연과 테크놀로지의 바로 그 경첩 위에 불안정하게 자리잡고 있다.

섹스 기계라는 이 용품은 우리로 하여금 성 정체성의 모든 수행적 주문에 포함된 살[육신]의 변형 효과에 대한 반성을 시작하게 하며, 결국 우리로 하여금 젠더 정체성을 인공보철 합병으로 재공식화하려는 시도로 이끈다. 조르주 캉길렘이 『생명에 대한 인식』에서 썼던 수수께끼 같은 문장 "기계는 인간이란 종의 기관으로 간주될 수 있다"를 떠올리며 이 논쟁을 시작해보자.43 이 장에서 우리는 어떤 류의 기관-기계들이 "인간" 종의 성기인가라고 묻는다.

게일 루빈은 몸과 섹스 대상 간의 관계에 대한 연구를 통해 푸코를 뛰어넘는 선구자 중 한 명으로 떠올랐다. 1978년 샌프란시스코에서 설립된 최초의 레즈비언 사도마조히즘 조직인 사모아Samois의 기원에 대한 루빈의 기억은 "비범한 쾌락의 제작"과 푸코가 여러 차례

---

42 실천 및 "완료된" 것에 대한 이러한 관심은 푸코의 고고학에서는 이미 하나의 상수였다.

43 George Canguilhem, Knowledge of Life, trans. Stefanos Geroulanos and Daniela Ginsburg, New York: Fordham University Press, 2009, p.87. [한글본] 조르주 캉길렘, 『생명에 대한 인식』, 여인석·박찬웅 옮김, 그린비, 2020, 177쪽.

감탄하며 언급했던 "탈성애화되고, 탈남성화된 … 몸의 사용"에 참여하는 몇몇 "도구들"에 대한 그녀의 매혹을 포착한다.44 루빈이 설명했듯이,

> 나는 고무의 생산, 말을 통제하고 타는 데 사용되는 기술과 장비, 광택을 낸 군용 신발의 반짝거림, 실크스타킹의 역사, 의료 장비의 차갑고 권위적인 성질 혹은 오토바이의 매력이나 탁 트인 도로를 따라 도시를 떠나는 이해하기 어려운 자유 등을 생각하지 않고, 어떻게 페티시즘이나 사도마조히즘에 대해 말할 수 있는지 알지 못합니다. 그런 점에서 도시, 특정한 거리와 공원들, 홍등가, '싸구려 오락거리'나 갖고 싶은 화려한 물건들이 높이 쌓여 있는 백화점 카운터의 유혹 등의 영향력을 생각하지 않고 우리가 어떻게 페티시즘을 떠올릴 수 있을까요? 제게 페티시즘은 오브제의 제작, 통제와 가죽, 사회적 에티켓의 역사적·사회적 특수성 혹은 모호하게 경험된 육체의 침입과 미세하게 세분된 위계 등에서의 이동과 관련된 모든 종류의 문제를 불러일으킵니다. 이 모든 복잡한 사회적 정보가 거세나 오이디푸스 콤플렉스로 환원되거나, 혹은 알고 있다고 가정되지도 않은 것을 안다거나 알지 못한다로 환원시킨다면 저는 뭔가 중요한 것을 놓치는 것이라고 생각합니다.45

---

44 Michel Foucault, "The Gay Science" interview by Jean Le Bitoux, trans. Nicolae Morar and Daniel W. Smith, Critical Inquiry 37, Spring 2011: p.396.

45 Gayle Rubin, with Judith Butler, "Sexual Traffic" interview, in Feminism Meets Queer Theory, ed. Elizabeth Weed and Naomi Schor,

푸코와는 달리 루빈은 오브제의 대량생산과 대중문화를 참조하는 것을 두려워하지 않으며, 그리스인들을 뒤돌아보지 않고, 그 대신 섹슈얼리티를 보다 폭넓은 테크놀로지의 역사의 일부로 생각할 가능성을 지적한다. 테크놀로지의 역사에는 소비재(오토바이, 자동차 등) 생산의 역사, "추출주의"(에너지 생산)의 역사, 원료(실크, 코일, 오일, 플라스틱, 가죽 등) 변형의 역사에서, 도시 계획(거리, 공원, 지구, 도로 등)의 역사에 이르는 모든 것이 포함될 수 있다. 그래서 사도마조히즘과 페티시즘을 지배적인 "정상적" 섹슈얼리티와 관련해 주변적인 성적 도착으로 보는 것이 아니라 오히려 자본주의의 역사에서 근대적인 몸의 생산과 그 몸이 제조된 대상과 맺는 관계에서 본질적인 요소로 보도록 재고할 것이다. 이런 식으로 섹슈얼리티의 역사는 자연적인 생식의 역사로부터 자리를 옮겨 (인공적인) 생산의 역사의 일부가 된다. 나는 루빈의 직관을 계속 이어가면서 딜도의 자리를 물질적 생산의 테크놀로지, 기호의 테크놀로지, 권력의 테크놀로지, 그리고 마지막으로 자아의 테크놀로지의 복잡한 망 안에 두려고 했다.

이러한 분석틀 안에서 나는 오늘날 우리가 "성적 쾌락"이라고 부르는 것의 생산, 더 구체적으로는 근대의 성학이 "오르가슴"이라 부르는 '궁극적이고 환원불가능한 개인적 쾌락의 단위'의 생산과 관련된 일군의 테크놀로지의 발전을 개괄하고 싶다. 이러한 간단한 분석은 첫째,

---

Bloomington: Indiana University Press, 1997, p.85. [한글본] 게일 루빈, 『일탈』, 신혜수·임옥희·조혜영·허윤 옮김, 현실문화, 2015, 558쪽.

섹슈얼리티에서(의) 기술적 개입(생산)이 (비록 서로 다르고 불연속적인 모델 하에 있음에도 불구하고) 근대성의 불변하는 실천이었음을 보여준다. 따라서 오늘날 일어나고 있는 성 생산 및 재생산의 변화에 대해 말하는 것이 의미있는 일이라면, 섹슈얼리티의 자연적 형태에서 기술적 형태로 일보를 내딛었음(트러블을 일으키는 일보라거나 두려운 일보라고 기술하려는 경향은 특정한 자연주의의 종말론 서사에서 나오곤 한다)을 발견하는 일보다 특정 형태의 성을 기술적으로 병합하는 전략적 변형에서 나타나는 변화를 발견하는 일이 더 나을 것이다. 둘째, 이러한 테크놀로지 중 어느 것도 특정한 "쾌락" 및 특정한 형태의 "주체성"을 절대적이고 필연적으로 생산할 전체 시스템으로 간주되어서는 안 된다. 오히려 그와는 반대로 이러한 테크놀로지는, 어떠한 지배의 도구도 내가 푸코의 직관을 따라 변별적인 "저항의 실천"이라 부르는 것 내에서 일어나는 변질이나 재이용[재전유]으로부터 안전하지 않는, 그 자체 실패한 구조(따라서 바로 그 구조 개념 너머로 나아가는)임을 보여준다.

19세기와 20세기 초에 생산된, 손이 클리토리스에 닿지 않게 하는 장갑이나 소위 '근육 진동기'와 같은 특정한 도구나 대상에 대한 분석을 통해 우리는 "여성의 성적 쾌락"이 18세기 말에서 20세기 중반까지 나란히 작동한 두 대립하는 메커니즘(장치), 즉 자위 억압과 관련된 테크놀로지와 히스테리 치료에 이용된 테크놀로지의 결과임을 알게 될 것이다. 이와 유사하게 자위를 억압하는 테크놀로지와 무기력, 발기부전, 장애, 성적 무력감, 그리고 동성애를 치료하는데 전념하는 치료 테크놀로지 사이의 역설적 만남의 산물로서 남성 발기 및 사정을 다루는 분석을 수행할 수도 있겠지만, 여기서 나는 여성 오르가슴 생산의 가능한 계보를 도식적으로 그려내는 것으로 제한하고자 한다.

날 묶어: 자위하는 손의 테크놀로지들

테오도르 롬보츠Theodore Rombout의 그림 〈오감의 우화〉(1637)는 다섯 인물모두 백인 남성이다을 특징적으로 그려낸다. 후각, 미각, 청각을 재현한 세 인물은 건장한 젊은 남성들이다. 각 인물은 자신의 감각 경험에 몰두해 있는 듯 보인다. 후각, 청각, 미각 간의 시각적 연결은 없다. 그에 반해 안경을 낀 현명한 노인으로 재현된 시각과 석상을 더듬는 노인으로 재현된 촉각 사이에는 강한 연결이 있다. 촉각이 석상의 얼굴 표면을 자기 손으로 인식하는 반면, 시각은 멀리서 촉각과 더듬는 얼굴을 모두 아우르는 듯한 고상한 표정으로 지켜본다. 촉각과 시각은 근본적인 인식론적 비대칭으로 특징지어진다. 촉각은 앞을 못 보지만[맹목적이지만] 시각은 특이성이나 물질에 의해 오염되지 않는 자기의 시선으로 만진다. 즉 시각은 손이나 피부를 필요로 하지 않는 우월한 경험방식을 의미한다.46 철학적 근대, 식민주

---

46 촉각과 시각의 대립은 근대적 과학 개념과 인식 개념을 구조화했다. 사랑처럼 촉각은 맹목성과 연결되었고, 따라서 질병이나 자율성 결여와 연결되었다. 이에 대해서는 David M. Kleinberg- Levin, ed., Modernity and the Hegemony of Vision, Berkeley: University of California Press, 1993. [한글본] 데이비드 마이클 레빈, 『모더니티와 시각의 헤게모니』, 정성철·백문임 옮김, 시각과언어, 2004와 Terry Smith, ed., In Visible Touch: Modernism

의, 자본주의의 출현으로 특징지어지는 촉각에서 시각으로의 이행으로 인해, "장애 감각"으로서의 촉각은 문자 그대로 손과 생식기 사이에 매개된 일련의 기술적 도구들로 억제되고, 또 그 결과 "방해"를 받는다. 이 도구들은 결국 자기를 만지는 손, 개인을 그 자신의 지식·욕망·쾌락의 대상으로 바꾸는 손에게 개방되어 트러블을 일으킬 가능성을 규제했다. 로크, 버클리, 콩디악, 뷔퐁, 디드로, 볼테르 등에게서 지식과 느낌에 관한 논쟁을 구조화했던 맹목성의 문제 뒤에는 자위행위자의 근대적 (여성과 비백인의) 손이 숨겨져 있다.

번 벌로가 최초로 성 테크놀로지의 역사에 대한 상세한 연구에서 보여주었듯이, 18세기와 19세기 사이에는 "자위로 인해 생산된 무질서"로 알려진 것을 예방하기 위한 장치와 도구들의 대량생산이 있었다.[47] 고대 이래로 자위가 "고독한 악덕"으로 알려져 왔고, 조반니 시니발디의 고전적인 의학 논문 「게네안쓰로페이아」(1642)통상 성학에 관한 최초의 논문으로 간주된다에서 "변비, 굽은 등, 구취, 딸기코" 등의 여러 상태를 가능하게 하는 근원으로 알려졌다 할지라도[48] 18세기까지는 자위가 의학적으로나 제도적으로 "질병"으로 규정되지는 않았다. 자위를 불결하다고 믿게 된 최초의 원천 중 하나는 1710년경 네덜란드에서 출판된 익명의 영어 논문 「오나니아, 자신을 더럽히는 극악무도한

---

and Masculinity, Chicago: University of Chicago Press, 1997을 보라.
47 Vern Bullough, Sexual Variance in Society and History, New York: Wiley, 1976.

48 Reay Tannahill, Sex in History, 1980; reprint, New York: Scarborough House, 1992, p.344에서 인용.

죄,인데, 이 글에선 오나니아가 야기한 "도덕적·육체적 부패"를 "자기 학대"로 제시한다.

몇 년 뒤 1760년에 스위스 의사 사뮈엘 오귀스트 티소는 「오나니즘: 자위로 인해 생긴 질병에 관한 논문」을 발간했다. 티소의 체액 이론에 따르면, 자위는 무엇보다도 우선 가쉬gchis, 즉 '가차없이 질환이나 심지어 죽음에 이르는 신체 에너지의 불필요한 낭비'의 형태이다. 가쉬는 자위뿐만이 아니라 그 목적이 출산에 있지 않은 모든 성교행위, 따라서 동성애 관계로 발생한다.49 티소에 따르면 자위 자체는 질병이 아니지만 간질·어리석음·광기를 포함한 다수의 질병에서 나타나는 유발 요인이라는 점이 중요하다.50

이러한 고전 논문들 간의 차이에도 불구하고 오나니아와 오나니즘은 공통분모를 가진다. 각각이 묘사하는 것은 도덕적 타락의 과정과 그것의 병적 질환과의 동일시이다. 각각은 1인칭 섹스의 출현과 개인을 성 정체성의 주체로서 이해·통제·생산하는 자아의 일련의 테크닉을 동시에 강조한다. 둘 다 자기 조절 체계로서의 개별 신체의 모델과 폐쇄된 유한한 에너지 회로를 이미지화하는데, 이 회로에서 에너지의 소비는 물파·정액과 같은 특정한 체액의 과도한 손실을 가져와 생명을

---

49 Samuel Auguste Tissot, A Treatise on the Diseases Produced by Onanism, trans. "a physician", New York: Collins & Hannay, 1832.

50 가령 자위와 광기 간의 인과적 관계에 대한 티소의 증거 중 하나는 프랑스와 스위스의 정신병동에는 "젊은 자위행위자들"이 다수를 차지한다는 점이다. (위의 책, 여러 곳)

위태롭게 할 것이다.51 자기 학대라는 수사적 표현은 공동체와 성관계에 선행하는 개인의 고유한 신체 회로 안에서 일어날 오염과 질병의 위험을 규정한다. 오염은 섹슈얼리티가 규정되는 새로운 정치적 공간에서, 즉 개인의 몸과 그나 그녀의 고유한 몸에서 발생한다. 자제력 결여와 과도한 자기 애정은 개인의 몸 안에서 정력적 액체가 균형잡히는 일을 위협하기에 자기 학대와 자기 오염이 된다. 어떤 종류의 성관계든 그것을 하기도 전에 이미 개인은 일종의 내부 오염으로 위험에 빠지며 그러한 오염을 가능하게 하는 유일한 원천은 그나 그녀의 고유한 몸이다.

티소는 푸코가 나중에 "생체정치"와 동일시한 새로운 권력형식의 출현에 징후적 태도를 취하면서, "재화"와 "상품"으로서 살아있는 몸의 생산과 인구 재생산의 근본적 관리형태로서 섹슈얼리티의 규제를 예견했다. 회로, 체액, 전달혈관으로 이뤄진 의학적 모델에서 성 에너지는 몸 에너지의 양상일 뿐이며 이 에너지는 노동의 경우에는 육체력으로, 성적(이성애적) 활동의 경우에는 생식력으로 변형되기 쉽다.52 여기서 쾌락은 단순한 부산물이나 이러한 성 에너지의 소비로 인한 일종의 낭비로 간주된다. 체액과 성적 쾌락의 이러한 제한 경제프로이트의 전달혈관 이론으로 이어지는 모델가 도달하는 결론은 모든 생산 활동이 문자 그대로 전환되거나 왜곡될 수 있으며, 또한 사방에서 동원될 수 있

---

51 티소에 따르면, 이러한 에너지 회로에서 질 분비물은 정액이 지닌 "능동적 힘"을 획득하지 못한 채, 물, 피, 정액 사이 어딘가에 자리 잡는다.
52 성을 노동으로 규정하는 이러한 정의가 매춘을 재정의하는 일에 미칠 영향력을 생각해보라.

는 잉여 체액과 성 에너지에 간접적으로 의존한다는 점이다. 마찬가지로 모든 기계적 에너지는 마치 그것이 동일한 육체적 방정식의 부작용이라도 되는 것처럼 성 에너지로 변형될 수 있다. 따라서 노동과 섹슈얼리티는 동일한 인체공학적 회로에 속하는데, 이 회로에서는 모든 종류의 자본이 성이 될 수 있으며, 또한 모든 성노동(아직은 무급인)이 (재생산) 자본이 될 수 있다. 우리가 주저하지 않고 푸코와 함께 "섹슈얼리티"라고 부르는 이러한 삶 경제적life economic 테크놀로지의 순환성은 임신과 출산을 발생시키는 과정뿐만이 아니라 이성애적 성교의 효과 역시 완벽하게 보장한다. 자위하는 손이 위태롭게 만드는 것은 바로 이성애적인 몸을 생산하는 이러한 테크놀로지이며, 그래서 자위 행위는 무수한 억압 기술에 의해 똑같이 중요하게 규율되어야만 한다.

이러한 성 테크놀로지와 젠더 테크놀로지가 진공 속에 존재하지 않는다는 점에 주목하자. 이 테크놀로지들은 백인 유럽인의 이성애적 몸을 생산하는 식민 테크놀로지와 결합해 더 넓은 시체-생체정치necrobiopolitical 프로그램의 일부를 형성한다. 그 자신의 고유한 경계 내부의 오염으로 위협받은 새로운 자위하는 몸은 식민주의적 팽창이 극대화되는 시기에 새로운 근대 국가의 창조를 위한 정치적 은유로 작동하기도 한다. 이 시기에 국경과 동일한 방식으로 자기-보호와 자기-경계라는 면역학적 과정에 종속된 피부는 새로운 유럽 국가의 주권이 새겨지는 표면이 되었다. 동일한 에너지 조절 경제가 그것의 안보 및 재생산에 위협이 될 수 있는 "개탄할만한 고독한 책략"으로부터 몸과 국민국가를 보호했다. 가령 19세기 프랑스에서 위생주의자들과 오나니 금지주의자들의 운동은 자위를 "개인적 불건전"의 문제일 뿐만 아니라 사회 병리학의 한 형태로 해석했으며, 그래서 자위 행위자를 전체 사회체에서 자생적인 백인종의 생존을 위협하는 "오염 인자"로 제시했다. 버논 로사리오가 지적했듯이 티소의 시대와 왕정복고기(1814~1830년) 사이에는 어떤 이행이 있었다. 자위 행위자의 이미지는 촉각적 악덕으로부터 보호되어야만 하는 어린 소녀의 모습에서 다루기 힘들고 삐딱한 성인 남성(아마도 동성애적인) 자위 행위자의 이미지로 옮겨갔으며, 그 행위자에게서 나타나는 종의 번식에 대한 관심 부족은 국가의 미래를 위협하는 것으로 여겨졌다.[53]

티소의 자위 이론은 19세기에 벤자민 러시와 에드워드 블리스 푸트의 저작을 통해 미국에 도달했는데, 그들은 자위가 여성과 남성이 주고받는 "동물적 매력"을 방해한다는 이론을 퍼뜨렸다.[54] 신흥 산업 회사인 '그레이엄과 켈로그'(아침 시리얼로 유명해진)의 리더들인 실베스터 그레이엄과 존 하비 켈로그는 이러한 이론을 현실에서 구현하고 오나니즘을 금지시키는 다양한 장치를 제조하는 데 기여했다. 이러한 산업화 기간 동안에 가정 관행을 규제하는 데 바쳐진 다양한 기술 도구의 생산과 규칙적인 아침 식사에서 규칙적인 성적 접촉에 이르는,

---

53 이에 대해서는 Vernon A. Rosario, The Erotic Imagination: French Histories of Perversity, New York: Oxford University Press, 1997를 보라.

54 Benjamin Rush, Medical Inquiries and Observations Upon the Diseases of the Mind, Philadelphia: n.p., 1812; Edward B. Foote, Plain Home Talk About the Human System, New York: n.p., 1871.

즉 켈로그 콘플레이크에서 자위방지 벨트에 이르는 일상생활의 생산이 있었다.

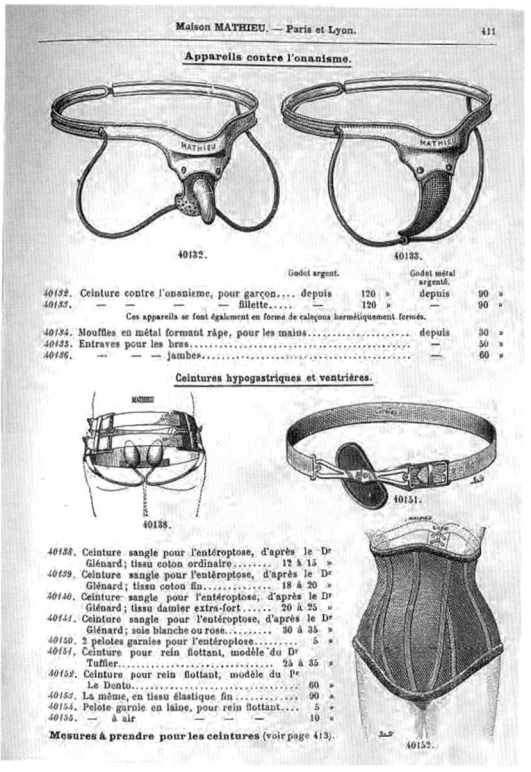

[그림 3.1] 자위를 치료하고 예방하기 위한 도구들. "카탈로그 드 라 메종 마티유Catalogue de la Maison Mathieu", 파리, 1904에서 가져옴.

부르주아적이고 식민주의적인 촉각의 병리화와 합리적 인식과 행동을 위한 고유한 감각으로서의 시각의 특권화가 18-19세기를 지배했다. 촉각과 피부는 이 시대의 성병 "오염"이 띠는 두 가지 형태의 공통분모였다. 피부는 성적 일탈의 징후가 기록된 등록기의 표면이 되었다. 피부에 난 부스럼은 자위 행위자의 악덕과 매독 환자의 성적 문란함에서 두드러지게 나타나는 시각적 기호로 간주되었다. 두 질병의 진단은 만지기 전에 인식하는 것을 의미하므로 일종의 비접촉 인식을 필요로 했다. 피부는 공공 전시나 전람회를 허용하는 얇은 막으로 작용하거나 자위에서 히스테리, 그리고 동성애에서 매독에 이르는 개인의 성행동을 읽을 수 있는 텍스트로 작용하면서 새로운 개인적 몸의 비밀이나 사생활을 배반하는 것처럼 보였다.55 "고독한 악덕"과 "성병관(性病冠[매독성 궤양이 앞이마에 왕관처럼 둥글게 퍼지는 현상-옮긴이])"이 띠는 얼굴의 낯빛은 촉각을 시각으로 전환했으며, 이 과정에서 피부는 접속기 역할을 했다.56 따라서 성적인 감염과 식민지 오염으로 위협받은 유럽 부르주아의 피부는 특정한 포르노그래피의 생리학적 조직으로 작용하여 한 사람의 성적 이력을 해독의 시선으로 볼 수 있게 해주었다. 촉각은 필요가 없는 것이다.57

---

55 이에 대해서는 Vern L. Bullough and Martha Voght, "Homosexuality and Its Confusion with the 'Secret Sin' in Pre- Freudian America," Journal of the History of Medicine and Allied Sciences 28, 1973: p.143155를 보라.

56 의학 역사가인 샌더 길먼은, 촉각이 오염의 문턱이라는 점을 감안하면 피부에 질병의 낙인이 찍힌 것은 틀림없다고 말한다. 이에 대해서는 Sander L. Gilman, "AIDS and Syphilis: The Iconography of Disease" October 43, 1987: p.87108을 보라.

57 식민 정치와 관련해서 감염과 오염 개념에 대해 더 자세히 설명하는 것으로, 가령 Ana Laura Stoler, Race and the Education of Desire: Foucault's History of Sexuality and the Colonial Order of Things, Durham, N.C.: Duke University Press, 1995와 Daniel J. Walther, Sex and Control:

접촉을 방지하기 위해 고안된 대상에 대한 현상학적 분석은 생식기의 성적 자율성을 위협하는 새로운 성기(아직은 무성)의 출현을 보여준다. 그것은 바로 손이다. 번 벌로는 1856년과 1917년 사이의 미국 특허청 기록에서 "순결 벨트"나 "수술 장치"로 등록된 자위를 방지하기 위해 고안된 20개 이상의 도구를 확인했다.58 이 기구들에는 생식기를 만지는 것을 방지하는 야간 장갑, 침대 시트에 몸을 비비지 못하게 막는 침대 쇠고랑, 어린 소녀의 다리 사이 마찰을 방지하는 족쇄, 어린 소녀용으로서 만지지 못하도록 고안된 각종 벨트, 어린 소년용으로서 발기 방지용 벨트 등이 포함되어 있다. 할례, 고리를 끼워 귀두 껍질에 구멍뚫기, 극단적인 경우 부분적으로 거세하기 등이 소년들에게 권장되었다. 어린 소녀의 경우 생식기 근처의 엉덩이 안쪽 살을 불로 지지고 심한 경우로는 음핵 절제술이 권장되었다.

벌로는 이렇게 쓴다.

여성용 구속 벨트는 대개 구멍이 뚫린 철제망으로 되어 있어 소녀들은 이를 통해 소변을 보지만 결코 그들 자신의 것을 만질 수는

Venereal Disease, Colonial Physicians, and Indigenous Agency in German Colonialism, 18801914, New York: Berghahn, 2015를 보라. 생체정치와 관련해서는, Michael Hart and Toni Negri, Empire, Paris: Exils, 2001, p.176178 [한글본] 마이클 하트·안토니오 네그리, 『제국』, 윤수종 옮김, 이학사, 2001, 189-192쪽을 보라.

58 Vern L. Bullough, "Technology for the Prevention of 'Les maladies produites par la masturbation'", Technology and Culture 28, no. 4, 1987: p.828-832.

없었다. 이 모든 장치는 뒤쪽에 고정되었고 대부분 부모만이 열쇠로 열 수 있는 자물쇠가 채워져 있었다. 남자들의 경우도 유사한 장치가 있었으며 가장 인기 있는 것은 음경에 끼워진 금속 이빨이 달린 칼집이었다. 음경이 발기하면 금속 이빨이 살을 뚫어 발기할 때마다 통증을 주었다. 각각 기술에서의 새로운 돌파구가 새로운 종류의 장치로 이어지는 듯 보였다. 가령 배터리의 개발 이후 감전을 일으키는 전자기기가 시장에 출시되었다.[59]

발기시나 "야간 소음"에 울리는 전자 알람 역시 대중화되었다. 자위의 병리학적 결과가 의문에 부쳐진 1925년부터 이러한 장치의 생산 및 판매는 점차 줄어들었다.

그럼에도 불구하고 푸코가 말한 것을 엄격히 적용해보자면, 촉각의 억제와 관련된 억압 테크놀로지가 주체 위치를 생산하는 권력 장치로 환원되어서는 안 된다. 미셸 드 세르토Michel de Certeau는 모든 형태의 테크놀로지가 저항과 우회(전환, 왜곡, 전유 및 퀴어화)에 열려 있는 대상, 사용자, 사용법의 체계라는 점을 강조한 바 있다. 데이비드 핼퍼린은 푸코와 교감하면서 정체성 구축법이라 불릴 수 있는 것을 포함해 특정한 지배 테크놀로지를 자아의 테크놀로지로 전환하는 이러한 방법에 **퀴어 실천**이라는 용어를 적용시켰다.[60]

---

59 위의 책, p.832.

60 David Halperin, Saint Foucault: Towards a Gay Hagiography, New York: Oxford University Press, 1995, p.86.

억압적 실천에 속하는 모든 기술은 손쉽게 절단되고, 다른 일련의 실천에 접목되며, 다른 몸에 의해 재전유되고, 역전되거나 다른 용도로 쓰이면서, 다른 쾌락 및 다른 정체성 위치를 발생시킨다. 실제로 20세기 중반경에는 이러한 억압적인 자위방지 기술 대부분이 게이, 레즈비언, BDSM 하위문화에서 대안적인 섹슈얼리티를 이루는 입문 의식과 실천으로 전환되었다. 예를 들어, 고리를 끼워 귀두 껍질에 구멍 뚫기는 "프린스 앨버트Prince Albert"[61]라는 이름으로 게이 문화와 사도마조히즘 문화에 다시 등장했는데, 이는 두 가지 중요한 차이를 가지고 있다. 첫째, 지금까지는 단순한 실천의 대상이었던 몸이 어떤 피어싱을 할지, 어디에 피어싱을 할지를 결정할 수 있는 주체가 되었다. 둘째, 19세기 문헌에서는 고리가 발기의 장애물로 나타났던 반면, 피어싱 문화에서는 그것이 발기와 오르가슴을 더 오래 지속시키는 능력으로 알려지게 되었다.[62] 달리 말해 똑같은 기술로 보이는 것의 사용과 이러한 사용이 수반하는 권력의 위치가 크게 회전해 자리가 뒤바뀌게 된 것이었다.

가령 오늘날 미국의 사도마조히즘 잡지가 다루는 모든 이슈는 "생식기 고문"에 대한 것으로, 여기에는 전기고문, 요도 침투, 생식기 피어싱, 음경 확대, 고환 팽창, 생식기의 외과적 변형 등이 있다. 이슈로 다루는 전기고문 기술에는 "생식기 전 부위, 그 중에서도 특히 귀

---

[61] SandMUtopian Guardian, no. 34, 1999.

[62] 이에 대해서는 Stephanie Heuze, Changer le corps, Paris: Musardine, 2000를 보라.

두에 정전기를 일으키는" 보랏빛 막대와 "신체이완기", "워크마스터", "자극기", "소몰이용 막대" 및 "전기충격기" 등과 같은 이름으로 판매되는 여러 가지 전기 충격 기계가 포함된다.63 이러한 성적 기구들은 잠든 사람에게 발기 가능성을 경고하는 경보기나 19세기 동안 젊은 자위행위자와 동성애자에게 이용된 전극기기와 마찬가지로 자위-억제-기술 및 전쟁-고문-기술의 집성체에 속한다. 나중에 살펴보겠지만, 그 기구들은 클리토리스에 대한 전기 자극, 즉 기계적 "간지럼"을 통해 "히스테리적 오르가슴"이라 불리는 것을 생산하는 데 이용되는 장치와 기술적 친화성을 가지고 있다.64

이 모든 기술들(생식기 고문, 구속장치 및 부착식의 사용)은 젠더를 특징짓는 테크놀로지(이성애적 여성성과 남성성의 생산)와 인간종을 특징짓는 테크놀로지(인간의 정상성과 가축의 동물성의 생산)에서

---

63 위의 책, p.8.

64 [자위억제기술과 고문기술에 뒤이어] 셋째로 수의학 기술 노선이 있는데, 여기서 분석하지는 않았지만, 그럼에도 불구하고 이것은 동물 육체와 인간 육체를 구별되게 생산하는 일을 연구하는 데 있어 중요하다. 히스테리적 여성성이나 레즈비언 여성성, 여성화된 남성의 몸, 흑인의 육체, 장애, 트랜스성, 동물성 등의 생산에 공통적인 일련의 테크놀로지들은 여전히 ?? 연구되고 있다. 수의학 맥락에서 독점적으로 사용되는 특정 도구들은 대안적인 성적 실천에도 사용된다. 가령 소몰이용 막대는 혼성적 테크놀로지로, 대형 가축을 죽이거나 거세하는 일에 그 기원을 두고 있으며, 그것이 전기화되기 시작한 것은 19세기까지 거슬러 올라간다. 하지만 우리는 또한 그것을 오늘날 대안적인 성적 실천을 소개하는 사도마조히즘 잡지 『샌드뮤토피안 가디언』에서도 발견할 수 있다. 이러한 테크놀로지를 소개하는 곳에는 이런 도구들을 살균하는 방법에 대한 상세한 지침과 장갑 및 마스크에서 피하 주사 바늘 및 도뇨관 [체내에 삽입해 오줌을 뽑아내는 관]을 안전하게 사용하는 방법에 대한 소개도 함께 실려있다.

끌어냈을 뿐만 아니라, 또한 그 테크놀로지 각각의 실천 및 그것들에 관한 의학 담론, 생식 담론, 도덕 담론에서 끌어냈으며, 퀴어적인 신체-대상 관계 체계 내부에서 재맥락화되었다. 기술의 모든 우회는 대중적인 하위문화에서 특정한 의학 담론, 전쟁 담론 또는 과학 담론의 재전유를 의미하며 따라서 쾌락-지식의 생산 경로 및 분배 경로의 중단과 붕괴를 의미한다.

히스테리적 인공보철

자위행위는 르네상스 시대에는 로마 가톨릭교회에 의해 규탄되었고, 17세기에는 의학에서 병리학으로 분류되었으며, 19-20세기에는 처음에는 기계적 수단에 의해 이후에는 전기적 수단에 의해 기술적으로 억제되었다. 그와 나란히 히스테리가 "여성의 질병"으로 규정되면서 이른바 '히스테리적 위기'를 다루는 기술의 생산에 길을 터준 무수한 장치도 가동되었다. 히스테리에 대한, 그리고 그것을 다시 개념화했던 다양한 의학 모델인 우울증에서 신경쇠약 및 불감증에서 색욕광에 이르는 모델에 대한 역사적 분석을 행하기 위해서는 여기서 멈출 수 없다.[65] 어쨌든 앙브루아즈 파레 — 그는 『산부인과 의학 전집』(1550)에

---

[65] 조르주 디디 위베르만은 히스테리의 의학적·담론적 발명과 근대 사진술의 발전이 맺는 관계에 대한 탁월한 분석을 개발시켰다. 이에 대해서는 Georges Didi-Huberman, Invention of Hysteria: Charcot and the Photographic Iconography of La Salptrire, Cambridge, Mass.: MIT Press, 2004을 보라.

서 '올레움 나르둠'[감송향 올리브기름]을 머금은 밀도형 기구를 질에 삽입할 것을 제안한 바 있다.66 — 의 시대부터 1859년 『히스테리의 진단과 치료에 관한 논고』 — 이 글의 저자인 피에르 브리케는 자신이 고안한 "클리토리스를 간지럽히기" 덕분에 히스테리에 대한 적절한 치료법을 발견했다고 주장했다 — 가 권고안을 내기 전까지는 히스테리 치료에서 극적인 변화는 없었다.67 최초의 '간지럽히기 요법'은 손으로 수행되었는데, 의사들은 이러한 치료를 "히스테리적 위기"로 인해 항상 제값을 받지 못하는 길고 지루한 노력으로 간주했다.68

레이첼 메인즈가 오르가슴 연관 기계의 고고학을 상세히 보여주었듯이, 진동기는 최초의 치료법이 나오고 얼마 지나지 않은 1880년경에 치료 도구로서, 즉 그러한 수작업의 기계화로서 등장했다.69 가령 바이스 진동기는 클리토리스, 골반 부위, 진동 치료를 받는 다른 근육

---

66 Ambroise Par, 『산부인과 의학 전집Opera ostetrico-ginecologica』에서 권고한 치료법에는 또한 젊은 여성의 경우는 결혼이, 나이든 여성이나 과부들에게는 말 등에 올라타는 것이 포함되어 있다. 올레움 나르둠Oleum nardum에 기초한 치료법은 극단적인 사례에 적용되었다.

67 Pierre Briquet, Trait clinique el thrapeutique de l'hystrie, Paris: J. B. Baillire, 1859, 나는 이 책을 Rachel Maines, The Technology of Orgasm: Hysteria, the Vibrator, and Women's Sexual Satisfaction, Baltimore: Johns Hopkins University Press, 1999, p.37을 통해 알게 되었다.

68 히스테리 치료의 전문화를 더 자세히 설명한 것으로, Thomas Laqueur, Making Sex: Body and Gender from the Greeks to Freud, Cambridge, Mass.: Harvard University Press, 1990.[한글본] 토머스 월터 라커, 『섹스의 역사』, 이현정 옮김, 황금가지, 2000과 Maines, Technology of Orgasm을 보라.

69 Maines, Technology of Orgasm, chaps. 4 and 5.

등을 리듬감있게 마사지하는 전자기계 장치였다. 우리가 앞서 살펴보았듯 자위방지 기구의 산업적 생산에 자신의 모든 것을 바친 존 하비 켈로그는 미국에서 최초의 전기 진동기의 생산 및 상업화에 기여하기도 했다.[70]

    19세기 말에 존 버틀러John Butler(주디스 버틀러와 혼동하지 말 것)는 가정용으로 고안된 최초의 휴대용 전기 진동기를 만들고 상용화했다. '채터누가'로 잘 알려진 최초의 진동기는 병원시설에서 엄격하게 전문가용에 한정되었기에 살 엄두를 못 낼 정도로 비쌌고, 다루기도 힘들었다. 오늘날의 진동기는 비록 모양은 완전히 다르지만 가정용이라는 점을 고려한다면 채터누가보다는 버틀러가 만든 진동기의 기술적·사회적 후손인 것이다.

    히스테리 진단과 "히스테리 위기"의 산물인 "오르가슴"의 획득은 이성애적 성교에 대한 일정한 무관심이나 냉담한 반응과 연관되어 있는데, 이는 다른 형태의 성도착 특히 "레즈비언주의" 성향과 관련성이 있다고 간주된다. 1652년에 니콜라우스 폰타누스는 이렇게 썼다.

> 아내는 과부나 처녀보다 더 건강하다. 아내는 남자의 씨로 생기를 얻고, 자기 자신의 것은 배출하고 차단시켜 악의 원인을 제거하기 때문이다. […] 그러나 한가하게 몸을 놀리면서 이러한 **육욕적인** 결합과 격리되어 살고 있는 과부들에 관해 우리는 뭐라 말해야 할까? 우리는

---

[70] 이러한 장치들 중에는, 진동 막대기, 전동의자, 팬티 진동기, 전자기기 원심 진동기가 강조할만하다.

그들이 젊고 안색이 검고 털이 많으며 뺨도 약간 변색되어 있다면, 그들이 음란한 마음을 지니고 있고 속으로 자주 간질거림을 느끼며 자궁이 뜨겁게 달아올라 있고 색을 밝히며 짜증이 나 있고 **성욕**이 치솟고 있다고 결론지어야 한다.71

레즈비언주의가 잠재적으로 모든 형태의 히스테리의 기저에 깔려 있다고 보았던 것처럼, 모든 히스테리 치료는 히스테리 환자를 레즈비언주의로 몰고 갈 수도 있는 어떤 쾌락에 탐닉할 위험이 있다고 여겨졌다. 예를 들어 1905년 로버트 테일러는 히스테리가 딜도나 여타 다른 "음경 대체물"로 치료되어서는 안 된다고 썼는데, 그가 보기에 그러한 행위는 "질경련"과 레즈비언주의를 발생시킬 수 있기 때문이었다.72 때로는 히스테리에 대한 가능한 치료법으로 바느질이 처방되었지만 19세기 후반에는 "재봉틀의 위력은 이성애 여성을 '과도한 노동'을 하게 해 레즈비언으로 변하게 만드는 데 있다"고 보는 것이 일반적 인식이었다.73

진동기가 의료 공간에서 전통적으로 여성 전용공간인 가정으로

---

71 Nicolas Fontanus, The Womans Doctour; or, An Exact and Distinct Explanation of All Such Diseases as Are Peculiar to That Sex with Choise and Experimentall Remedies Against the Same, London: n.p., 1652, p.45.

72 Robert Taylor, The Technology of Orgasm, 1905, quoted in Maines, Technology of Orgasm, p.59.

73 Maines, Technology of Orgasm, p.57.

이동함에 따라, 새로운 테크놀로지의 사용과 전유를 제한하는 일이 필수적인 것이 되었다. 가정 공간을 규제하고 여성의 신체 활동(바느질, 요리, 청소 등)을 통제하도록 설계 제작된 다루기 쉬운 소형기계들(재봉틀에서 전화기에 이르는)이 이제는 여성의 기묘한 동침자가 되었기 때문이다. 그 기계는 일종의 양날을 가진 테크놀로지, 즉 한편으로는 "가정화"됨으로써 여성의 이른바 '자연적 기능'을 사회 안에 다시 각인시키는 지배의 테크놀로지이자 다른 한편으로는 사적 공간에 유입된 저항의 테크놀로지로 작동했다.74

히스테리를 다루는 두 가지 치료 공간은 안방 침대와 진찰대였다. 다시 말해 "여성"의 섹슈얼리티와 쾌락은 최소한 두 개의 제도가 수렴되는 긴장의 공간 안에서 구축되었는데, 하나는 여성이 남편에게 종속되는 이성애적 결혼제도였으며, 다른 하나는 여성이 환자로서, 임상적 위계에 종속되는 의료제도였다. 19세기에 결혼제도는 재생산, 가사경제, 상속을 위한 공간으로 힘을 얻었지만 성적인 쾌락을 위한 공간으로는 거의 힘을 얻지 못했다. 1910년경에는 의료적 맥락에서만 배타적으로 사용되었던 테크놀로지가 전형적으로는 샤워기나 "친숙한 마사지" 진동기 같이 '회전주기가 짧은'/단락短絡형 가정용 위생 도구로써 가정 공간에 진입하기 시작했다.

기술사의 관점에서 분석해보면, 적어도 17세기 이후로 "여성 오르가슴"이라 불렸던 현상은 자위행위 억제와 "히스테리적 위기"의 생산

---

74 히스테리 치료법의 일종으로 샤워기를 이용한 수水치료법이 있는데, 이것은 의료시설에서 가정 공간으로 옮겨진 이후에는 쾌락을 생산하는 테크놀로지로 재전유되었다.

이라는 상반되게 작동하는 두 가지 테크놀로지의 역설적 산물에 불과하다. 여성의 쾌락은, 섹슈얼리티의 목표가 출산에 있다는 생물학 이론이나 종교 교리와는 달리, 특정한 목적을 갖지 않은 것으로 보인다는 점에서 늘 문제 거리였다. 그와 동시에 남성의 섹슈얼리티는 흔히 발기와 사정의 관점으로 묘사되지, 오르가슴의 관점으로 묘사되는 경우는 드물었다. 여성의 쾌락은 히스테리적 질병에서, 즉 일종의 "히스테리성 발작"에서 발생한 위기로 묘사되었고, 이는 임상적 조건에서 종종 다양한 기계 및 전기 도구의 도움을 받아 산출되어야 했다. 이런 식으로 묘사된 오르가슴은 여성에게만 영향을 미치는 어떤 질병[히스테리]의 증상이 '최고의 고비[위기]에 이른' 순간이자 동시에 기술적인 노력 ― 손이나 진동기로 마사지하기, 물살이 센 샤워기의 사용 등 ― 으로 특징지어지는 지난한 치료 과정이 절정에 이른 순간으로 간주되었다. 이러한 신체 모델에 따르면 이성애적 성교에서 쓰이는 테크닉에 무관심해 보였던 환자는 "성 에너지를 결여"한 것이기에, 전동기계가 이 에너지를 키우고 보충할 수 있다고 묘사되었다. 그런 다음 다시 오르가슴은 자위를 병리화시킨 억제의 논리 안에서 "불필요한 낭비" 즉 성적 생산 및 재생산의 노동으로 향해야만 하는 육체 에너지의 쓸모없는 탕진이자, 동시에 그 잔여물이 질병을 옮길 수도 있는 오염으로 묘사되었다.

    이런 식으로 동일한 생체정치적 테크놀로지의 두 가지 적대적 분야가 만나는 지점인 오르가슴은 매우 사적이며 개인의 신체와 밀접하게 연관되어 있을 뿐만 아니라 또한 현저하게 정치적인 것으로 출현했다. 오르가슴은 부분적으로 신체의 능력들 및 산출물의 최적화, 신체의 유용성과 순응성의 병렬적 증가, 효율적이고 경제적인 통제체계의 완전한 통합이었다. 또한 오르가슴은 부분적으로 이성애적 생식 과정의 기초가 될 성 메커니즘의 확립을 의미했다.75

오르가슴은 두 대립하는 논리의 교차점에 있다. 오르가슴은 질병이자 치유책이며, 낭비이자 초과이다. 오르가슴은 독이자 해독제이다. 오르가슴이 섹슈얼리티와 맺는 관계는 데리다의 플라톤 독해에서 글쓰기가 진리 즉 파르마콘과 맺는 관계와 같다.76 오르가슴은 우리가 억압의 도구로 맞서 싸워야 하는 악덕이자 초과이며, 동시에 기계적·전기적 도구의 엄격한 실행을 통해서만 획득될 수 있는 치유책이다. 어린 소녀의 몸에서 강박적인 자위를 통해 반복되는 오르가슴은 과도한 체력소모를 가져와 허약함과 심지어 죽음을 낳는다고 얘기되었다. 그러나 젊은 히스테리 환자의 몸이나 외로운 과부의 몸에서 오르가슴은 일종의 전기 **보충물** — 이것은 여성보다는 기계가 그 주체였던 것처럼 보인다 — 처럼 진동을 통해서만 나왔다. 극도의 흥분으로 헛소리를 내는 자위의 오르가슴은 동물의 힘, 즉 자기-관찰과 자기-통제라는 가혹한 처방을 통해 어떻게든 길들여지고 훈육되어야 하는 원초적 본

---

75 이에 대해서는 Michel Foucault, The Will to Knowledge, vol. 1 of The History of Sexuality, trans. Robert Hurley, New York: Pantheon Books, 1978. [한글본] 미셸 푸코, 『성의 역사 1: 앎의 의지』, 이규현 옮김, 나남출판, 1999를 보라.

76 이에 대해서는 Jacques Derrida, "Plato's Pharmacy," in Dissemination, trans. Barbara Johnson, Chicago: University of Chicago Press, 1981, p.70.

능에 더 가까운 것으로 간주되었다. 진동기는 과학적 정밀함으로 히스테리 환자의 몸을 히스테리성 발작에 이르게 하도록 설계되었다. 따라서 오르가슴은 강제로 억제되어야 하는 광기이자 기계 기술의 과학적 생산물이었다. 자위의 쾌락은 부산물 즉 신체 에너지의 균형이 깨지고 남은 잔여물이자 광기나 매독과 같은 미래 질병의 징후이자 전조였다. 진동기가 작동되는 진찰대에 누운 여성에게 오르가슴은 여성 신체의 내적 에너지가 아니라 적응 즉 몸을 기계로 바꾸는 것에서 나온다. 말하자면 오르가슴은 쾌락을 순전한 기계적 반응으로 환원시키는 데에서 나오는 것이다. 기계가 오르가슴을 **가지는 것**이었다. 따라서 성적인 책임이나 쾌락의 진정한 주제란 없다. 이러한 각각의 쾌락-생산 처방의 기저에 깔린 공통 특징은 오르가슴이 그것이 "나온" 몸에 속하지 않는다는 점이다.

몸과 무생물 대상의 경계에 위치한 진짜 같은 딜도의 부착식 위치는 순결 벨트 및 진동 기계의 위치와 유사하다. 그러나 딜도는, 이렇게 쾌락을 생산하는 테크놀로지와 쾌락을 억제하는 테크놀로지와 유사하다는 것에 더해, 세 번째 종류의 테크놀로지인 인공보철 팔다리 및 이식체와도 관련이 있다. 딜도를 하나의 대상으로 이해하기 위해서는 20세기 내내 이루어진 인공보철의 진화를 살펴볼 필요가 있다. 기이하게도 세기의 전환기에 일었던 진동기 생산의 붐은 의학이 특히 제1차 세계 대전 이후에 무수한 의수와 의족을 설계하기 시작한 시기와 일치했다.

남성 몸의 인공보철적 재건은 전시경제에서 노동 경제로의 이행을 특징지었다. 인공보철은 병사들이 전쟁 이후 새로운 산업노동자로 전환할 수 있게 만들었다. 이 과정에서 남성성 재건에 핵심을 이루었던 것은 인공보철 음경이 아니라 인공보철 손이었다. '프랑스 노동 인공보철 군사연구소' 소장이었던 줄스 아마르는 수족이 절단된 베테랑 병사의 직업 및 의료 궤적을 추적하고 관찰하는 일을 담당했다.[77] 인공보철 손의 생산에 대한 조사연구는 그를 "자연적인" 손의 해부학과는 점점 더 거리가 멀어졌던 인공 팔다리를 설계하고 제조하는 일로 이끌었다. 이 인공 팔다리는 기능적이긴 했지만 모방적이지는 않은 인공보철 형태로 진화했다. 가령 줄스 아마르가 "작업용 팔"로 명명했던 인공보철은 손을 모방한 "휴식용 손"에서 자연적인 손과 조금도 닮은 것이 없는 "만능 펜치"에 이르는 여러 부속물이 장착된 기본 인공보철로 구성되었다. 휴식용 손의 설계가 미적 기준과 모방적 기준에 역점을 두었던 반면, 여타 부속물은 생산-라인 작업에서의 효율성 문제를 다루었다. 인공보철 손은 "자연적" 몸의 재건으로 기능했을 뿐만 아니라 또한 남성의 몸을 살아있는 도구이자 인간적·지성적 부속물인 기계와 통합할 수 있게 만들었다.

---

[77] Jules Amar, Organisation physiologique du travail, Paris: Dunod et Pinot, 1917.

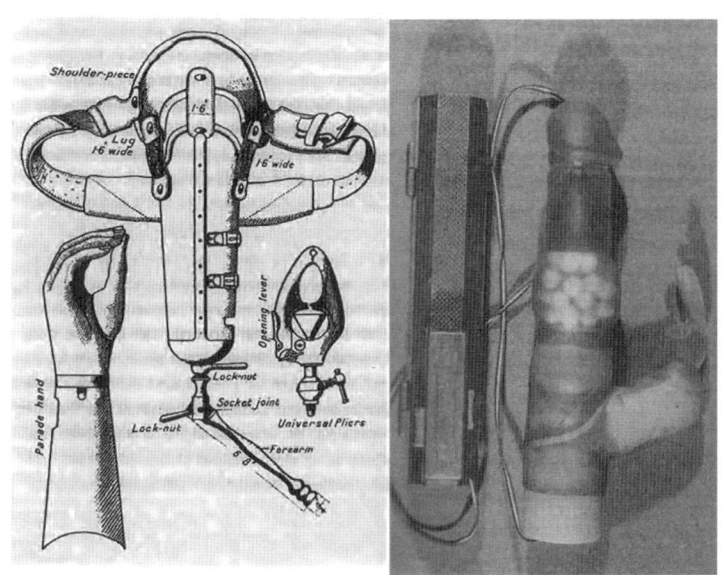

[그림 3.2]   [그림 3.3]

마찬가지로 1960년대와 1970년대 북미의 페미니즘 운동과 레즈비언 운동의 영향을 받아 디자인과 상업화가 이루어진 진동 딜도는 음경의 모방물로서가 아니라 여성의 자위하는 손을 모방한 복합 인공보철물로 진화했다고 말할 수 있다. '굿 비브레이션'에서 가장 잘 팔린 상품 중 하나인 '물고기자리 진주 진동기'를 찾아보라![78] '물고기자리 진주 진동기'는 진동 테크놀로지 및 "히스테리적 위기"의 생산과 관련이 있을 뿐만 아니라 진짜 같은 딜도를 만들어낸 인공보철 기술과도

---

78 '굿 비브레이션Good Vibrations and S)'은 샌프란시스코에 기반을 두고 페미니즘 원리에 따라 1977년에 설립된 최초의 여성 섹스숍이다.

관련이 있다. 오나니즘을 억제하려고 고안된 테크놀로지가 박탈시켰던 손의 유용성이 전기화와 기계화를 통해 자위하는 손에 부여되었다. 여성 자위 행위자의 손과 히스테리 환자의 진동기는 성 회로의 진정한 "스위치"로 작동하여 생식기관과 비생식기적(그리고 비유기적이기까지 한) 대상 및 기관을 다시 연결시킨다. 손과 진동기는 치료 환경과 이성애적 관계로부터 오르가슴을 해방시킨다. 딜도를 진동기로 자위하는 마이클 로젠의 사진에서 살펴볼 수 있듯이, 진동 딜도는 손[79] 과 19세기 진동기, 음경 인공보철의 혼합물이다.[80] 몸을 진동시키고 확장시키는 데 이용된 진동 딜도는 정상적인 음경 모델에서 멀리 떨어져 진동 정밀성이 부여된 제3의 손에 더 가까워졌다. 심리적이거나 환상적인 효과 또는 단일한 실천에 국한되지 않는, 이 종합적 성 기관은 통합, 탈맥락화, 재의미화, 돌연변이를 위한 전례 없는 가능성으로 나아갈 길을 열어주었다.

---

[79] 인류학 담론에서 도구였던, 따라서 종의 차이(동물/인간) 및 젠더 차이(여성/남성)의 지표였던 손의 중요성을 잊지 말자.

[80] Michel A. Rosen, Molly, 1993, in Sexual Art: Photographs That Test the Limits, San Francisco: Shaynew Press, 1994.

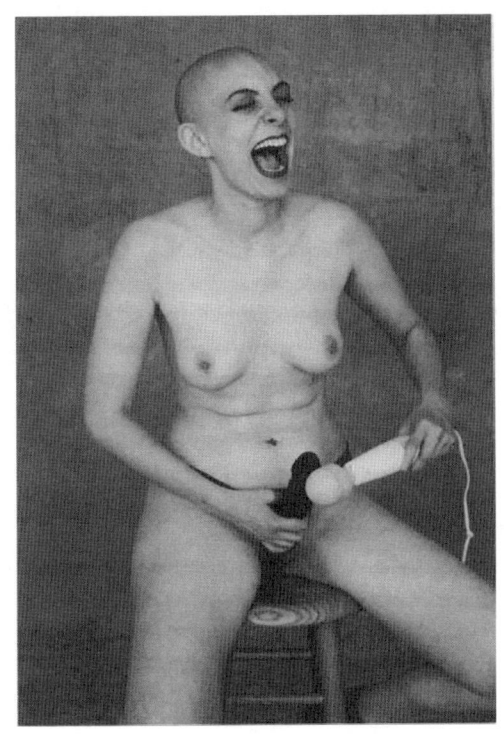

[그림 3.4]

    대항성적 관점에서 보면, 한쪽에는 검시경(시각)과 음경이, 다른 쪽에는 손(촉각)과 딜도가 놓여있는 섹슈얼리티의 종합적 역사에 관한 서사를 확립하는 것이 필요하다. 검시경이 의료 공간에서 여성의 몸을 관찰하고 재현하는 탁월한 도구였던 것과 같은 방식으로, 음경은 부부 침대에서 삽입이라는 남성적 특권이 부여된 유일한 기관이었다. 푸코적 의미에서, 검시경과 음경은 생체권력 — 그 중심에는 이성애적인 여성의 몸이 있다 — 에 기여하는 진정한 장치로 기능한다. 이러한 생체정치적 테크놀로지와 관련해 손과 딜도는 남근 중심주의를 모방하지 않으면서, 탈주의 경로를 넓혀주었다. 이러한 점에서 진동 딜도는 장갑과 체인을 알았던 레즈비언/트랜스인/장애인/퀴어의 자위하는 손뿐만이 아니라 촉각과 삽입을 알았던 레즈비언/트랜스인/장애인/퀴어의 자위하는 손의 종합적 확장이다. 결국 부착식 딜도는 종합적 성기, 몸통에 이식된 손이자 동시에 클리토리스의 가소적 확장으로 간주될 수 있다.

머니MONEY가 성을 만든다: 여러 성의 산업화

아담의 질

1970년대 이래 — 더 이른 시기에는 그렇지 않았지만 — 로 의료 테크놀로지는 아담으로부터 이브를 만들거나 아니 더 정확하게는 엘비스로부터 마릴린을 만들 수 있다는 사실을 자축해왔다. 그 반대의 일이 일어나지 않았던 것은 분명하다. 서구의 병원들에서 거의 예외 없이 실행된 근대적 외과술로는 "정상적인" 외관을 지니고 "기능하는" 음경을 만들 수 없다.[81] 의학 문헌에 따르면, 남근 성형술이나 외과수술에 의한 음경구축은 적어도 네 번의 복잡한 외과수술, 즉 질 음순의 봉합, 다리나 자궁 혹은 둘 다로부터의 조직 이식, 대체로 다리에서 추출한 정맥 이식, 그리고 음경의 구성을 거친다. 이러한 일련의 수술이 수반하는 위험(가령 팔이나 다리의 이동성 상실)에도 불구하고, 지금까지 성전환수술을 담당한 팀들은 "지극히 평범한 성형의 결과"를 제공하는 것에 안주하면서, 성전환자들은 비록 그 외관은 "기괴하게" 보일지라도 그가 얻은 생식기에 그럭저럭 만족하며 지내야 한다고 주장

---

81 이에 대해서는 International Commission on Civil Status, Transsexualism in Europe, Strasbourg: Council of Europe, 2000를 보라.

했다.82

　그와는 반대로 1980년대 이래로 여러 외과술이 소위 "정상적" 생식기와 잘 구별되지 않는 "여성 생식기"를 구축해왔다. 하지만 이러한 의료적 실천을 엄격한 담론적 수준에서 자세히 살펴보면, 분명한 것은 의학이 말해주는 것은 질의 구축이 아니라, 음경을 질로 변형할 ("안으로 말아넣을") 가능성이라는 점이다. 마치 음경은 들뢰즈의 저 유명한 문구를 축소시킨 "질-되기"라는 선택지를 자연적으로 갖기라도 하는 양 말이다.83

　예를 들어 몬트리올에서 평판이 좋은 성 요셉 성형외과 진료소 안내 책자에 실린 질 성형술을 보자. 이 책자는 "음경의 피부를 뒤집는" 간단한 기술을 묘사하고 있는데, 이는 음경의 해면체[모세혈관이 집중된 음경을 발기시키는 조직-옮긴이]를 빼내고 난 뒤 "남근" 조직의 내부를 질을 형성할 때까지 까뒤집는 것이다. 1단계: 그 조직이 나중에 질의 뒷벽을 구성하는 데 사용될 수 있도록 음경과 고환의 피부를 절개하기. 2단계: 오늘날에도 여전히 "거세"라고 불리는, 고환의 적출 및 피부가 아래로 내려오도록 음경 윗부분을 절개하기. 의사는 손가락으로 방광과 직장 사이에 질을 위한 공간을 만든다. 3단계: 의사

---

82 이에 대해서는 Marjorie Garber, Vested Interests: Cross-Dressing and Cultural Anxiety, New York: Routledge, 1992, p.329를 보라.
83 Gilles Deleuze and Flix Guattari, Mille plateaux, vol. 2 of Capitalisme et schizophrnie, Paris: ditions de Minuit, 1980, p.357. [한글본] 질 들뢰즈·펠릭스 가타리, 『천 개의 고원: 자본주의와 분열증 2』, 김재인 옮김, 새물결, 2001, 551-552쪽. 내가 언급한 유명한 문구란 "여성-되기"를 말하는 것이다.

는 가능한 최대로 흥분할 수 있는 표면영역이 (운이 좋다면) 회복되기를 바라면서 해면체로부터 클리토리스를 재구축한다. 요도관이 방광에 삽입된다. 음경 피부가 까뒤집어지고 안쪽으로 밀려난다. 필요한 경우 이 과정은 음낭의 피부를 이용한 이식을 통해 완료된다. 4단계: 질을 위한 공간에 음경 모양의 틀이 삽입된다.

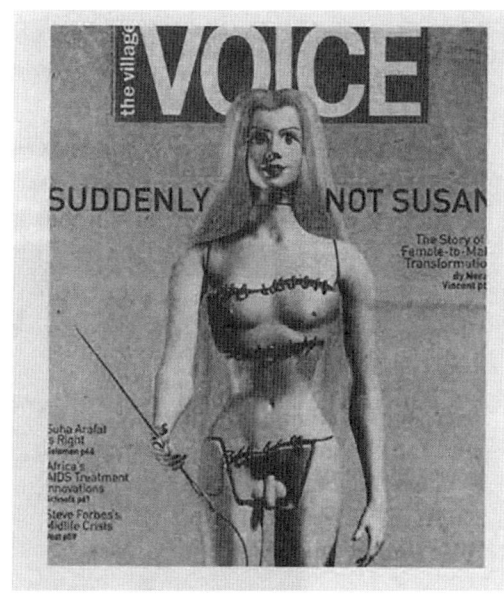

[그림 3.5]

이 과정은 음경을 질 안으로 밀어 넣음으로써 완성된다. 이성애 중심적 의료 담론에서는 남성성이 역으로 여성성의 가능성을 내포하기 때문이다. 음경 내부에 두 성이 잠재적으로 공존할 수 있다는 점은 이성애 남성이, 그리고 확대하면 동성애 남성이 자웅동체 모델에서 나왔음을 증명한다. 우리가 성차에 대한 이성애적 신화라고 불러야 하는 것 속에서, 남자는 태생胎生 동물(생식을 위해 자궁이 필요한 동물)의 가족에 속하지 않고, 오히려 식물과 동물 분류상 비밀스러운 자웅동체 혈통을 가지는 것이다. 사실 남성성과 여성성을 만들어내는 데 이용되는 기술은 임시변통으로 급조된 것이었다. 남성에서 여성으로의 변형은 음경에서 질로의 "자연적" 변화를 허용하는 자웅동체 모델에 따라 창출된 반면, 여성성에서 남성성으로의 이행은 비가역적인 성 생산의 모델, 즉 비생식기관 — 음경으로 전환될 수 있는 팔 부위나 다리 부위 — 을 이용할 것을 요구하는 인공보철 모델을 따른다.

그러므로 자웅동체 남성성 모델의 특수성은 재생산을 목적으로 하는 자궁의 억제에 있다. 남성들은 달팽이·거머리·지렁이와 같은 지하 종족에 속한다. 그들의 생식기는 분명 "정상"이다. 즉 그들의 생식기는 다른 성의 생식기(생물학자들은 **생식샘**gonadic이라는 용어를 사용할 것이다)와는 완전히 구별된다. 그럼에도 불구하고 그들의 생식기는 여성 성기의 배아를 이미 포함하고 있다는 점에서 이중적인 생리학을 함축한다. 따라서 역설적이게도 별도의 "생식샘"을 가진 성들이 생산되기 위해서는 자웅동체 모델을 거쳐야만 한다. 나는 의도적으로 **'생식샘'**이라는 용어를 쓰고 있는데, 이제는 의료 담론이 정상으로 간주하는 것의 구성에서 인공성과 낯섦이 있음을 지적할 때가 되었기 때문이다. 의료 공동체가 자웅동체나 간성이 아닌 것 모두를 지칭하기 위해 **정상**이라는 용어를 쓸 때, 그것은 "생식샘"이라고 말하는 것이 나을 것이다. 이성애를 만들어내는 것은 이러한 생식샘의 구성에, 즉 이분법적이고 분화된 성들을 구성하는 데 얼마나 성공하느냐에 달려 있다.

성전환수술에 사용되는 테크놀로지에 따르면, 질을 **구성할** 필요는 없다. 즉 우리는 이미 음경 안에 들어있는 질을 **발견**하기만 하면 된다. 음경은 "질이 될 수" 있다. 그러나 성차를 생산하는 동일한 테크놀로지에 따르면, 질은 "음경이 될 수" 없다. 왜 이런 기술적 비대칭이 발생하는가? 왜 성차의 구성을 발생시키는 데 있어 가역성과 비가역성의 과정들이 있는가? 이러한 의료 담론 안에서 남성성, 이성애, 자웅동체 간의 기저에 깔린 관계는 무엇인가?

성을 할당하는 데 포함된 — 즉 어떤 몸이 남자인가 여자인가를 확인하게 하는 결정과 관련된 — 의료 기술에 대한 분석은 다른 어떤 담론보다도 젠더 구성 모델을 잘 드러내며, 이 모델에 따르면 (이성애적인) 성 테크놀로지는 다음과 같은 것들이 있다. 이른바 간성 아이들(정상성 담론에 따르면 양쪽 성의 "특성"을 가지고 있는 몸, 결국 자신들의 외견상의 성에 대립하는 성을 향해 진화할 가능성이 있는 몸으로 묘사된)을 위해 준비한 의학적 치료법, 산전 병인학, 양수진단[임산부의 양수를 채취해 태아의 병을 확인하는 진단법-옮긴이], 초음파, 세포학, 염색체 분석, 호르몬 평가(생식샘 자극 호르몬 처방, 스테로이드 등), 생식기 검사(직접 만지는 검사에서 X레이 검사까지) 등과 같이 성을 규정하는 데 이용되는 테크놀로지, 또한 성 이원론에 혼란을 일으키는 일체의 성적인 모호함을 줄이거나 근절하기 위한 광범위한 외과적 절차 등.

성 테크놀로지는 일종의 추상적인 ✂"수술대"✂로, 여기서는 몸의 일부가 "기관"(이것이 성 기관이든 생식기관이든, 지각기관이든 혹은 다른 어떤 기관이든)으로 잘려진다.[84] 예를 들어 입과 항문은 소화기관을 일관된 체계로 만들어주는 입구와 출구로 지칭된다. 하지만 입과 항문이 성/생식 체계의 일부로 지칭되는 경우는 거의 없다. 성 정체성은 늘 언제든 이러한 복식부기표(남자/여자)로 정의되는데, 이는 생물학적 사실에 근거한 것이 아니라 선험적인 해부학적-정치적 규정과 관련된 것이며, 신체로부터 성차를 **추출하는** 즉 신체에서 수정과 생식을 **추출하는** 일종의 정언명령과 관련된 것이다.

"남자야 여자야?"라는 질문 뒤에는 신체 기관을 쪼개고 해부해 신체를 이해할 수 있게 만드는 경험적 질서로 확립된 차등적 인식론, 즉 "성 할당"이라는 이름 뒤에 숨은 다수의 엄밀한 시각적·담론적·외과적 기술이 있다. 흔히 성전환수술이나 성-재할당 수술로 알려진 수술

---

84 나는 "수술대"라는 문구를 푸코가 레몽 루셀에게서 빌린 것을 가져왔다. 이에 대해서는 Michael Foucault, The Order of Things: An Archaeology of the Human Sciences, New York: Random House, 1970의 서문을 보라. [한글본] 미셸 푸코, 『말과 사물』, 이규현 옮김, 민음사, 2012, 9-11쪽. [옮긴이] 해당 내용을 인용하면 다음과 같다. "중국 백과사전에 나오는 열거에서 (유일하게 가시적으로) 길잡이 구실을 한다고 여겨지는 우리의 알파벳순 계열에 의해 가려진 소멸, 더 정확히 말해서 미미하게 드러난 소멸…. 물러나는 것은 한마디로 유명한 '수술대'인데, 나는 루셀에게 늘 빚지고 있는 것을 조금이나마 갚으려는 마음에서, 대臺 또는 탁자라는 의미의 낱말 '테이블'을 두 가지 중첩된 의미로 사용하고 싶다. 하나는 어둠을 삼키는 유리 태양 아래 반짝거리고 니켈 도금이 되어 있으며 방수포와 하얀 면직포로 싸여 있는 수술대이다. 거기에서는 어느 순간, 우산이 재봉틀과 마주치고 어쩌면 계속해서 마주칠 것이다. 다른 하나는 사유로 하여금 존재물의 정돈과 종류별 분할, 존재물의 유사점과 차이점이 지정되는 명목적인 분류를 실행하게 해 주는 도표이다. 거기에서는 아득히 먼 옛날부터 언어가 공간과 교차한다."

― 흔히 경계선에 있는 사례나 규칙에 대한 이상한 예외로 낙인찍힌 몸에게 행해지는 ― 은 실제로 두 번째 복식부기표에 불과한데, 이는 우리 모두가 이미 누워본 적이 있는 첫 번째 추상적인 ✂"수술대"✂ 위에서 행해진 자르기 작업이 재차 성사된 것이다. 성전환수술 혹은 성재할당 수술의 존재 자체는, 그것이 발생시키는 법적·의료적 규제 체제와 더불어, "정상적인" 성 정체성이 항상 모든 경우에서 값비싼 시체-생체-정치적 테크놀로지의 산물임을 증명한다.

이는 마치 문제가 있고 비전형적이며 비정상적인 사례 ― 혹은 달리 말해 이성애적인 인식질서에 의문을 제기하는 신체의 사례 ― 를 규제하고 잘라내려고 성 할당의 첫 번째 제도적 수준(의료·법률·가족)과 이 동일한 첫 번째 수준이 생산하는 사회해부학적 질서 사이에 중개 수술대를 만드는 것이 필요한 것과 같다.

간성·트랜스성·성전환자·불구자. 이 모든 용어들 및 이와 유사한 다른 용어들은 지난 2세기 동안 의료·법률·교육기관의 근간을 형성했던 이성애 중심 담론의 한계, 오만, 폭력을 말해준다. 부르주아적 페미니즘과 게이 인권 운동에 가려진 트랜스성과 간성인의 고유한 요구는 미국에서는 1994년까지는 들리지 않았다.[85] 트랜스성과 간성인들은 오늘날 유럽에서 이제 막 조직화하기 시작했다.

질 성형술(질의 외과적 재건)과 남근 성형술(팔뚝이나 허벅지같이 신체의 다른 부위에서 피부를 이식하는 음경의 외과적 구성), 메토

---

85 트랜스성 운동과 트랜스젠더 운동의 궤적에 대해서는, Pat Califia, Sex Changes: The Politics of Transgenderism, San Francisco: Cleis Press, 1996를 보라.

이디오 플라스티[클리토리스로 귀두를 구성하는 수술-옮긴이], 테스토스테론에 의한 클리토리스 확대 혹은 모양 변형, 후두돌출부[흔히 목부위에 돌출된 성대로 인식된다-옮긴이] 제거, 유방절제술(일반적으로는 유방을 제거한 후 제거된 한쪽 유두를 이식해 가슴을 재건하고 유두를 구성), 자궁적출술(자궁의 제거) 등 기관을 다시 조정한 부위들에서 성전환수술은 "문제들", 즉 성과 젠더, 성적 지향 간의 "불일치" 문제를 해결하는 것처럼 보인다. 그러나 사실 이것들은 이성애 테크놀로지 작업을 위한 가시적 단계이며, 이것들이 분명하게 보여주는 것은 여러 성들의 자연적 진실이 기술적이고 생체-연극적으로 구성된다는 점이다.

이 일련의 "재할당" 과정은 이차적인 자르기 $\ltimes$, 몸의 이차적 파편화에 불과하다. 성 및 젠더 변화의 차단, 대체로 이러한 수술이 수반하는 강제성, 그러한 수술들의 몸을 난도질하고 살균하려는 시도, 그리고 그것들의 상당한 경제적·사회적 대가 등은 인식적 폭력이자 성적 비난의 형태로 이해되어야 한다.

간성 … 마치 너와 나 같은

몸의 최초의 파편화인 '성 할당'은, 주디스 버틀러의 용어에 따르면 '수행적 주문呪文'으로 불릴 수 있는 과정을 통해 실행된다. 우리 중에서 이러한 정치적 호명을 피해간 사람은 없다. 초음파 ― [사실] 기술적이라고 찬사받지만, 실제로는 완전히 처방적인 테크놀로지 ―

덕분에 출생 전에 혹은 출생의 바로 그 순간에 우리는 여자나 남자로 호명된다. 과학적인 성차 체제는 출생(심지어 가까운 미래에는 시험관 수정)과 성 할당이 일치될 것을 요구한다. 우리 모두는 이 첫 번째 수행적 수술대에 누워야 했다. "남자다!", "여자다!"로 부여되는 이름과 언어적 화폐로서의 그것의 역할은 이 수행적 호명의 변함없는 반복을 보장한다. 그러나 이 과정은 거기서 멈추지 않는다. 수행적 호명의 효과는 기관들 및 그 기능을 "정상적" 용도와 "왜곡된" 용도로 경계를 설정한다. 만일 호명이 수행적이라면 그것의 효과는 인공보철적이다. 즉 호명은 몸을 제작한다.

모든 경우에서 늘 발생하는 이러한 인공보철의 생산과정은 간성 및 트랜스성의 규범적 수술에서 자기-반성적이 된다. 일단 성이 할당되면, 성별 지시에서의 변화 일체는 몸을 문자 그대로 자르고 다듬을 것을 요구한다. 이러한 "이차적 재할당"은 새로운 분류 질서를 몸에 다시 각인시키고 문자 그대로 기관을 재설계하는데(우리는 이것을 이미 성전환수술이 다른 기관에서 하나의 기관을 집요하게 찾아내고자 하는 것에서 살펴보았다), 이는 첫 번째 할당이 이분법적이고 이성애적이었던 것과 똑같이 두 번째 할당 역시도 반드시 체계적인 일관성을 갖는 형태로 생산을 해냄으로써 그 어떤 것도 우연에 맡기지 않는다.

남성성과 여성성이라는 할당표는 성적 기관을 몸 전체를 발생시키는 부위로, 비-성적 기관을 단지 주변적인 부위로 지시한다. 즉 특정한 성적 기관에 기초한 "인간"에 대한 이러한 추상적 인식론은 우리로 하여금 몸 전체를 재건하게 만든다. 몸은 그것이 성별화되었을 때에만 비로소 인간이 된다. 장애인의 몸과 마찬가지로 성별이 없는 몸은 괴물로, 비인간으로 간주된다. 이러한 논리에 따르면 육안으로 식별 가능한 음경이나 질만이 인간을 생산하는 기관으로 간주될 수 있다. 다른 모든 기관(코, 혀, 손가락)은 인체를 인간으로 정의하는 힘을 결여한다. 따라서 성 기관은 그것이 인간종의 성적 재생산[86]을 가능하게 만든다는 의미에서 "생식기관"일 뿐만 아니라, 또한 가장 중요한 것으로서 고유한 "인간" 신체에 일관성을 부여하는 "생산기관"이기도 하다.

이른바 간성 신체는 성 할당표의 기계적 작업을 위태롭게 해, 성 기계가 몸을 생산 및 재생산하는 통사론을 무너뜨린다. 간성 아기들은 인식적 위협을 나타낸다. 즉 그들은 경계선을 이동시키고 (성)차이가 (성)정체성을 생산하는 가능성의 조건을 넘어선다. 그들은 수술대의 수행적 자동화에 의문을 던진다. 그들은 범주들(정체성, 차이, 남/여)의 임의적 본성과, 몸에 두 성을 지정해 이러한 범주화를 확립하는 공모를 폭로한다. 그러나 무엇이 생식 부위이며, 번식의 부위인가? 우리는 그러한 부위들을 어디에서 찾아야 하는가? 무엇이라 이름 불리며, 무엇이 보이는가? 기관은 어떻게 하나의 이름으로부터 생산될 수 있는가? 우리는 이러한 생식샘 이원론의 형이상학을 넘어서는 세계를 상상할 수 있는가?

이미 진행 중인 간성 아기들에게 성을 할당하는 테크놀로지는 트랜스성의 경우에 사용되는 테크놀로지와 동일한 논리를 따른다. 성

---

86 [옮긴이주] Sex production, Sexual reproduction은 모두 생식으로 번역할 수 있으나, 이 책에서는 문맥에 따라 후자를 '성적 재생산'으로 번역했다.

할당표는 결여(가시적으로 인식할 수 있는 질이나 음경이 없는 몸)나 과잉(이른바 여성적인 성적 특성과 남성적인 성적 특성이 결합된 몸)을 잣대로 삼아 계속해서 기능한다. 하지만 이번에는 약물요법, 보형물 삽입, 피부이식 및 절단 등을 통해 진정한 수술대 역할을 하며, 이는 청소년기 또는 그 이후에도 계속될 수 있다. 이런 식으로 우리가 성정체성을 생성하는 중심이라고 부르는 것이 독점적이고 배타적으로 구성된다. 즉 오로지 남성과 여성이라는 두 선택지에서만 고르는 일이 강제된다. 간성 아기의 출생 및 성 할당에서 가장 흔한 서사 중 하나가 '남녀 이란성 쌍둥이가 태어났다'고 꾸며내는 것이라는 점은 놀라운 일이 아니다. 이러한 "신화적" 서사는 한 아이의 죽음으로 끝을 맺는데, 이는 비극이기도 하지만 또한 위안을 주는 것이기도 하다. '섹스'(1500년경에 로망스어[라틴어를 모어로 하고 분기되어 나온 언어의 총체-옮긴이]에 도입된)라는 말의 라틴어 어원은 "나누다"나 "자르다"라는 뜻을 가진 세카레secare의 동사변형 세코seco이다. 분리·격리·분할이 없다면 성은 없다. '성을 만들기'='성을 죽이기', 생체정치=시체정치인 것이다. 성차를 설치하는 것은 절단과 분리의 행위다. "문제가 있는" 성 할당의 사례에서 의사결정과정을 연구한 수잔 케슬러는 이 서사에 대해 이렇게 말한 바 있다. "모든 사람에게 자신들이 각각 하나의 젠더를 지닌 쌍둥이를 가졌다고 말하는 자웅동체 아기의 부모가 있었다. 젠더가 결정되면 그들은 쌍둥이 중 하나가 죽었다고 말했다."[87]

---

[87] Suzanne J. Kessler, "The Medical Construction of Gender: Case Management of Intersexual Infants," in Sex/Machine: Readings in Culture, Gender, and Technology, ed. Patrick D. Hopkins, Bloomington:

간성 아이를 위한 관리규약은 1955년 볼티모어에 있는 존스 홉킨스 병원 소아과 및 의료심리학 교수인 존 머니John Money와, 조안 햄프슨과 존 햄프슨 부부에 의해 발전된 이론에 의존하며, 이는 얼마 지나지 않아 머니와 안케 에르하르트에 의해 실행에 옮겨진다. 흥미로운 것은 성차를 정상적이고 자연적인 것으로 옹호하는 동일한 이론이 순수하게 구성주의적인 가설에 의존한다는 점이다. (심지어 이때는 구성주의가 페미니즘적인 주장에서 이용되기도 전이었다.) 1955년 당시의 머니의 결론보다 더 혁명적인 것은 없는 것처럼 보인다. 즉 그는 18개월 아기까지는 젠더 정체성과 성 정체성이 변경 가능하다고 주장했다.

머니의 성 할당 이론은 의료 공동체와 과학 공동체로부터, 특히 밀턴 다이아몬드로부터 자연주의적 비판을 불러일으켰다. 주디스 버틀러가 지적했듯이, 다이아몬드와 머니는 담론적으로는 적대하고 있음에도 불구하고, 성차 인식론에 대한 근본적인 약속을 공유했다. "말하자면 유연성은 폭력적으로 부과되고, 자연스러움은 인위적으로 유도된다."[88] 성차에 대한 그들의 공유된 믿음에 대한 진정한 반대는 1978년 수잔 케슬러의 페미니즘적 연구와 보다 최근에는 간성 활동가 운동에서 나왔다.

위험을 무릅쓰고 말해보자면, 머니 역시도 트랜스성 심리학에서 처방적인 인물이다. 1950년대 초반 신생아의 성 할당 및 성 재건 분

Indiana University Press, 1998, p.248.
[88] Judith Butler, "Doing Justice to Someone: Sex Reassignment and Allegories of Transsexuality," GLQ 7, no. 4, 2001: p.621.

아에서 그의 권위는 우리가 적어도 서양의 "선진국" — 유럽과 북미지역 — 에서는 "머니가 성을 만든다"라고 자신있게 주장할 수 있을 정도였다. 이러한 점에서 서양의 성적인 인체는 특정한 스타일 및 인식적 설계의 산물이자, 정치적인 성 미학의 산물로, 우리는 이를 "머니주의"라고 부를 수 있으며, 언젠가는 전후의 성차 제작의 미학으로 간단히 묘사될지도 모를 일이다.

머니의 모델은 신자유주의적인 성적 통치성의 사례로 이해될 수 있는데, 이러한 통치성에서는 성과 젠더 협치가 과학적 법률, 행정절차, 의료형태, 시민권에 접근할 수 있는 조건의 제한, 자기의 테크놀로지의 상업화 등과 같은 조용한 작업을 통해 작동한다. 1950년대 후반에 개발된 젠더 할당을 위한 머니의 규약은 전지구적으로 사용되도록 빠르게 확대되었으며, 몸에 대한 서양의 이성애적 지식-권력-쾌락 체제의 규범화를 낳았다. 머니의 모델이 지난 60년 동안 효력을 발휘하고 성공할 수 있었던 것은, 염색체 분석과 미적 판단이라는 성적인 몸에 대한 두 가지 언어이자 인식론을 전략적으로 결합한 데에서 기인한다.

당신이 트랜스성과 성전환수술이 자연적이지 않고 비정상이라고 생각하는 이들 중 한 명이라면, 1950년대에 유럽과 미국에 도입된 신생아에게 성을 할당하는 지침을 살펴보라.

성 할당을 담당하는 의사처럼 처신하기 전에 당신은 다음과 같은 정의를 복습하는 것이 더 나을 것이다.

XX : 유전학적으로 여성. 현대 의학에 따르면, 하나의 신체는 두 개의 X염색체가 있고 Y염색체를 갖지 않는 경우 유전학적으로 여성으로 간주된다.

XY : 유전학적으로 남성. 현대 의학에 따르면, 하나의 신체는 적어도 하나의 Y염색체를 갖고 있는 경우 유전학적으로 남성으로 간주된다.

클리토-음경Clito-penis : 성-할당 전문용어로, 클리토리스를 닮았지만 음경이 될만한 잠재력을 가진 작은 기관.

미세-음경Micro-penis : 성-할당 전문용어로, 다른 식으로 온전하게 형성된 이례적으로 작은 음경.

미세-남근Micro-phallus : 성-할당 전문용어로, 그 자체로는 인식하기 어렵지만 그럼에도 불구하고 클리토리스와 혼동되어서는 안 되는 온전하게 형성되지 않은 작은 음경.

음경-클리토리스Penis-clitoris : 성-할당 전문용어로, 작은 음경과 혼동되어서는 안 되는 거대 클리토리스.

용어가 혼란스러운가? 그것이 신자유주의적인 현대 의학의 옛 바로크적 분류법이기 때문이다.

육안 검사를 받은 뒤에 "간성"으로 간주된 몸은 청소년기가 시작할 때까지 지속적으로 일련의 호르몬 치료와 생식기 수술을 받아야 한다. 머니의 모델에 따르면, 염색체 분석 결과 간성 신생아가 유전학적으로 여성(XX)이라는 것이 밝혀지면, 음경과 혼동될 수 있는 모든 생식기 조직은 외과수술을 통해 억제되어야 한다. (클리토리스의 축소와 함께) 외음부의 재건이 일반적으로 [태어난지] 3개월부터 시작된다. 만일 눈에 보이는 기관이 의학용어로 음경-클리토리스로 간주되는 것과 닮았다면, 이 수술은 대부분의 경우 클리토리스의 절제를 수반한다.

이 재건은 이후 이성애적 의미에서 "질관vaginal canal"을 외과적으로 형성함으로써 완료된다. 즉 외과수술은 나중에 이성애적 성교 중에 음경을 수용할 수 있을 만한 구멍을 낸다. 이처럼 "질관"(음경을 수용할 수 있는 관으로서)이 통상적인 자리와 멀리 있지 않은 경우에, 질 성형(이는 성전환자에게 실행된 절차와 유사하다)은 아이가 1~4세일 때 실행된다. 일반적으로 '질관'은 사춘기의 몸이 에스트로겐의 도움을 받아 호르몬적으로 "여성화"된 후 환자가 성장을 마칠 때 최종적으로 설치된다.[89] 셰릴 체이스가 주장했듯이, 이러한 소아과의 생식기 수술은 "구성적인 폭력 행위를 통해 규범적으로 성별화된 몸 및 젠더화된 주체를 생산하려는 시도"로 간주되어야 한다.[90]

간성 소녀들에게 질관 구축과정은 단지 기관을 생산하기 위한 것만은 아니다. 그 과정은 다른 무엇보다도 성적 실천의 처방을 향해 나아가며, 질을 성인의 음경을 수용할 수 있는 하나이자 유일한 구멍으로 규정한다. 머니가 만들어내는 것은 이성애적 여성성이다. 왜냐하

---

89 Kessler, "The Medical Construction of Gender," p.244.
90 Cheryl Chase, "Hermaphrodites with Attitude: Mapping the Emergence of Intersex Political Activism," in The Transgender Studies Reader, ed. Susan Stryker and Stephen Whittle, New York: Routledge, 2006, p.301.

면 레즈비언이 몸과 기관을 사용하는 것에는 의료적 기대치가 전혀 없기 때문이다. 성할당 수술의 폭력 및 처방적 무게감은 우리로 하여금 모니크 위티그의 신화적 주장 "나는 어떤 질도 갖고 있지 않다"를 올바로 보게 한다.91 이 겉보기에 일관적이지 않은 문장이 의미하는 것은, 이성애 규범적 인식론에서 성 기관과 성적 실천을 융합하는 인과 관계를 고려했을 때, 하나의 몸이 하는 성 활동의 근본적인 변형은 어떻게든 기관의 변이와 새로운 해부학적-정치적 질서의 형성을 수반해야 한다는 점이다. 새로운 간성운동은 이성애 규범성 바깥에 존재하는 해부학적-정치적 질서에서 살아갈 권리, 성교할 권리를 요구한다. 바로 이것이 대항성이 의미하는 바이다.

이제 남성 할당의 경우로 돌아와 보자. 만일 간성 신생아가 적어도 하나의 Y염색체를 가지고 있다면, 그 아이는 유전학적으로 남성으로 간주될 것이다. 이러한 상황에서 의문은 이른바 남근 조직이 안드로겐에 기반한 호르몬 치료에 긍정적으로 반응하여 미세-남근이나 미세-음경의 크기를 확대할 수 있는지 여부이다. 그러나 간성 아기의 몸은 염색체 분석을 이차적인 진리의 영역으로 격하시키는 육안 검사에 종속된다. 생식기의 "길이", "크기", "정상적 외관"이 염색체 검사에 적용되는 기준을 대체한다.

이러한 의료절차가 회복하기를 바라는 것은 근원적이라고 가정되는 인정의 순간으로, 이 순간에 그 몸을 남자나 여자로 지정하는 것은

---

91 "나는 어떤 질도 갖고 있지 않다(Moi, je ne n'ai pas de vagin)"라는 문장은 모니크 위티그가 쓴 것이다. 다른 이야기에 따르면, 그녀는 이 문장을 1980년대 내내 페미니즘 컨퍼런스에서 말하고 다녔다.

자궁 내 시각화(즉 초음파)든 자궁 외 시각화(출생의 순간)든 그것을 통해서 우리가 동일한 것에 대해 받은 첫인상과 일치한다. 소아 수술은 진리의 두 가지 질서, 즉 '염색체의 조합'과 '생식기 조직의 시각적인 형태학적 재현'으로부터 발생하는 모순을 해결하고자 한다. 그러나 이 전투는 은유와 재현의 장 안에서 이미 발생하고 있다. 둘 다 염색체 지도와 해부학 지도라는 점에서 지도제작 체계이다. 마지막으로 성별화된 사회적 몸을 제작하는 임무에 직면하여 간성 몸의 분류는 근본적으로는 염색체적인 것이 아니라 시각적이다. 그것은 마치 해부학적 기관과 이상적인 이분적 성질서 간의 관계를 확인함으로써 참된 젠더를 확립하는 일을 눈에게 맡긴 것과 같다. 달리 말해 이성애 중심적인 성차 체제의 바깥에 있는 몸은 단순히 보여질 수 없다. 괴물이나 실수가 아닌 다른 어떤 것으로 볼 수 있는 시각적 체제는 없다. 따라서 우리는 간성 해부가 (용어상 모순처럼 보인다는 점에서) 비가시적이라고 말할 수 있다.

　　이러한 성 할당 절차는 배타적인 대립틀 내에서 두 섹스/젠더 중 하나에 모든 신체를 포함시키는 것을 보장한다. 간성 신생아의 몸에 양립할 수 없는 대립항의 현존은 기형으로 해석되거나 심지어는 생식기 조직이 한 순간에 젠더로 구별되지 않는 태아의 발달 중에 일어난 정지arrest로 해석된다. 머니, 에르하르트, 햄프슨 등이 보기에 간성은 퇴행의 사례이거나 병리학적 태아발달의 사례였다. 그러나 머니는 이러한 해부학적 모호함이 성질서의 안정성에 문제를 일으킬 수 있다는 점을 결코 인정하지 않았다. 그들은 제3의 성이나 아니 더 올바르게는 n+1개의 성을 구성하지 않았다. 대신에 그들은 성질서의 안정성을 강화했다. 간성 기관은 "나쁜", "미발달된", "기형적인", "불완전한" 것으로 기술되었다. 즉 그들은 어떤 경우에서도 참된 기관으로 인정되지 않았으며 오히려 정상의 규칙을 입증하는 병리학적 예외로 인정되었다. 데카르트의 사악한 악마처럼, 기형적인 성기는 우리를 속이고, 우리의 지각에 덫을 놓고, 우리로 하여금 젠더를 오판하는 쪽으로 이끌었다. 오로지 의료 테크놀로지(언어 테크놀로지, 수술 테크놀로지, 호르몬 테크놀로지를 포함하는)만이 간성 기관을 이성애적 인식체제의 지각질서로 재통합하여, 참된 성을 (악의적으로 숨기는 대신) 드러내는 방식으로 간성 기관을 우리의 시선의 진리에 (남자나 여자로) 일치할 수 있게 만든다.

케슬러에 따르면, 성-할당 기준은 과학적이지 않고 미학적이다. 즉 시각과 재현은 성-할당 과정에서 진리 창조자의 역할을 한다. 시각은 성차를 창조한다. 트랜스성·간성·트랜스젠더 연합이 가하는 압력을 받아 이러한 미학적 기준이 의문에 붙여진 것은 아주 최근의 일이다. 가령 우리는 이제 기회가 주어지면 F2M 트랜스성의 대다수가 남근 성형보다는 수술을 하지 않거나 '메토이디오 플라스티'(클리토리스를 4cm까지 확대하는 수술)를 선택한다는 것을 알고 있다. 우리는 또한 게이나 레즈비언 환자가 성전환수술을 받은 후에 이성애자 무리에 들어갈 것이라고 보는 의료적 예측에도 불구하고 수많은 F2M 트랜스들이 수술 후에 게이 남성이나 범성애자로 살거나 수많은 M2F 트랜스가 레즈비언이나 범-성애자로서 여성적 삶을 산다는 것을 알고 있다.

대항성적 관점에서 보면, 이성애적인 지식체제는 우리가 푸코와 함께 '배제적 포함'의 생체정치적 의식ritual이라 부르는 것에 따라 작동한다.[92] 차이나는 몸은 삭제되는 것이 아니라 이성애적 시각체제 내에 포함되기 위해 물리적으로 변형된다. 과학적 기준과 미학적 기준은 가부장적인 정치적-시각적 법률을 강화하기에 이른다. 즉 충분하게 발달된 외부 생식기를 결여했거나 외부 생식기가 시각적으로 음경으로 인식될 수 없는 모든 몸은 정치적으로 처벌되고 여성과 동일시된다. 바로 이것이 성을 제작하는 절단 행위이다.

우리가 음경이 없거나 너무 작은 음경을 가진 채 태어난, 따라서 여성 젠더로 재할당되는 유전학적 "남자" 아기의 사례에서 볼 수 있듯이, 신생아의 성의 진리는 규범적인 이성애 사회의 기준에 부합하느냐에 기초하며, 머니가 말했듯이 그에 따라 "생식기를 이용한 [이성애적] 성에 참여할 수 없는 개인"의 생산은 성 할당이나 재할당에서 저질러 질 수 있는 "최악의 실수"이다.[93]

간성 신생아에게 성을 할당하는 작업은 수행적 성애화 과정이다. **클리토-음경, 음경-클리토리스, 미세-남근, 미세-음경** 등의 명칭은 존재하는 기관을 기술하는 것이 아니라 그 대신 생산될 예정인 성에 기초해 주어진다. 한 기관의 이름은 늘 처방적 가치를 갖는다.

신생아가 하나의 X염색체와 하나의 Y염색체를 가진다면, 즉 유

---

92 Michel Foucault, Discipline and Punish: The Birth of the Prison, trans. Alan Sheridan, New York: Vintage, 1977, p.180. [한글본] 미셸 푸코, 『감시와 처벌: 감옥의 역사』, 오생근 옮김, 나남출판, 2000, 270-272쪽.
93 Money cited in Kessler, "The Medical Construction of Gender," p.252.

전학적으로 "남자"로 간주된다면, 그것의 생식기 조직은 그것이 "음경이 될" 능력을 지시하기 위해 미세-남근, 미세-음경, 혹은 심지어 클리토-음경으로 불릴 것이다. 이 경우 성 기관이 (생식 능력 여부와는 상관없이) 발기할 수 있는 정상 크기의 음경 모양을 갖거나 획득할 수 있는지를 알기 위해 의학적 가치평가가 행해질 것이다.

신생아가 호르몬 검사에 긍정적으로 반응하고 그 조직이 자란다면, 테스토스테론에 기반한 국소적 치료를 받아 작은 음경이 발달한다. 호르몬 요법에 반응하지 않는 XY 신생아는 의료 담론에게는 불가능한 모순을 일으킨다. 즉 우리는 유전학적으로 음경이 없는 더 자세히 말하자면 "불충분한 음경을 가진"(즉 호르몬 치료 후에도 2cm보다 더 짧은 음경) 남자 아이에 대해 말하고 있는 것이다. 이 모순을 인정한다는 것은 성별화된 몸의 일관성—그리고 그 결과로서 성 정체성의 일관성—이 발생적 중심(성=성 기관)이 없이 획득될 수 있다는 것을 의미하거나 아니면 그 기관의 일관성 바깥에 있는 성질서가 존재한다는 것을 의미한다.

이러한 이유로 머니와 그의 동료들은, 미세-음경이나 작은 음경이 "남자" 아이에게 야기할 수 있는 "정체성 위기"를, 이 신생아의 대다수에게 여성 젠더를 재할당함으로써 회피하는 것이 훨씬 더 현명할 것이라고 생각했다. 이 경우 미세-남근은 음경-클리토리스라고 불렸으며, 이후에 그것은 완전한 질 성형을 통해 짧아지거나 변형되었다. 머니에게 있어, "남성임maleness"은 유전적 기준(하나의 Y염색체와 하나의 X염색체를 가진)이나 정자 생산에 의해 정의되는 것이 아니라 미학적 기준, 즉 "적당한 크기를 가진" 골반의 돌출부의 보유에 의해 정의된다. 이러한 센치미터 정책의 결과, 최소 크기의 필요조건을 충족한 좋은 모양의 음경이 부재한 간성 XX 아기와 XY 아기의 대다수는 여성 젠더로 할당된다.

신생아가 두 개의 X염색체를 가졌다 하더라도, 정상 크기, 좋은 모양의 음경을 가질 때에만 의학은 남성 성을 재할당할 수 있다고 생각한다. 머니에 따르면, "정상" 음경의 "거세"는 부모에게 설명하기 어렵고, "뇌 구조의 태아 남성화는 [이 간성 아이들을] '여자아이로 길러질 때조차 거의 변함없이 선머슴같이 행동하는 아이로 성장하게 만드는' 경향이 있을 것이다."94 머니가 말하고 있는 것은 엄마와 아빠(당연하다고 여겨지는 이성애 규범적 커플)에게 그들의 작은 꼬마tyke가 정말로 작은 다이크dyke일 것이라고 설명하는 것이 어렵다는 점일 것이다. 그러한 모든 의구심에 먹이를 주지 않는 것이 더 낫다고 확신했던 머니는 유전학적인 여자의 몸에서조차 남성 정체성을 유도할 수 있는 능력이 음경에게 있다고 믿었다.

간성 아이들의 경우에는 적어도 4가지 테크놀로지가 동원된다. 인식론적인 수준에서, "간성인"은 본질주의적인 유전자 테크놀로지와 구성주의적인 수술 테크놀로지와 대립한다(하지만 그것들을 작동하게 만든다). 제도적인 수준에서 간성인은 변형 테크놀로지들 및 고정 테크

---

94 John Money, "Hermaphroditism and Pseudohermaphroditism," in Gynecologic Endocrinology, ed. Jay J. Gold, New York: Hoeber, 1968, p.460, quoted in Kessler, "The Medical Construction of Gender," p.251.

놀로지들과 대립한다(하지만 그것들을 협동하게 만든다). 처음 두 가지 테크놀로지는 의료공간에 속하고, 우리가 정상적이라고 부르는 성적인 몸을 생산하는 열쇠이다. 이 두 테크놀로지는 질병에서 건강으로, 괴물성에서 정상성으로의 이행의 길을 연다. 세 번째와 네 번째 테크놀로지는 학교와 가정과 같은 공적 제도와 사적 제도 모두에 속하고, 성별화와 "젠더화"로의 견인을 보장한다.

이러한 때로는 대립적이고 때로는 보충적인 테크놀로지들 간에 존재하는 긴장을 고려했을 때, 성 할당에 있어 결정적인 것은 시간 요인이다. 한 아이의 섹스/젠더가 상대적으로 늦게 할당될 수 있다는 사실, 즉 출생과 성 할당 간에 시간적 경과가 있을 수 있다는 사실은 성의 진실을 생산하는 테크놀로지들에서 행하는 결단 및 선택이 우발적 본성을 갖고 있음을 드러내기에 충분하다. 가령 가정제도와 교육제도가 젠더가 없는 몸을 재성별화·재젠더화하는 자신들의 기계적이고 재생산적인 과업을 수행할 수 없다는 점을 고려했을 때, 사회제도와 의료담론은 성 할당의 맥락에서는 "마감기한"의 압박에 시달린다. 그리고 부모는 형태학상으로나 염색체상으로 모호하다 할지라도 의사가 자기 아이의 성을 빨리 규정할 것을 요구하는 마지막 인물이 아닌 것이 확실하다. 비록 케슬러가 가족들이 성-할당 과정에 압력을 가한다는 점을 인정하긴 하지만, 그는 한 의사가 지적했듯이 부모는 "남아인지 여아인지가 분명해져야 집에 가서 자녀 양육자로서의 자신들의 일을 한다"고 말한다.[95] 그래서 부모자식 간 유대를 형성하고 아이들을 교육하

---

95 Kessler, "The Medical Construction of Gender," p.244에서 인용.

기 위해 성과 젠더를 요구하지 않는 퀴어 부모를 숙고하는 일이 처음으로 필요해지는 것이다.

머니가 주장했듯이, 섹스/젠더 정체성은 한 아이가 대략 18개월이 될 때까지는 변경될 수 있는데(호르몬 치료와 외과수술은 청소년 이후까지 계속할 수 있긴 하다), 그것은 늦은 변화가 불가능하기 때문이 아니라(성의 변화나 성전환자를 위한 재할당 수술을 목격하기에), 아동기를 넘어서도 성적인 모호함이나 유동성이 있다는 정치적·사회적 결론을 의료 담론이 대면할 수 없기 때문이다. 머니에 따르면 바로 이것이 성이 '가능한 한 빨리' — 이는 대개 '즉각적으로'나 '첫눈에', 그리고 그 순간에 '결정적'이면서 '되돌릴 수 없이'를 의미한다 — 할당되어야 하는 이유이다.

성형외과와 내분비학의 발달, 트랜스성에서 여성성의 기술적 구축, 호르몬과 외과수술을 통한 이성애 여성의 과잉성애화, 호르몬 피임술 및 체외 생식 기술의 발전, 그리고 유아의 초기부터 성 할당의 기준에 부합하는 음경의 외형 및 크기를 부과하는 일 등은 내가 2차 세계대전 이후 성 지식체제에서의 변화를 확인하고 두 개의 생식모델의 개요를 그리게 한 요인들이다. 하나는 성과 재생산 노동의 분업에 기초를 두며 이는 식민적인 산업 자본주의의 시대에 상응한다. 18세기까지 거슬러 올라가는 이 모델은 성을 성적 재생산과 동일시하며, 근본적으로 자궁에 대한 정치적 관리를 다룬다. 두 번째 모델은 신자유주의적인 탈산업 자본주의에 상응하며, 성적 기표로서의 음경의 안정성, 젠더 수행의 복수성, 그리고 제국주의와 나란히 가는 성 정체성들의 확산, 그리고 기표로서의 서양 음경의 지구화 등으로 특징지어진다. 가령 이성애적 포르노그라피에서 섹슈얼리티의 재현을 지배하는 이 모델은 성을 성 기관의 외형, 그 중에서도 특히 음경의 외형과 동일시하고, 또한 성을 음경이 할 수 있는 최고의 수행과 동일시한다. 이것은 어떤 대가를 치르더라도 도달하는 비아그라와 오르가슴의 새로운 세계 질서이다. 이 두 모델은 백인 이성애 중심의 질서에 의해 창출된 편집증적 꿈을 생산한다. 이 두 유토피아/디스토피아는 그럼에도 불구하고 체계의 구조적 토대인 "모계(비백인) 가족"과 "동성 사회적" 남성 게토를 표현한다. 비록 이 두 모델이 다른 시기에 나타났다 할지라도, 우리 시대에서는 이 두 모델이 상호 배타적이지 않고 중첩된다는 점을 강조하는 것이 중요하다.[96]

19세기에 의학 담론이 자웅동체로 정체를 확인한 경우, 그들이 성 할당의 주요 기준으로 삼았던 것은 난소의 존재 유무였다. 이러한 기관의 경제에서 해부학적 성과 사회적 성의 관계는 재생산 노동의 분업을 반영했다. 음경이 있든 없든 모든 신체는 임신과 출산이 가능하다면 여성으로 할당되었다. "성=성적=자궁" 모델은 "모계 가족"의 유토피아/디스토피아를, 즉 남성의 존재가 강제로 정자의 유통으로 환원되는 재생산 체계(플랜테이션 경제와 같은)를 생산했다. 이 체계는 여성을 통한 "인종"의 전파를 목표로 했으며, 재생산하는 어머니가 끝없이 일하는 전지구적인 식민지 자궁을 창출했다.[97]

---

[96] 이러한 제도들의 더 장기간의 발전에 대해서는, Paul B. Preciado, Testo Junkie: Sex, Drugs, and Biopolitics, trans. Bruce Benderson, introduction trans. Kevin Gerry Dunn, New York: Feminist Press, 2013을 보라.

머니의 수술에 대한 수잔 케슬러의 연구가 제시했듯이, 1950년대 이래로 여성 젠더에의 할당은 유전학적으로 남자의 몸이나 여자의 몸의 가능성이 늘 있었던 반면, 남성 젠더에의 할당은 XY나 XX 염색체를 가지면서 정상처럼 보이는 음경을 지닌 몸에게만 그 여지를 두었다. "성=성적 수행=음경" 모델은 동성사회적 남성 게토의 유토피아/디스토피아를, 즉 발기한 성기들의 성적 낙원을 생산했다. 이 유토피아/디스토피아는 강력한 동성애 사회의 토대/공포증이며, 이 사회에서 탈산업 자본주의는 모든 경제적 가치의 음경화폐(peni$)화 및 역으로 음경화폐의 경제적 가치화로의 변형을 약속하는 것처럼 보인다. (이에 대해서는 이 장의 첫 절 데리다의 가위: 딜도의 논리를 참고하라.)

이 두 번째 모델에서 의학 담론은 내가 존 머니의 "딜도 금기"라 부르는 것에 따라 성(재)할당을 관리한다. "신생아의 남근구조가 '음경 밑 열림'hypospadiac이 있든 아니든, 길이가 평균 이하이며 동년배 남자의 것과 적어도 같은 굵기의 음경을 갖고 있지 않는 한, 아기를 소년으로 양육하려 한다거나, 외과수술이나 호르몬 치료로 소년으로 성을 할당하지 마시오."[98]

딜도 금기는 여성의 몸에 클리토리스 이외에 시각적으로 "음경"

---

[97] 재생산에 대한 이러한 식민지적 인식은 예컨대 E. Franklin Frazier, The Negro Family, 1939; reprint, Chicago: Chicago University Press, 1969에서 확인할 수 있다. 이 글에 대한 해석으로 Angela Davis, Women, Race, Class, New York: Vintage Books, 1981, p.1423를 참고하라.

[98] John Money, "Psychological Counseling: Hermaphroditism," in Endocrine and Genetic Diseases of Childhood and Adolescence, ed. L. I. Gardner, Philadelphia: Saunders, 1975, p.610.

의 일종으로 통할 외부 생식기 부위를 갖지 못하게 금지하는 것이다. 달리 말해 딜도 금기는 결국 성할당이나 성전환에서 음경의 기술적 구축을 금지하는 것이 된다. 젠더들의 사회적 구축 안에 존재하는 이러한 비대칭은 의료적 구축과 성전환 테크놀로지에서 다시 표면으로 부상한다. 바로 이것이 오늘날의 의학 및 법 담론에서 음경이 그 자체 인공물을 넘어서는 위치에 자리잡으면서, 준-초월론적 성격을 띤다고 — 마치 그것이 유일한 본성이기라도 하는 것처럼 — 주장하는 것이 가능한 이유이다. 딜도가 "살아있는 유령"으로서 폭발하는 것은 정확히 이러한 음경의 자연성이라는 왕국 안에서이다.

해러웨이의 인공보철: 성 테크놀로지들

성을 "테크놀로지"라고 부르는 것은 모순적으로 보일 수 있으며 심지어 지속이 불가능한 것으로 보일 수 있다. 테크놀로지와 자연 간의 전통적 대립을 무시하는 성에 대한 정의는 일관성이 없어 보일 위험이 있지 않을까? 자본주의 내에서 첨단 기술은 늘 새롭고, 계속해서 개선되고 있고, 항상 더 빠르고, 항상 변화하기 쉬우며, 따라서 역사와 시간의 바로 그 동력인 것처럼 보인다. 그와는 반대로 성은 젠더와의 대립(역사적이고 비자연적이며 구성적인 젠더의 특성은 1980년대와 1990년대에 사회학적이고 페미니즘적인 담론에 의해 철저하게 폭로되었다)으로 인해 변화와 변형에 저항하는 안정된 초문화적 틀로 계속해서 서술되고 있다. 성은 테크놀로지들이 그것들의 젠더 구성 작업을 마친 이후에는 자연의 최후의 잔재처럼 보일 수 있다.

테크놀로지(이는 퓌지스 즉 "자연"과 대비되어 "장인정신"을 의미하는 테크네에서 연원한다)라는 말은 자연/인공, 유기체/기계, 원시/현대와 같은 일련의 이원적 대립 — "도구"는 이 두 항들 사이에서 매개적 역할을 한다 — 을 작동시킨다. 기술 발전에 대한 실증주의적 서사(여기서 인간은 야만적 본성을 유순하게 길들이면서 지배하는 주권적 이성으로 제시된다)와 종말론적이고 반기술적인 서사(가령 부정적 지평의 바로 그 문턱에 자리잡은 폴 비릴리오가 했던 예언들은 영토의 안전을 감시하고 치명적인 합리성이 뿜어져 나오는 기계의 우발성을 기록하고 자연을 파괴하고 집어삼키는 일에 관한 것이다)는 형이상학적인 공통 전제, 즉 자연으로서의 살아있는 몸(한계이거나 제1질서)과 테크놀로지로서의 무생물 기계(이것은 해방적이거나 왜곡되거나 둘 중 하나이다)의 대립이라는 전제를 가진다.

도나 해러웨이는 인류학적인 식민 담론 안에서 인류에 대한 정의가 어떻게 다음과 같은 테크놀로지 개념에 좌우되는지를 보여준 바 있다. 즉 "인간"은 무엇보다도 우선 "영장류"와 "여성"과는 반대로, 도구를 사용하는 동물로 정의된다.[99] 해러웨이는 영장류학 담론에 대한 자신의 비판적 분석을 통해 19세기와 20세기 초의 식민주의적인 인류학이 테크놀로지/자연의 대립, 도구/성의 대립으로 남성의 몸과 여성의 몸을 정의했음을 보여준다. 테크놀로지는 특정한 인간 공동체가 도달한 문화, 합리성 및 진보의 정도를 규정하는 식민통치자의 기준이다. 지배적인 식민주의 서사에서 여성과 "원주민"은 기술이 부족한 것처럼 서술되고 따라서 "자연"의 일부이자 "백인"이 지배하고 착취해야 하는 천연자원이 된다.

그러므로 "테크놀로지" 개념은 종(인간/비인간), 젠더(남성/여성), 인종(백인/흑인), 문화(선진/원시)가 구조화되는 핵심 범주이다. 남성의 몸은 테크놀로지에 의해 확립된 관계를 통해 정의된다. "도구"는 남성성을 확장하거나 심지어 그것을 대체한다. 전통적인 인류학이 아프리

---

[99] Donna Haraway, Primate Visions: Gender, Race, and Nature in the World of Modern Nature, New York: Routledge, 1998, p.9.

카 여성들이 발전시킨 임신 및 교육의 기술을 그 말의 엄밀한 의미에서 테크놀로지로 간주하지 않았음을 고려해볼 때,[100] 여성의 몸은 어떤 종류의 도구적 정교화와도 이질적인 것으로 간주되고, 순수하게 "성적인" 것으로 정의된다. 인류학 담론은 여성의 몸을, 인간 남성의 몸과의 관계 속에서 구축했을 뿐만 아니라 또한 발정 주기를 결여하고 있기에 늘 성적인 몸으로 특징지어지는 영장류 암컷의 몸과의 관계 속에서 구축했다. 이러한 정의는 (남성들의 경우처럼) 도구를 획득하는 능력에 기반한 것이 아니라, 오히려 성행위와 임신의 규칙성에 기반한 것이다. 해러웨이가 조사했듯이, 고전적인 인류학에 따라 여성 인간의 몸은 영장류 암컷의 몸과는 다른데, 그것이 늘 (이성애적) 성을 위해 이용되어야만 하기 때문이다. 바로 이것이 가정 내 출산이라는 정언명령을 위해 만들어진 몸의 관습이다.

테크놀로지와 성은 유럽의 식민주의적인 인류학 담론에서의 전략적 범주들로, 이는 남성성을 기술적 장치와 관련시키고, 여성성을 성적인 이용가능성과 관련시켜 기술한다. 그러나 겉보기에는 자연과 여성의 몸에 국한된 "성적 재생산"은 처음부터 문화적 테크놀로지 — 특정한 성관행, 피임 및 낙태 체제, 출산 동안의 의료절차와 종교적 의례 등 — 에 의해 "오염"되었다. 인류학 안에서 해러웨이가 그랬듯, 장 프랑수와 리오타르는 형이상학 담론을 허물면서 자연과 테크놀로지가 과

---

[100] 임신 및 교육의 기술에 대한 흥미있는 논문을 모은 것으로, Jan Zimmerman, ed., The Technological Woman: Interfacing with Tomorrow, New York: Praeger, 1983를 보라.

학 담론과 인류학 담론에서는 대립하는 범주들이라면, 둘 다 현실에서는 "자연 출산"과 긴밀하게 연결된다고 주장했다.101 테크놀로지 개념과 섹슈얼리티 개념 사이에는, 인류학이 숨기려고 하지만 그럼에도 불구하고 테크네라는 말의 그리스어 뿌리 뒤에서 팔랑거리는 공모가 있다. 아리스토텔레스의 인간 출산에 관한 이론은 정자를, "껍질 속 인간"men in nuce, "호문쿨리[정액 안에 담긴 소인小人]"를 담고 있는 액체로 묘사했다. 난소가 발견된 17세기 전까지는 반박되지 않았던 이 이론은 출산을, 남성이 기술자이고 여성이 자연적 번식지인 육체적 농업 테크놀로지로 이해했다. 리오타르가 주장하듯이, 그리스어 표현인 테크네("낳다"나 "생산하다"를 의미하는 동사 틱토tikto의 추상적 형태)는 인공적인 생산 형태와 자연적 발생 모두를 지시한다. "발생기"를 의미하는 그리스어는 테크노테스teknotes이고, 생식 세포를 의미하는 말은 다름 아닌 테크논teknon이다. 문화적 모순의 주된 사례인 테크놀로지는 인공 생산(테크네=포이에시스)과 성적이거나 "자연적인" 재생산(테크네=창조)을 모두 지시한다.

그러나 테크놀로지와 성적 재생산 간의 이러한 연결을 처음으로 지적하고 분석했던 것은 페미니즘의 비판이었다. 1970년대 초반 페미니스트들은 여성의 몸에 대한 기술적 전유의 정치적 역사를 쓰려고 했다. 페미니즘 담론이 여성의 몸을 자연적 역사의 산물이 아니라 정치적 역사의 산물로 지칭하게 한 힘이 20세기의 가장 위대한 인식론적

---

101 Jean-Franois Lyotard, "Logos and Techne, or Telegraphy?" in The Inhuman: Reflections on Time, trans. Geoffrey Bennington and Rachel Bowlby, Stanford, Calif.: Stanford University Press, 1991, p.52.

단절 중 하나였음은 의심의 여지가 없다. 여러 페미니스트들이 보기에, 테크놀로지는 여성의 몸을 대상화하고 통제하고 지배했던 다양한 기술들(도구나 기계만이 아니라, 유전자 검사에서 피임약, [분만시] 마취제에 이르는 도구와 기계의 사용을 좌우할 절차나 규칙 등)을 불러냈다. 그럼에도 불구하고 도나 해러웨이 이전까지는 "테크놀로지"에 대한 대부분의 페미니즘 분석(가령 이렇게 이뤄진 분석에는 바바라 에런라이크Barbara Ehrenreich, 지나 코레아 Gena Corea, 에이드리언 리치 Adrienne Rich, 메리 데일리Mary Daly, 린다 고든Linda Gordon, 이블린 폭스 켈러Evelyn Fox Keller 등의 것이 있다)은 성 테크놀로지를 일군의 재생산 기술들로 축소시켰다. 이런 식의 페미니즘 행보가 지닌 어려움은 그것이 여성이라는 범주를 본질화하고 동질화하는 함정에 빠진다는 점에 있으며, 또한 이 작업은 대체로 여성의 몸과 섹슈얼리티를 재생산 기능과 융합시키는 데 이르고, 테크놀로지가 여성의 몸을 재현하는 위험(지배, 착취, 소외)을 강조하는 데 머문다. 이러한 페미니즘은 성 테크놀로지에 대한 비판을 발전시킬 두 가지 핵심적인 기회를 놓친다. 첫째, 그것은 여성의 차이에 대한 분석에 초점을 맞춤으로써 남성 몸과 젠더 정체성이 구축된다는 특성을 간과했다. 둘째, 이러한 페미니즘은 모든 형태의 테크놀로지를 가부장적 지배에 복무하는 장치로 악마화함으로써 지배에 저항하는 가능한 정치적 전략으로서 테크놀로지의 반체제적 사용이나 기술의 퀴어화를 상상할 수 없다.

남성이 여성의 몸을 지배하는 정교한 방식이라는 이유로 테크놀로지를 거부하는 페미니즘은 모든 형태의 테크놀로지를 가부장제에 동화시키는 것으로 귀결된다. 이런 식의 분석은 자연과 문화, 여성과 남성, 동물과 인간, 원시와 개발, 재생산과 생산 등의 이원적 대립을 갱신하고 영구화한다. 이러한 페미니즘의 **부정적** 진단에 따르면, 테크놀로지의 궁극적 목적은 단지 자궁의 생식력을 전용하는 데 있으며, 또한 더 나아가 인공 자궁을 증여하고 제조하는 식의 미래의 생명공학적 복제 덕분에 "생물학적 여성"(선하고, 자연적이며, 순수한)을 "기계 여성"으로 대체하는 데 있다.102 이러한 페미니즘의 서사들 중 몇몇은 트랜스젠더 여성을 가부장적인 자본주의적 테크놀로지의 악마적 산물로 간주한다.103 안드레아 드워킨의 것과 같은 또 다른 첨단의 디스토피아적 설명에 따르면, 여성은 재생산적인 사창가에서 생활하게 되는데 이 사창가에서 여성은 이성애 남성을 섬기는 생물학적·성적인 기계 상태로 전락하게 된다.104

이러한 페미니즘 비판의 대부분은 자연과 결합하기 위해 강압적이고 억압적인 남성 권력과 근대 테크놀로지로부터 여성의 몸을 해방시킬 반-테크놀로지 혁명을 요구한다. 그러나 실제로 1970년대와

---

102 Gena Corea, The Mother Machine: Reproductive Technologies from Artificial Insemination to Artificial Wombs, New York: Harper and Row, 1985.

103 이러한 폭력적인 서사의 가장 유명한 사례로, Janice G. Raymond, The Transsexual Empire: The Making of the She-Male, New York: Teachers College Press, 1979이 있다.

104 Andrea Dworkin, "Sexual Economics: The Terrible Truth," in Letters from a War Zone, New York: Lawrence Hill Books, 1993, p.117~125.

1980년대의 이러한 페미니즘 이론들은 이중적인 재자연화로 귀결되었다.

한편으로 성 테크놀로지에 대한 비난으로 여성의 몸은 완전히 자연적인 것으로 제시되고, 남성의 지배권력은 통제와 소유의 테크놀로지로 변형되어 여성의 가장 본질적인 능력이라고 생각되는 것인 재생산에 행사되는 것으로 간주되었다. 재생산은 기술력이 사용되어져야 하는 여성의 타고난 능력, 원료로 묘사되었다. 이 담론에서는 늘 여성이 자연이고 남성이 테크놀로지이다.

시몬 드 보부아르가 젠더의 탈자연화에 대한 개념적 과정을 개시했다 할지라도, 그녀는 자신의 구성주의적 분석을 젠더로서의 남성 및 남성성으로 확장하는 데에는 실패했다. 비록 "누군가는 여성으로 태어나는 것이 아니라 여성이 되는 것이다"라는 그녀의 말이 20세기 내내 페미니즘의 진화를 추동했다 하더라도, (제이콥 헤일Jacob Hale, 잭 햅버스탬, 델라 그레이스 볼케이노Del LaGrace Volcano 등에 의해 알려진) 1990년대 퀴어와 트랜스페미니즘적 이행이 있기 전까지는 페미니즘이 자신의 남성적 일탈 — "누군가는 남성으로 태어나는 것이 아니라 여성이 되는 것이다" — 을 감행한 적은 없었다. 1970-80년대 내내 라캉의 정신분석의 끝없는 노래가 "여성은 존재하는가?"라고 물으며 라깡 자신에서부터 크리스테바에 이르는 셀 수 없이 많은 회의주의적 목소리로 불리었다. 하지만 그와 상관관계가 있는 "남성은 존재하는가?"라는 목소리는 최근에 남성성 연구가 등장하기 전까지는 들리지 않았다. 이와 마찬가지로 1980년대 위티그는 "레즈비언은 여성이 아니다"라고 주장했지만, 20여 년이 지나는 동안 이러한 전쟁선포가 그것의 가장 분명한 함의인 "게이 남성은 남성이 아니다"로 이어지진 않았다.

본질주의적(생식기중심적, 재생산적) 페미니즘은 모성과 재생산, '여성적 차이의 재자연화'에 대한 보수적 입장으로 후퇴했다. 그러나 이른바 구성주의적 페미니즘은, 젠더 개념을 둘러싼 수많은 사회적·정치적 차이의 접합 덕분에 훨씬 더 지적으로 능수능란함에도 불구하고, 거울-이미지의 함정에 빠졌다. 첫째, 구성주의적 페미니즘은 여성성이 광범위한 권력 테크놀로지 절차의 인공적 결과라고 주장함으로써 남성성이 그 자신의 기술적 권력에 굴복할 필요가 없는 것처럼 여겨지기에 역설적으로 자연적인 것처럼 보이는 남성성을 만들어냈다. 남성성은 결국 유일한 자연으로 남았던 반면, 여성성은 부단한 구성 및 변경 과정에 종속되었다. 1950년대 이후 패션·성형·재생산·약물 테크놀로지가 여성의 몸을 자신의 주요 타겟으로 삼았다는 사실이 이러한 논지를 확인시켜주는 듯하다. 이러한 접근법이 가진 문제는 테크놀로지와 자연 간의 바로 그러한 대립을 의문시하는 대신 테크놀로지가 주어진 자연을 **변경**한다고 주장한다는 데에 있다. 구성주의적 페미니즘이 빠진 두 번째 함정은 젠더와 성 간의 대립을 사회적 구성과 자연 간의 적대로 다룬다는 점이었다. 구성주의적 페미니즘은 젠더의 구축된 성격을 역사적-문화적 변수로서 강조함으로써 결국 몸과 성, 생식기를 다시 본질화시켰는데, 그들은 몸과 성, 생식기를 문화적 변이가 극복할 수 없는 자연적 한계에 만나는 장소로 여겼다.

그러나 성과 젠더 사이에는 어떠한 엄격한 대립도 없다. 이 두 개념은 몸에 대한 다른 인식체제에 속할 뿐이다. 근대적 성 개념과 성차 개념이 자연에 의해 주어지고 본질적으로 불변한다고 가정된 반면, 1950년대에 "간성 아기"의 형태학적인 성차를 기술적으로 관리하는 과정에서 발명된 젠더 개념은 변화와 가변성을 강조한다.

푸코의 테크놀로지 개념의 강점은 첫째, 테크놀로지를 대상·도구·기계 및 기타 메커니즘의 집합으로 환원적으로 이해하는 것을 피하고, 둘째, 성 테크놀로지를 생식의 관리와 관련된 테크놀로지로 환원하는 것을 피하는 데 있다. 푸코가 보기에 테크놀로지는 도구·텍스트·몸·기구·제도 및 사회적 의례, 신체에 대한 담론 및 규격화, 프로토콜과 절차, 삶을 극대화하는 법률과 규칙, 몸의 쾌락과 진리 진술의 규제를 포괄하는 권력과 지식의 복합적 장치다. 성 및 젠더 테크놀로지의 가장 큰 위업은 여성 몸의 변형에만 있는 것이 아니라 특정한 정치적 차이를 유기체로 만들어낸 데 있다. 나는 이러한 권력관계의 자연화 및 물질화 과정을 "인공보철적인 젠더 생산"이라고 부른다.

1970년대 말엽 푸코는 섹슈얼리티에 관해 생각할 때면 강박적으로 테크놀로지 관념으로 되돌아왔다. 너무 많은 캉길렘? 혹은 샌프란시스코의 밀실에서의 너무 많은 주먹-성교? 이 아직은 대답되지 않은 질문은 향후 대항성 연구의 주제가 될 것이다. 어쨌든 우리는 1982년 세미나에서 푸코가 다음과 같이 주장했다는 것을 알고 있다. "25년 이상이라는 세월 동안 나의 목표는, 우리의 문화 속에서 인간이 자기 자신에 관한 앎을 발전시킨 상이한 방식이었던 경제학·생물학·정신의학의학·형벌학의 역사를 소묘하는 일이었다. 여기서 주요한 점은, 이러한 앎을 액면 그대로 수용하지 않는 일이다. 그 대신 소위 학문이라 불리는 이러한 앎을, 인간이 자기 자신을 이해하기 위해 사용한 특정한 기술과 관련된 바로 그 특정한 '진실 게임'으로 분석하는 일이다."[105] 그는 이어서 다음의 4가지 주요한 테크놀로지 유형을 언급한다. 우리로 하여금 사물을 변형하거나 조작하게 하는 생산의 테크놀로지, 기호체계의 테크놀로지, 권력의 테크놀로지, 자기의 테크놀로지.

이러한 "테크놀로지" 개념을 통해 푸코는 1960-70년대에 유통된 권력 모델들에 의해 제출된 아포리아를 없앨 수 있었다. 첫 번째 모델은 법적인 자유주의적 법 모델로, 이에 따르면 주체는 본성상 주권이며, 주체의 주권은 법에 의해 인정되고 검증되어야 한다. 이 모델에 따르면 권력은 중앙집중화되고 국가나 사법제도와 같은 실증적 제도에서 나온다. 푸코는 권력을 소유/양도하는 자율적이고 주권적인 주체 관념을 포기하고 특정한 권력 관계의 산물인 국지적이고 상황적인 주체화 과정이라는 개념을 긍정했다.

동시에 푸코는 권력이 경제구조에서 나온다는 식의 이데올로기/혁명관을 폐기한다. 이러한 관점에서 보면 권력은 늘 변증법적이며, 집단들을 서로 대결시킨다(고전적 해석에서는 부르주아지 대 프롤레타리아트를, 마르크스주의적 페미니즘에서는 남성 및 가부장제 대 여성을).

---

[105] Michel Foucault, "Technologies of the Self," in Technologies of the Self: A Seminar with Michel Foucault, ed. Luther H. Martin, Huck Gutman, and Patrick H. Hutton, Amherst: University of Massachusetts Press, 1982, p.1718. [한글본] 미셸 푸코, 자기의 테크놀로지, 『자기의 테크놀로지』, 이희원 옮김, 동문선, 2002, 35-36쪽.

테크놀로지를 생산적인 권력체계로 정의함으로써 푸코는 권력이 사회적·심리적·물리적 제재와 결합된 금지로 실행된다고 주장하는 강압적이고 억압적인 권력 모델(가령 정신분석학의 "억압 가설")을 거부했다.

푸코에게 있어 테크놀로지는 일종의 인공적인 생산적 미시권력이며, 이는 위에서 아래로 작동하는 것이 아니라 사회의 모든 수준(추상적인 국가의 수준에서 육체성의 수준까지)에서 순환한다. 바로 이것이 성과 섹슈얼리티가 우리의 가장 친밀한 욕망의 완전한 발달을 방해하는 억압적 금지의 효과가 아니라 광범위한 생산적(단순히 억압적인 것이 아닌) 테크놀로지의 결과인 이유이다. 그러므로 성을 통제하는 가장 강력한 방식은 특정한 실천의 금지를 통해서가 아니라 자연적 성향(남성/여성, 이성애/동성애 등)에서 비롯된 것처럼 보이면서 또한 결국 물화되어 "성 정체성"과 같은 객관적 용어로 기술되는 다양한 욕망 및 쾌락의 생산을 통해서이다. 훈육적인 성 테크놀로지는 억압 메커니즘이 아니다. 훈육적인 성 테크놀로지는 상이한 지식-쾌락 주체 위치를 창출하는 재생산적인 욕망 및 지식의 구조이자 테크놀로지이다.

젠더 인공보철

푸코의 "성 테크놀로지" 개념에 의지하면서, 대항성은 "본질주의"와 "구성주의" 간의 끝없는 논쟁을 극복한다. 구성주의자들은 우리에게 남성 범주와 여성 범주가 자연적이지 않으며, 그 범주들이 시간 및 문화의 변화에 종속된 문화적으로 규범적인 이념으로 구성되었다고 말한다. 본질주의자들은 정신분석적 키치("아버지의 이름" 혹은 "상징질서")에서 파생된 모델들과, 성차와 젠더 차이가 유전자 구조, 염색체 구조 혹은 신경구조 — 문화적 차이와 역사적 차이를 넘어서 지속하는 변이들 — 에 의존하는 생물학적 모델들에서 피난처를 찾는다.

섹스/젠더 구별은 오늘날의 페미니즘과 게이, 레즈비언 및 퀴어 이론의 중심이 되고 있는 본질주의와 구성주의 간의 구별과 점점 더 나란히 거론된다. 이는 성 및 성차와 관련된 모든 것(예를 들어 생식과 관련된 생물학적 기능)이 본질주의적인 인식틀에 가장 잘 포함될 수 있는 반면, 상이한 역사적·사회적 맥락에서의 성차의 사회적 구성물인 젠더가 구성주의적 모델의 도움으로 가장 잘 이해되는 것과 같다. 그럼에도 불구하고 본질주의적 입장과 구성주의적 입장은 공통적인 형이상학적 기반을 가지고 있다. 두 모델 모두 정신과 물질, 정신과 육체 사이의 기계적인 외부적 관계라는 근대적 전제에 의지한다. 이 전제는 가장 급진적인 구성주의적 입장에서도 발견될 수 있다.

성과 젠더를 영혼과 육체의 테크놀로지로 이해하면 이러한 대립의 옆길로 피할 수 있다. 성차와 젠더 차이를 구성하는 사회적 힘으로부터 몸(수동적 질료 또는 저항적 질료로서)을 고립시키는 것은 불가능하다. 현대의 기술과학적 실천은 유기체와 기계체의 차이를 무시한다. 기술 과학은 살아있는 유기체의 특정 구조를 변경하고 고정시키는 데 직접 개입하기 때문이다. 1970년대에 푸코는 삶 자체의 생산 및 통제가 목표인 현대 사회의 이 새로운 국면을 설명하기 위해 **생체정치**라는 용어를 사용했다. 새로운 생명공학은 신체와 문화적 가변성을 통제 및 규제하는 사회 구조 모두에 동시에 **작용하면서** 정박한다.106 "자연적 몸"이 끝나고 "인공적 테크놀로지"가 시작되는 곳을 규정하는 것은 불가능하다. 사이버네틱 이식, 호르몬, 장기 이식, HIV 보균자의 인간 면역 체계의 약물 관리, 인터넷 등은 생체정치적 인공물의 그저 몇몇 사례에 불과하다.

나는 본질주의/구성주의 논쟁을 통해 이 입장들이 공유하는 의식과 정신이 비물질적인 것으로 간주되고 물질성은 엄격하게 기계적이고 영혼이 없는 것으로 간주되는 서양의 형이상학적 몸 개념에 대한 의존성을 폭로하는 간단한 우회로를 택했다.107 그러나 내가 대항성적인 관점에서 관심을 갖는 것은 테크놀로지와 신체 간의 난잡한 관계이다. 구체적으로 말하자면 테크놀로지는 어떻게 신체를 "통합" 혹은 달리 말해 "제작"하는가? 이 문제를 더 잘 파악하기 위해 나는 육체 생산의 역사에서 두 가지 수직적 절단을 가하고, 이를 위해 20세기의 두 가지 주요한 기술적 통합의 은유인 로봇과 사이보그로 되돌아가는데, 그로부터 우리는 **성을 테크놀로지로서 생각하는** 발판을 마련할 수 있

---

106 이러한 종류의 혼성화는 암, 에이즈, 기타 질병 등에 관한 의료 담론에서 분명히 확인될 수 있다. 이에 대해서는 Donna Haraway, Simians, Cyborgs, and Women: The Reinvention of Nature, New York: Routledge, 1991. [한글본] 도나 해러웨이, 『유인원, 사이보그, 그리고 여자』, 민경숙 옮김, 동문선, 2002를 보라.

107 서구 형이상학에서의 의식의 탈물질화와 물질의 탈생명화에 대해서는 Jean-Luc Nancy, Corpus, trans. Richard A. Rand, New York: Fordham University Press, 2008. [한글본] 장-뤽 낭시, 『코르푸스』, 김예령 옮김, 문학과지성사, 2012를 보라.

다.

정치적 형상으로서 로봇과 사이보그는 식민적 자본주의의 역사와 분리될 수 없다. 로봇이라는 관념은 1920년경 카렐 차페크Karel apek라 불리는 체코의 엔지니어108에 의해 처음 개발되었다. **로봇**이라는 말은 기본적인 결정을 내리는 데 필요한 작업을 수행할 수 있는 모든 종류의 자동 메커니즘을 지칭했다. 차페크는 일종의 "인공 노동자"를 제조하기를 희망했는데, 이 노동자는 일괄조립라인에 서 있는 인간 노동력을 대체할 수 있다고 보았다. (체코어 로보타robota는 "강제 노동"을 의미한다.)

로봇의 소임은 "자동장치"의 설계, 즉 인간의 모습을 한 움직이고 행동할 수 있는 기계에 있다. 그러나 흔히 말해, **로봇**은 "자동장치 상태로 환원된 인간"을 의미한다. 로봇을 통해 신체는 역설적이게도 "기관"과 "기계" 사이에 갇히게 된다. 얼핏 보면, 유기체와 기계체는 대립하는 등록기register와 관련되는 것처럼 보인다. 유기체가 자연, 생물을 따르는 데 반해, 기계체는 도구와 인공장치에 의존하기 때문이다.

그렇지만 이 두 용어가 항상 분리되었던 것은 아니다. 그리스어 에르곤ergon에서 파생된 오르간[기관]은 다른 조각과 결합되는 도구나 조각을 지칭하며, 어떤 규제된 과정을 행하는 데 반드시 필요한 것이

---

108 [옮긴이주] 카렐 차페크(1890~1938)는 체코의 엔지니어가 아니라 체코의 유명작가다. 1920년에 발표된 〈R.U.R.(Rossum's Universal Robots)〉이란 희곡에서 처음 '로봇'이란 말을 쓴 것으로 알려졌다. 그러나 카렐 본인은 로봇이란 말을 처음 생각해낸 것은 자신의 형인 요세프 차페크Josef apek라고 『옥스퍼드 영어 사전』의 어원 담당자에게 직접 보고했다고 한다.

다. 아리스토텔레스에 따르면, "특정 영역을 가진 기술[techne]에서처럼 과제가 완수되려면 그들 자신의 적절한 도구들[organon]이 반드시 있어야 한다."[109] 여담이지만 오르가논이라는 말은 이러한 의미에서 아리스토텔레스의 논리학 작품집의 제목 역할을 한다. 그러므로 오르가논은 그 덕분에 우리가 실재를 이해하고 **생산**할 수 있는 재현의 방법, 앎의 도구, 규범과 합리적 규칙의 집합이라는 의미를 가진다. 가령 인터넷 프로토콜은 디지털 오르가논으로, 즉 정보를 코드화하고 다른 장치에 표시할 수 있는 방법으로 이해될 수 있다. 따라서 오르가논은 망치가 손을 연장한 것이거나 망원경이 멀리 있는 물체에 눈을 더 가깝게 하는 것과 같은 방식으로 특수한 활동을 촉진하는 기구나 장치다. 이러한 기구나 장치는 살아있는 요소가 아니라 오르가논 개념 뒤에 항상 숨어 있던 인공보철 같은 것이었다. "인공보철" 개념은 1553년경 유럽의 식민지 확장과 근대 과학의 발전 시기에 등장했으며, 문법에서 접두사를 붙인 단어의 보충물 및 신체를 인공 팔다리로 재건하는 것을 지시하는 데 사용되었다. 문법이 오르가논이라면, 인공보철은 단어나 신체의 접두어인 것이다.

    로봇 모델은 자연/문화, 신/인간, 인간/동물, 영혼/육체, 남성/여성과 같은 근대 형이상학이 지닌 모순과 역설을 촉진시킨다. 로봇 모델은 패러디와 모방적 수행성의 법칙(규제된 반복 과정으로 정의되는)에 종속된다. 이와 동일한 로봇 관념이 살아있는 몸의 조직화 및

---

[109] Aristotle, Politics, trans. Benjamin Jowett, New York: Cosimo, 2008, book 1, part 4, p. 31. [한글본] 아리스토텔레스, 『정치학』, 천병희 옮김, 숲, 2012, p.25.

작동에 관한 설명적 은유인 "기계"로부터 힘을 받는다. 그러나 몸/기계 은유는 이중적인 의미가 있다. 라 메트리La Mettrie의 인간-기계는 데카르트의 동물-기계와 마찬가지로 생물학적 신체 및 그 신체의 활동이 복잡한 기계적이고 전자기적인 상호 작용 체계로 환원될 수 있다는 생각에 의지한다. 알베르투스 마그누스Albertus Magnus가 자신의 "자동장치"와 "기계 노예"를 묘사할 때 그는 언젠가 인간 행위자를 대신할 인공 메커니즘을 모델화할 수 있기를 희망했다. 18세기가 인간의 몸을 기계로 생각했다면, 19세기와 20세기는 인간처럼 행동하는 기계를 꿈꾸면서 종결되었다. 몸을 기계의 도움을 받는 작업도구로 이해하는 것은 1765년 증기 기관의 발명으로 이어졌고 그 직후 곧바로 테일러주의로 이어졌다. 19세기 내내 노동의 산업화가 기계적 은유라는 용어를 전도시켰다. 즉 기계는 주체이자 "오르가논"이 되었다. 노동자들은 메커니즘의 무의식적 기관에 끼워 맞춰진 의식적 인공보철에 불과한 것이 되었다.[110] 산업 노동은 이러한 자연적 요소와 기계적 요소가 결합된 산물이었다.

그러므로 로봇은 인체와 기계라는 이중 궤도 간의 전이가 일어나는 현장이다. 때때로 신체는 도구를 유기적 구조의 일부(→인공보철)로 사용하지만, 다른 때에는 기계가 신체를 메커니즘의 일부로 통합한다. (남성의) 몸이 기계적 총체로 상상되었던 18세기의 인간-기계 이

---

[110] Christoph Asendorf, Batteries of Life: On the History of Things and Their Perception in Modernity, Berkeley: University of California Press, 1993, p.42~43.

미지는 여성이나 괴물로 재현된 19세기의 위협적인 "살아있는 기계" 이미지(프리츠 랑의 영화 〈메트로폴리스〉(1927)에서처럼)로 이행한다. 여성, 동물, 괴물, 의식을 욕망하는 기계는 해러웨이의 사이보그를 예감하게 한다.

    남성성은 20세기 동안 점점 더 인공보철적인 것이 되었다. 메리 루이스 로버츠와 록산느 판차시는 특히 전쟁 기간 동안 불구가 된 남성 병사의 재활 치료에서 몸의 재건을 연구했다.111 이 개입은 기계적인 "로봇" 모델에 영감을 받았는데, "노동력"의 일부로 간주되는 "재건된 남성의 몸"은 이 모델에 따라 산업 생산의 연쇄로 재통합되어야 한다. 1920년대 프랑스 "노동 인공보철 군사연구소" 소장 쥘 아마르는 처음으로 자연적인 팔다리를 모방하는 것이 목적이 아닌 일련의 인공보철 팔다리를 설계했다. 그는 장애인의 신체를 생산적인 산업기계의 필수 장비 중 하나로 만드는 식으로 몸을 수리하려 했다. 그들이 전쟁기계의 필수장비였던 것과 똑같이 말이다. 『인공보철과 장애인의 노동』(1916)에서 쥘 아마르는 기계적 인공보철의 도움을 받아 신체를 노동하는 총체로 재구성함으로써 환지통(이는 이후 "위어 미첼 현상"으로 불렸다) 또는 '상실된 사지에서 지각된 감각'에 대한 설명 및 치료를 제안했다.112

---

111 Marie-Louise Roberts, Civilization Without Sexes: Reconstructing Gender in Postwar France, Chicago: University of Chicago Press, 1994, p.27, Roxanne Panchasi, "Reconstructions: Prosthetics and the Rehabilitation of the Male Body in the World War in France," Differences 7, no. 3, 1995:p p.109~140.

쥘 아마르의 인공보철 노동자 및 병사는 서양 자본주의 내에서 남성 몸이 기술적으로 노동하는 도구로 정의되고 구성된다는 점을 증명한다. 장애인 남성 몸이 기계적 인공보철의 도움으로 재건되었다면, 그것은 남성 노동자의 몸이 이미 "로봇" 은유를 통해 상상되었기 때문이다. 서양 자본주의의 노예제(플랜테이션 경제)와 테일러주의적 노동관리(평시에는 공업에서, 전시에는 대량 파괴의 산업에서)의 틀 내에서 "남성 몸" 자체는 이미 더 넓은 메커니즘에 조력하는 유기적 인공보철을 구성했다. 전쟁 후의 남성 몸은 인공보철 팔다리의 도움을 받아 인공적으로 재구성될 수 있는 기계 장치로 생각되었다. 즉 "노동하는 팔" 혹은 "페달을 밟는 발"로 인해 노동자는 산업 기계에 통합될 수 있었다. 이 기술적 재구성은 성차 범주에 따라 수행되었다. 1차 세계대전 이후 인공보철적 재구성의 첫 번째 관심 대상은 여성들이 아니라 남성들이었다. 흥미롭게도 아마르는 결코 성 기관을 기술적으로 대체할 수 있는 기관으로 생각하지 않는다. 인공보철 재활은 산업적인 노동 기관을 위해 준비된 것이었다. (음경은 분명 그런 것으로 간주될 수 없었다.) 아마르에게 있어 "절단된 자" 혹은 "장애인"은 "이동을 위한 기관의 훼손을 겪은" 사람으로, "기능적 재건"이 불가능한 사람인 "발기불능자"와 혼동되어서는 안 된다. 발기불능자는 성적 재생산 노동을 수행할 수 있는 모든 능력을 상실했기 때문이다.[113]

발기부전에 대한 이러한 정의는 남성의 성기가 인공보철 재구성

---

112 Jules Amar, La prothse et le travail de mutils, Paris: Dunot et Pinat, 1916.
113 위의 책.

의 가장자리에 위치해 있었음을 시사하기에 충분하다. 못을 쥐고 심지어 바이올린을 연주할 수 있을 만큼 손재주가 있는 기계식 손가락이 생산에 투입되었지만 소위 성불구자를 위한 기능적 인공보철은 제안되지 않았다. 실제로 남성 몸을 재건하겠다고 약속한 인공보철 테크놀로지는 가족, 산업, 국가에서의 남성의 "자연적" 권력 지위를 위협했다. 남성 몸(성 기관을 포함한)이 인공보철적으로 구축될 수 있다면, 그것은 또한 해체되고, 옮겨지고, 그리고 대체 ― 안될 게 뭐가 있겠는가 ― 될 수 있다. 아마르의 인공보철은 환각지幻覺肢(절단된 팔·다리가 아직 그 자리에 있는 것처럼 느끼는 것[옮긴이])를 치료하기 위한 것으로 유기체와 비유기체, 살아있는 것과 죽은 것, 현재 있는 자와 보이지 않는 자 사이에서 발생하는 불안정한 증상을 멈추기 위한 것이었다. 그러나 인공보철 자체가 살아난다는 것은 모든 안정성에 트러블을 일으킨다.

환각을 일으키는 인공보철의 통합은 로봇 모델에서 사이버 모델로의 이행에서 징후적 순간을 나타낸다. 대항성의 관점에서 볼 때 흥미로운 것은 의식을 획득하고, 몸의 기억을 흡수하고, 느끼고 행동하는 통합된 인공보철의 능력이다. 환상 감각을 경험하는 인공보철은 기계적 모델이길 중단하는데, 이는 비유기적 팔·다리가 상실된 요소를 대체하는 간단한 도구여야 하기 때문이다. 인공보철을 고정하는 것, 인공보철을 기계적이거나 유기적인 것으로, 신체나 기계로 정의하는 것이 가능하지 않게 된다. 한때는 살아있는 몸에 속했지만, 이제 인공보철은 확정적인 통합에 저항한다. 인공보철은 분리되고, 떼어내지고, 버려지고, 교체될 수 있다. 몸에 부착되어 통합되고 겉보기에는 의식에게 주어진 것이 될 때조차, 인공보철은 언제든 어떤 객체로 되돌아갈 수 있다. 인공보철은 신체/정신 분리의 형이상학뿐만이 아니라 주체/객체 관계의 현상학에 따라 느낌과 행위의 의미에 트러블을 일으킨다.

인공보철의 경계선 조건은 "자연적인 것"과 "인공적인 것", "몸"과 "기계" 사이에 명확한 선을 그리는 것이 불가능하다는 점을 보여준다. 인공보철은 우리로 하여금 신체-기계 관계가 특정한 일을 하기 위해 함께 결합된 무생물 부분의 단순한 아상블라주로 이해될 수 없다는 사실을 직시하게 한다. 유기체의 살아있는 활동의 변경과 관련되는 한, 인공보철은 기계적 질서를 뛰어넘는다. 환각을 일으키는 인공보철은 이미 사이보그인 것이다.

『미디어의 이해: 인간의 확장』에서 마셜 맥루한은 20세기의 테크놀로지를 자연적 기능을 보완하는 인공보철로 특징짓는다.[114] 장애에 대한 규범적 이해는 인공보철이 살아있는 기관에 대한 인공 대체물, 불완전한 보충물, 기계적 복제물임을 의미한다. 그러나 몸과 테크놀로지의 관계, 즉 주체성 생산과정은 이미 늘 인공보철적이다. 그것은 감성의 구조를 변형한다. 인공보철은 부재한 기관을 대체할 뿐만 아니라 또한 기술적 보충의 도움을 받은 살아있는 기관의 변경이자 발전이기도 하다. 귀의 인공보철로서의 전화기는 멀리 떨어진 두 화자를 소통

---

114 Marshall McLuhan, Understanding Media: The Extensions of Man, New York: McGraw-Hill, 1964. [한글본] 마셜 매클루언, 『미디어의 이해: 인간의 확장』, 김상호 옮김, 커뮤니케이션북스, 2011.

하게 만든다. 텔레비전은 눈과 귀의 인공보철이며, 이는 무수한 시청자들이 신체를 벗어나는 공통의 경험을 공유하게 해준다. 우리는 꿈의 인공보철인 영화에 대해 회고적으로 생각할 수 있다. 새로운 사이버 테크놀로지는 사이버 장갑 덕분에 가상[실효적] 촉각을 얻는 것과 같이 새롭고 가상[실효]적이며 잡종적인 촉각과 시각 형태의 발전을 제시한다. 건축, 자동차 그리고 기타 운송양식은 또한 전기 케이블에서 컴퓨터에 이르는 통신 시스템 및 네트워크와 함께 감각-의-인공보철이 연결될 수 복잡한 인공보철들이다. 이처럼 점점 더 늘어나는 연결성의 논리 안에서 신체는 새로운 조직화 수준을 발생시키고, (개인적인? 개인의 한계를 초월한?)유기적-비유기적 연속성을 생성하면서 자신의 인공보철 기관과 통합되는 것처럼 보인다.

자연적인 것의 인공보철적 구축에 대한 이러한 이해방식은 조르주 테이소가 "일반화된 장애 이론"이라 부른 것이다.[115] 처음에는 산업적-식민주의체제에서 "신체장애"로 간주되었던 것을 줄이려고 의도된 인공보철은, 그것이 없다면 인간의 몸이 무능해진다고 간주되는 복잡한 행위 및 의사소통체계를 창출한다. 가령 타자기는 시각 장애인이 기계적 글쓰기에 접근할 수 있게 만들기 위해 발명되었으나 나중에는 글쓰기의 인공보철로 널리 확산되어 "유능한" 사람들이 소통하는 방식을 근본적으로 바꾸었다. 소위 '실명의 장애'는 인공보철인 타자기의 구조에 아주 잘 통합되어 있어 허구적 실명("키보드를 보려고 하지

---

[115] Georges Teyssot, "Body Building," Lotus 94, September 1997: p.121.

마!")이 타자를 배우는 이들의 정언명령이 되었다. 이는 마치 인공보철을 통해 새로운 수준의 복잡성에 접근하기 위해 기능적 차이의 경험을 반드시 가져야 하는 것과 같다.

달리 말해 모든 기술적 "기관"은 우리를 무능하게 하면서 동시에 유능하게 하는 "새로운 자연적 조건"을 재발명한다. 게다가 모든 새로운 테크놀로지는 새로운 활동을 수행할 수 있는 우리 본성/자연의 능력을 다시 손상시키며, 그래서 우리는 테크놀로지로 그러한 활동을 보상해야 한다. 예를 들어, 새로운 체외 수정 테크놀로지는 소위 정상적(이)성애 재생산에서 인식된 "결핍"을 보상하기 위해 개발되었다. 바로 그 순간에 이 새로운 테크놀로지는 이성애 관계를 필요로 하지 않고 모든 사람이 접근할 수 있는 다양한 재생산 방법을 생산했다. 이 재생산 방법은 우리가 어쩔 수 없이 계속해서 "남성"과 "여성"이라고 부르는 것의 통합형식을 손쉽게 변형한다. 내가 여기서 제안하고 있는 것은 성과 젠더 — 이것들은 자연적인 것으로 통하긴 하지만 이러한 해부-정치적 "자연성"에도 불구하고 지속적인 변형 및 변화 과정에 종속된다 — 가 인공보철적인 통합의 형태로 생각되어야 한다는 것이다.

해러웨이의 사이보그는 인공보철 통합의 모순 및 가능성이 결실을 맺게 한다. 『사이보그 선언문』(1985)은 페미니즘의 근본적 전환점을 나타낸다.[116] 아니 더 정확히 말해 이 선언은 테크놀로지의 악마화에서 테크놀로지의 정치적 투여로 옮겨가는 결정적 이동을 시작한다. 테크

---

[116] Donna Haraway, A Cyborg Manifesto, New York: Routledge, 1985. [한글본] 도나 해러웨이, 『해러웨이 선언문』, 황희선 옮김, 책세상, 2019.

놀로지에 반대하는 페미니즘에서 탈자연/탈문화로의 이러한 이동은 로봇에서 사이보그로의 이행과 일치한다. 즉 산업 자본주의에서 신자유주의적·전지구적·금융적·소통적·생명공학적·디지털적 국면을 거치는 테크노바로크 자본주의로의 이행과 일치한다. 어떤 점에서 노버트 위너는 자신의 사이버네틱스에 대한 정의에서 이 새로운 자본주의의 조건을 확립했다. 위너의 작업은 생명체와 기계 사이의 소통 및 규제에 관한 이론들을 모은 것이다.117 로봇이 공장에서 그리고 테일러주의적인 생산 연쇄로 만들어졌다면 사이보그는 생명공학 연구실에서 만들어진다. 최초의 "포스트모던" 사이보그는 제2차 세계대전 이후 유전공학자들에 의해 설계되었는데, 이들은 살아있는 동물에 사이버네틱 연결을 이식하고, 그 정보체계를 인위적으로 전기회로, 호르몬, 화학적이고 생물학적인 유체들로 가득 채웠다. 사이보그는 폐쇄된 수학적·기계적 체계가 아니다. 사이보그는 개방적이고 생물학적이며 의사소통적이다. 사이보그는 컴퓨터가 아니다. 사이보그는 연결된 신체가 네트워크 체계의 생각하는 인공보철이 되는 방식으로 컴퓨터를 통과하는 시각 및 하이퍼텍스트 네트워크와 연결된 생물이 된다.

사이보그의 법칙은 모방적 반복이 아니라 컴퓨터 과학의 의미에서 가능한 가장 수평적인 의사소통의 생산이다. "사이보그는 텍스트, 기계, 신체, 은유이다. 즉 의사소통의 맥락에서 이론화되고 실천에 참

---

117 Norbert Weiner, The Human Use of Human Beings, New York: Avon, 1954. [한글본] 노버트 위너, 『인간의 인간적 활용』, 이희은·김재영 옮김, 텍스트, 2011.

여한 모든 것이다."118 대항성 연구의 대상이 될 수 있는 생체사회적 사이보그 테크놀로지의 몇 가지 사례로는 쾌락을 경험하는 딜도, 에이즈를 안고 살아가는 사람, 성전환한 몸, 임신한 몸 등이 있다.

이것은 로봇과 사이보그 중 하나를 선택하는 문제가 아니다. 우리는 이미 사이버네틱과 로봇 인공보철을 통합한 사이보그들이다. 되돌아갈 길은 없다. 기계적 테크놀로지와 사이버네틱 테크놀로지는 과학의 낙원에서 나와 차후에 어느 정도 윤리적 목적에 적용될 수 있는 중립적 도구가 아니다. 처음부터 테크놀로지(최첨단 온라인 통신체계에서 요리 테크놀로지나 심지어는 성교와 같은 낮은 기술에 이르기까지)는 특정한 사회경제적 구조의 재생산을 보장하는 정치 시스템이었다. 해러웨이는 테크놀로지가 본질상 "깨끗"하거나 "더러운" 것이 아니라고 주장한다. 오늘날의 생명공학과 사이버테크놀로지는 권력구조의 산물이자 동시에 이 동일한 권력에 저항하는 가능한 집단군락enclave이다. 생명공학과 사이버테크놀로지는 자연의 재발명을 위한 가능한 장소들이다.

테크놀로지의 가장 정교한 움직임은 자신을 "자연"으로 제시하는 데 있었다. 생물학적 체계와 의사소통체계가 물질의 형이상학을 피하는 어떤 논리에 따라 기능하는 것이 사실로 입증되었음에도 불구하고, 자연과학과 사회과학 담론은 데카르트적 수사학인 이원적인 몸/정신, 자연/테크놀로지에 의해 방해를 받았다. 왜냐하면 데카르트의 이원론은

---

118 Haraway, Simians, Cyborgs, and Women, 212. [한글본] 도나 해러웨이, 『유인원, 사이보그, 그리고 여자』, 383-384쪽.

특정 집단(동물, 여성, 비백인, 퀴어, 트랜스인, 간성 아기, 장애인, 정신질환자 등)에 대한 정치적 낙인찍기에 힘을 실어주고, 이 집단들이 테크놀로지(텍스트, 담론, 신체)를 생산 및 객관화하려는 접근을 체계적으로 막는 일을 가능하게 만들기 때문이다.

4부

대항성적 독서실행

똥구멍에 그걸 하는 더 좋은 방식으로서의 철학에 대해
― 들뢰즈와 "분자적 동성애"

> 단 하나의 섹슈얼리티만이 있는데, 그것은 동성애입니다 …
> 단 하나의 섹슈얼리티만이 있는데, 그것은 여성적입니다.
> 펠릭스 가타리, 욕망 해방

> 동성애는 사랑의 진실이다.
> 질 들뢰즈, 『프루스트와 기호들』

질 들뢰즈와 펠릭스 가타리의 "분자적 동성애" 개념은 들뢰즈의 비판론에서 분석이 거의 되지 않은 주변부로 남아있다. 이 개념이 『안티 오이디푸스』에서 차지하는 전략적 위치에도 불구하고, 그리고 이 프랑스 듀오가 1970년대에 자신들의 정체성을 "분자적 동성애자들"이라고 빈번하게 주장했음에도 불구하고 말이다. "우리는 통계적으로 혹은 몰적으로는 이성애자이지만, 인격적으로는 알게 모르게 동성애자들이며, 결국 요소적?분자적으로는 횡단성애자들이다."[119]

---

[119] Gilles Deleuze and Flix Guattari, Anti-Oedipus, vol. 1 of Capitalism and Schizophrenia, trans. Robert Hurley, Mark Seem, and Helen R. Lane, Minneapolis: University of Minnesota Press, 1983, p.70. [한글본] 질 들뢰즈,펠릭스 가타리, 『안티 오이디푸스』, 김재인 옮김, 민음사, 2014, 131쪽.

정체성이나 실천의 증거로 환원될 수 없는 커밍아웃을 통해 구체화된 "분자적" 또는 국소적 동성애는 의심의 여지 없이 들뢰즈 자신을 공적인 인물로 드러내는 특성들의 집합에 속한다. 들뢰즈의 "분자적 동성애"와 그의 단정하지 못한 긴 손톱들은 그(자크 데리다와 미셸 푸코와 같은 그의 여러 동시대인들보다 훨씬 더 은밀한 성격을 지닌)를 인식하고 희화화시키는 기이한 개인적 속성들이지만, 그 속성들의 철학적·정치적 중요성은 찬양 일색의 일화 정도로 축소되곤 한다.

들뢰즈와 가타리는 몰성과 분자성이라는 화학적 언어를 존재론과 정치학 간의 가능한 두 가지 관계를 지시하는 데 사용했다. 경직된 절편성segmentarity으로 특징지어지는 몰성은 되기가 없는 고정된 정치적 정체성을 생산한다. 반면에 분자성은 일시적으로 진행 중이며, 되기의 과정을 끝없이 개방하는 절편화를 발전시킨다. 들뢰즈와 가타리가 몰적 동성애를 거부하고 그들 자신을 "분자적 동성애자"와 동일시할 때, 이상하다고 생각되는 것은 그들이 자신들을 동성애자로 지칭(둘 다 기혼자이고 여성 애인들을 두고 있다고 알려졌음에도 불구하고)하고 있으면서도 또한 그들 자신과 "몰적 동성애자들"(이들 동성애자들에게는 동성애가 그들의 정체성이다) 간에 도덕적 거리를 설정한다는 것이다.

우리는 분명 들뢰즈의 "분자적 동성애"를, "손톱 효과"라 불리는 것의 일부로서 설명할 수 있을 것이다. 즉 우리는 그것을 일종의 기행이나 개념적 변덕("그레타 가르보의 검은 선글라스와 같은"[120] 속물적 가장)으로, 즉 일단 그렇게 알아차리고 나면 우리가 들뢰즈의 핵심 개념들을 읽어내는 데에 아무 영향도 주지 않는 어떤 개념/부주의쯤으로 축소할 수 있다. 그럼에도 불구하고 나는 "논리적 작용도 육체적 작용이다"라는 『안티 오이디푸스』의 가설에 이 "분자적 동성애의 사례"를 적용해보기로 결심했다.121

이것은 어떤 종류의 육체적 작용이 하나의 개념인 "분자적 동성애"를 생산하는지를 이해하려는 일을 포함한다. "분자적 동성애"라는 모호한 개념과 "여성 되기"라는 자주 반복되는 주문 간의 관계는 무엇인가?122 그처럼 신중하게 두 종류의 동성애, 즉 분자적 동성애와 몰

---

120 들뢰즈의 이 말은 미셸 크레솔의 말을 인용한 것이다. Michel Cressole, Deleuze, Paris: ditions Universitaires, 1973, p.105, in Gilles Deleuze, "Letter to a Harsh Critic", in Negotiations 19721990, trans. Martin Joughin, New York: Columbia University Press, 1995, p.5. 미셸 크레솔이 들뢰즈에게 가한 비난 중 하나는 그가 그레타 가르보가 선글라스를 쓰고 [동성애인 척] 거들먹거리는 것과 같은 방식으로 동성애를 이용했다는 것이다. [한글본] 질 들뢰즈, 『대담 1972-1990』, 김종호 옮김, 솔출판사, 1994, 27쪽.

121 Gilles Deleuze and Flix Guattari, "Sur Capitalisme et schizophrnie", interview by Catherine Backs-Clment, L'Arc 49, 1972, 이 인터뷰는 Deleuze, "Gilles Deleuze and Flix Guattari on Anti-Oedipus", Negotiations 19721990, p.15에 영어로 번역되어 실려있다. [한글본] 질 들뢰즈, 『대담 1972-1990』, 42쪽.

122 지면상의 이유로 여기서는 다루지 않았지만 "분자적 동성애" 개념과 "여성 되기" 개념의 관계는 그 자체로 분석할만한 가치가 있다. 또한 나는 들뢰즈의 책 『프루스트와 기호들』을 논하는 이 장에서 알베르틴이라는 복잡한 인물도 다루지 않는다. 다른 논문인 「알베르틴의 항문」(미출간 원고)에서 이 주제를 이미 다루었기 때문이다. "여성 되기" 개념과 관련해 미국의 페미니즘이 취한 신중함에 대해서는, Ian Buchanan and Claire Colebrook, eds., Deleuze and Feminist Theory, Edinburgh: Edinburgh University Press, 2000를 보라.

적 동성애를 구분하는 들뢰즈의 목적은 무엇인가? 1968년 이후 프랑스 지식인들에게 있어 공적 담론의 조건은 무엇인가? 즉 가타리와 들뢰즈가 그들 자신을 "분자적 동성애자"라고 선언하게 했던 반면, 샌프란시스코의 사도마조히즘 밀실을 빈번히 드나들던 게이 남성인 푸코는 정작 동성애에 대한 자신의 분석에서 어떠한 일인칭 진술도 남기지 않았고, 또 1970-80년대 프랑스에서 부상하고 있던 새로운 정체성 정치의 형성을 마주하고도 어떤 입장을 택하기를 회피하게 만들었던 조건은 무엇인가? 푸코가 들뢰즈·가타리와 공유하지 않았던 이 "분자성"이란 무엇인가? 몰성에 대해 지불해야 할 대가는 무엇이며, 그나 그녀 자신을 분자적이라고 선언할 수 있는 이는 누구인가?

들뢰즈는 1970년대 뱅센느 대학(오늘날의 파리 8대학)에서 세 명의 프랑스 게이 활동가이자 작가들르네 쉐레, 토니 뒤베르Tony Duvert, 기 오껭겜[123]의 철학멘토이자, 또한 〈동성애행동혁명전선〉Front homosexuel d'action rvolutionnaire의 철학멘토가 되었다. 쉐레는 동성애자가 아닌("몰적 동성애자"가 아니라는 의미에서) 들뢰즈가 "이 싸움에 동참하고 지지했다"고 썼다.[124] 이 그룹에는 미셸

---

[123] 1972년 기 오껭겜은 『동성애 욕망』을 출판했다. Guy Hocquenghem, Homosexual Desire, trans. Daniella Dangoor, Durham, NC: Duke University Press, 1993([한글본] 기 오껭겜, 『동성애 욕망』, 윤수종 옮김, 중원문화, 2013). 여기서 그는 『안티 오이디푸스』에 영감을 받아, 동성애를 정치체제로 보는 마르크스주의적 독해를 발전시켰다. 들뢰즈는 오껭겜의 책 『목신의 5월』의 서문을 썼다. Guy Hocquenghem, L'AprsMai des faunes, Paris: Grasset, 1974. 들뢰즈가 쓴 이 책 서문의 영어번역은 Gilles Deleuze, "Preface to Hocquenghem's L'AprsMai des faunes", in Desert Islands and Other Texts, 19531974, Los Angeles: Semiotext(e), 2004, pp. 284-288을 보라.

크레솔도 속해 있었는데, 그는 들뢰즈가 자신의 철학을 '욕망 철학과의 일치'라고 자칭한 것을 두고 첫 번째 충돌을 일으킨 인물이었다.125 『리베라시옹』의 청년 퀴어 좌파 언론인이자 들뢰즈의 개인적인 친구-적frenemy이었던 미셸 크레솔은 마약·정신질환·항문성교를 경험해본 적이 없는 한 남성이 쓴 약물·분열증·동성애 담론의 철학적·정치적 진실성에 처음으로 문제를 제기한 사람이었다. 1973년 크레솔은 들뢰즈에게 보낸 공개서한에서 그의 입장이 지닌 모호함을 직접 공격했다. "당신은 늘 광기, 약물, 알코올, 항문 앞에 서 있는 당신과 당신 신체를 납득시키고 싶어했습니다. 그것이 진실이죠. 당신이 계보학자나 기능주의자로 자처하고 나서면, 아르토가 캐롤에게 했던 것처럼 당신의 치매나 똥지림fecality을 숨긴 그 엄청난 체면이나 위선에 치욕을 주기란 불가능합니다."126 크레솔은 뒤이어서 그리고 더 맹렬하게 "당신"(들뢰즈)과 퀴어들의 새롭고 분명한 대립(비록 편집증적이긴 하지만)에 비판을 집중시켰다.

---

124 Ren Schrer, Regards sur Deleuze, Paris: ditions Kim, 1998, p. 72. 출처 표기를 제외한 이 책에 대한 인용은 모두 케빈 게리 던의 영어번역을 따랐다.

125 "자칭 욕망 철학과의 일치"에 대해서는 Deleuze, Marcel Proust et les signes, Paris: Presses Universitaires de France, 1964, pp. 4346[2006, pp. 52-55]([한글본] 질 들뢰즈, 『프루스트와 기호들』, 서동욱? 이충민 옮김, 민음사, 2004, 70-73쪽)을 보라. 들뢰즈의 이러한 부침에 관한 몇 가지 이야기는 다음 글에서 확인할 수 있다. Franoise Chatelet, Cronique des ides perdues, Paris: Stock, 1997.

126 Cressole, Deleuze, p. 102. 케빈 게리 던의 번역 참고.

당신이 게이들의 상황을 보고, 당신이 본 모든 것을 그들에게 말해줄 때 그건 그들이 좋아하는 것입니다. 모든 것은 그들에게 순조롭게 돌아가는 것처럼 보입니다. 하지만 어린아이처럼 순진한 그 게이들이 그렇게 말한 사람이 어디에 있는지, 그리고 그렇게 말한 사람이 "실제로" 거기에 있는지 찾으려고 돌아와 보면, 그들은 일종의 립서비스처럼 그저 [안타깝게] 자기 가슴을 치는 한 남자를, 게이들에게 아무것도 금지하지 않고 그들을 방어할 준비가 되어 있는 올바르고 친절한 한 남자를, 그러나 "그들을 방어"한다면서 등을 바닥에 대고 누워 있는 한 남자를, '우리는 선의로 옹호한다'라고 게이들의 고통을 늘 그런 식으로 옹호하는 한 남자를 발견하게 됩니다.127

크레솔이 보기에 들뢰즈의 이른바 분자적 동성애는 치매와 퉁지 림을 숨기는, 그저 위선적이라고 묘사될 수밖에 없는 가슴 치기의 한 형태였다. 그럼에도 불구하고 크레솔이 말한 "올바르고 친절한 한 남성"인 들뢰즈가 왜 자신을 동성애와 동일시하고, 또한 왜 자신을 **분자적**이라는 형용사가 붙은 하나의 정체성인 이성애와 거리를 두고자 했는지는 불분명하게 남아있다.

25년 후 호주에서 열린 한 학회(이것은 결국 영어번역을 통해 들뢰즈 철학이 지구화될 수 있게 보장해주었다)에서 이안 뷰캐넌은 "횡단성"이나 "횡단적 관계"라는 개념을 이용해 미셸 크레솔의 비판에 응답하고자 했다. 들뢰즈에 따르면, 장소를 옮기지 않고 여행할 수 있는

---

127 Ibid, 케빈 게리 던의 번역 참고.

것과 같은 방식으로 물질적 경험을 하지 않고도 어떤 현상을 횡단적으로 사유하거나 쓰는 것이 가능하다는 것이다. 펠릭스 가타리는 1950년대 쿠르쉐브니Cour-cheverny의 라보르드 병원에서 했던 자신의 정신 치료법에서 이 "횡단성"transversalit 개념을 이미 친숙하게 사용하고 있었다. 들뢰즈가 '횡단적 관계' 개념을 채택했을 때는 이러한 분열분석적 개념만이 아니라, 또한 특히 어떤 과정의 효과 일체는 늘 다른 수단에 의해 생산될 수 있다는 데이비드 흄의 생각을 받아들인 것이다.[128] 들뢰즈가 이 개념을 설명하면서 가장 자주 사용했던 한 가지 사례는 이른바 헨리 밀러의 만취 실험으로, 이는 물만 마셔도 취하게 되는 것으로 이뤄진다. 들뢰즈에게 횡단성은 특정한 "되기"의 경험을 위한 가능성의 조건처럼 보인다. 따라서 가령 "추상적 유목주의"는 움직이지 않고 여행할 수 있다는 것 이상의 의미가 있다. 그것은 또한 통상적인 여행의 경험을, 우리가 쉬고 있을 때만 적용되는 횡단적 실천과 대립시키는 것이다. 만일 당신이 진정으로 여행하고 싶다면, "당신은 너무 많이 돌아다녀서는 안 됩니다. 그러면 당신은 되기를 억누를 것입니다."[129]

횡단적으로 볼 때, 들뢰즈의 이성애가 분자적 동성애와 맺는 관

---

[128] David Hume, An Enquiry Concerning Human Understanding, 1748, reprint, London: Simon and Brown, 2011, "Cause and Effect", in part 1. [한글본] 데이비드 흄, 『인간의 이해력에 관한 탐구』, 김혜숙 옮김, 지만지, 2012, 41-53쪽.

[129] Gilles Deleuze, "On Philosophy", in Negotiations 19721990, p. 138. [한글본] 『대담 1972-1990』, 147쪽.

계는 물이 헨리 밀러의 만취와 맺는 관계 혹은 움직이지 않는 존재가 추상적 유목주의와 맺는 관계와 같다. 크레솔의 편지에 대한 들뢰즈의 응답이 이 횡단적 효과를 암시하고 있는 것은 분명하다.

> 그리고 내가 다른 수단을 통해 유사한 정동을 획득할 수 있다면, 내가 게이, 알코올 중독자, 그리고 약물 사용자와 맺는 관계가 무슨 문제겠는가? … 자네가 내게 빚진 것이 없듯, 나는 자네에게 빚진 것이 별로 없네. 내가 자네의 게토에서 자네와 함께할 이유는 없네. 내겐 나만의 게토가 있기 때문이지. 이 문제는 이러저러한 배타적 집단의 성격과는 아무 상관이 없네. 그것은 어떤 특수한 방식(동성애, 약물 등을 통해)으로 생산된 모든 효과들이 **늘 다른 수단에 의해 생산될 수 있다**는 것을 보장하는 횡단적 관계와 관련이 있는 것이네.130

이 주장에서 동성애는 알코올 및 약물과 더불어 우리를 특정한 효과들에 접근하게 하는 데 있어 유독성을 지닌 게토 경험으로 제시된다. 독성과 게토가 바람직하지는 않을지라도, 그것들의 횡단적 효과는 "존재론적 이질발생"131 을 생산하는 데 있어 필요불가결한 것처럼 보

---

130 Deleuze, "Letter to a Harsh Critic", p. 11, 강조는 원문 그대로. [한글본] 『대담 1972-1990』, 36쪽.

131 Flix Guattari, Chaosmosis: An Ethico-aesthetic Paradigm, trans. Paul Bains and Julian Pefanis, Bloomington: Indiana University Press, 1995, p. 61. 이 책은 Chaosmose, Paris: Editions Galilee, 1992를 영어로 번역한 것이다. [한글본] 펠릭스 가타리, 『카오스모제』, 윤수종 옮김, 동문선, 2003, 86쪽.

인다. 들뢰즈는 자신만의 방식으로(즉 횡단적으로) 게이, 약물 중독자, 알코올 중독자가 획득한 것과 동일한 효과를, 그들의 게토가 지닌 독성을 어떤 식으로든 감소시켜 획득하는 것에 몰두한 것처럼 보인다. 만일 이러한 "횡단적 관계"가 중요한 것이라면, 그것은 들뢰즈로 하여금 적어도 수사학적으로는 정체성 정치의 문제를 회피할 수 있게 해주기 때문이다.[132] 횡단적 관계는 개체의 질서나 소유의 질서 안에는 존재하지 않는다. 가령 만취의 경험은 개인에 의해 소유되는 것이 아니라 물질 자체, 즉 취기가 특정 기간 동안 형성되는 흐름에 의해 소유되는 것이다. 만취는 공동체나 집단의 질서 안에 존재하지 않는다. "알코올 중독자"와의 동일시는 만취라는 화학적·향정신적 사건이나 헨리 밀러와 같이 물마시고 취하기의 사건적 가능성을 설명하지 못한다.

분명한 것은 들뢰즈가 정체성을 둘러싸고 일어나고 있던 담론에는 관심이 없었다는 점이다. (그가 자기만의 게토 — 하지만 어떤 게토? — 를 가지고 있다고 고백하긴 하지만 말이다.) 그에 따르면, "한 사람의 특권화된 경험"은 "얄팍한 현실주의"의 과잉에 시달리는 "허약하고 반동적인 주장"이다.[133] 들뢰즈가 기 오껭겜의 『목신의 5월』 서문에서 썼듯이, 동성애는 정체성이나 본질이 아니다. 즉 "어느 누구도

---

[132] 이에 대해서는 A Deleuzian Century, ed. Ian Buchanan, Durham, N.C.: Duke University Press, 1999, p. 5에 실린 이안 뷰캐넌의 주장을 보라.

[133] Deleuze, "Letter to a Harsh Critic", p. 12. [한글본] 들뢰즈, 『대담 1972-1990』, 37쪽.

'나는 동성애자다'라고 말할 수 없다."

오껭겜이 특정한 관념이나 선언의 타당성을 의심하게 된 것이 이성애자 되기와 같은 변화 때문이 아닌 것은 말할 나위도 없다. 영원히 동성애자로 머물러 있기, 더더욱 동성애로 머물러 있기, 훨씬 더 나은 동성애자로 있기에 의해서만, 우리는 "글쎄, 정말이지 동성애자는 그 누구도 아니다"라고 말할 수 있다. 이는 '모두가 동성애자이다 혹은 동성애자가 될 것이다', 즉 '우리 모두는 무의식적으로 잠재적 퀴어들이다'라는 진부하고 무미건조한 생각보다 천 배 더 낫다.134

이러한 발언은 '동성애자로 있기'의 불가능성과 '훨씬 더 나은 동성애자로 있기'의 필요성 간의 긴장을 조성할 뿐만 아니라 무의식적으로 퀴어로 있기와 분자적으로 동성애자로 있기 간에도 긴장을 조성한다.
더욱이 동성애 정체성이 "나"라는 언술적 진리enunciative truth의 지시체 역할을 할 수 없는 것과 같은 방식으로 동성애 공동체는 "우리"라는 언술적 진리의 지시체 역할을 할 수 없다. 들뢰즈가 생각했듯이, 철학의 문제는 뭔가를 생각하거나 말할 수 있는 자가 누구인지를 규정하는 데 있는 것이 아니라 새로운 발화를 생산하기 위한 일련의 조건들을 창조하는 데 있다.

---

134 Gilles Deleuze, "Preface to Hocquenghem's L'AprsMai des faunes", in Desert Islands and Other Texts, 19531974, Los Angeles : Semiotext(e), 2004, p.284.

그럼에도 불구하고 이 모든 논리적 조정은 들뢰즈의 "분자적 동성애" 문제를 단번에 해결하지는 못했다. 여전히 이렇게 묻는 것은 가치가 있다. 횡단성의 메커니즘은 무엇인가? 다시 말해 들뢰즈로 하여금 똥지림과 게토의 독성을 피하면서 "동성애자가 될" 수 있게 해주는 전환의 통로는 무엇인가? 들뢰즈가 자신이 분자적으로 도달했다고 믿었던 효과, 게이들에게 "어떤 빚도지지" 않고 그를 "동성애자가 될" 수 있게 해준 효과는 무엇인가? 동성애를 언표행위enunciation의 보편적 위치로 단언하게 해주는 논리적 작용은 무엇인가? 그리고 이것이 가능하다면, 정체성, 게토, 성적 관행과는 상관이 없는 이 세련된 개념적 동성애의 의미는 무엇인가?

프루스트의 몰성Molarity

『안티 오이디푸스』가 쓰인 1971-1972년 전까지는 "분자적 동성애"라는 표현이 등장한 적이 없긴 하지만, 들뢰즈는 『프루스트와 기호들』(1964)에서 이미 동성애-기호의 탈코드화[해독] 작용으로 동성애자의 형상과 마르셸 프루스트의 소설 『잃어버린 시간을 찾아서』(1913-1927)에 대한 상세한 분석을 완수한 바 있다.[135] 다른 저자들(니체, 스피노자, 푸코, 베르그송, 라이프니츠 등)에 대한 자신의 단독

---

[135] Gilles Deleuze, Proust and Signs: The Complete Text, trans. Richard Howard, Minneapolis: University of Minnesota Press, 2000. [한글본] 질 들뢰즈, 『프루스트와 기호들』, 서동욱·이충민 옮김, 민음사, 2004.

연구에서 종종 그랬던 것처럼, 들뢰즈는 『프루스트와 기호들』에서 그 자신의 독해 대상을 **들뢰즈적으로** 제작하는 한에서 작동하는 하나의 해석 기계를 생산해내기에 이른다. 나는 들뢰즈를 그 자신의 프루스트에 비추어 회고적으로 해독decipher하기 위해 아래와 같은 수행적 요소들을 이용할 것을 제안한다.

먼저 들뢰즈는 『잃어버린 시간을 찾아서』를, 시간의 이행과 기억의 상실을 글쓰기를 통해 보충하는 것으로 보지 않고, 육욕적인 amorous 배움의 과정 또는 사랑을 통한 배움으로 간주함으로써 프루스트에 대한 관습적 해석을 탈피한다. 첫째로 그는 기억을 과거의 사실 및 사건에 대한 재현의 집합으로 보는 고전적 정의를 거부한다. 이러한 누적적인 기억관은 모든 시간 단위 간에 일정한 등가성을 상정한다. 즉 이 관점에서 기억은 모든 찰나의 순간이 하나의 사실에 상응하는 정신적 재현들의 다소 정교한 기록저장소에 불과하다. 그런 경우라면 『잃어버린 시간을 찾아서』는 사실/이미지를 연대기 순으로 세세히 분류한 것으로 환원될 것이다. 그러나 들뢰즈가 보기에 『잃어버린 시간을 찾아서』는 단지 사실/이미지의 순차적 집합일 수는 없다. 거기에는 모든 사건의 공통분모로 작용할 수 있는 시간 단위가 없기 때문이다. 강도의 차이가 매 순간 시간의 과정에 굴절과 함입을 일으켜 시간을 그 자체로 접히게 하는데, 이는 연대기적으로 떨어져 있는 두 순간이 단일한 이미지나 단일한 기억의 단위로 재현되는 이유를 설명해준다. 따라서 "마들렌"은 시간 안에서의 단일한 사실이나 단일한 순간으로 환원될 수 없는 기억들의 모나드적 밀도를 포함한다. 들뢰즈가 보기에 프루스트의 『잃어버린 시간을 찾아서』는 상이한 유형의 기호들을 탈코드화[해독]하는 것에 대한 시간적 배움이다. 구체적인 탈코드화 활동을 통해 우리는 시간을 파악할 수 있으며, 시간으로부터 배울 수 있다.

들뢰즈는 1970년대 파리에서 조성된 후기 소쉬르 및 후기 옐름슬레우의 기호학적 환경에 장단을 맞춰, '실재는 대상의 형태가 아니라 코드화된 기호의 형태로 주체에게 제공된다'고 단언했다.[136] 그에 따라서 그는 탈코드화된 기호들이 가진 특수성을 자신의 프루스트 분석의 기초로 삼았다. 탈코드화된 기호들의 질료와 형식, 탈코드화된 기호들이 촉발하는 효과들, 탈코드화된 기호와 기의 간의 관계, 탈코드화 과정에 내포된 능력faculty, 탈코드화된 기호들의 시간적 구조, 그리고 마지막으로 탈코드화된 기호들이 진리와 맺기 시작하는 특수한 관계 등.

『잃어버린 시간을 찾아서』의 탈코드화를 따르는 기호들의 첫 번째 원은 "사교계"worldliness라는 원이다.[137] 흥미로운 것은 사교계의 기호들이 우정과 철학에서 나타나는 기호들이라는 점이다. 들뢰즈가 보기에 이러한 기호들은 공허하고 어리석은 기호들로, 비록 그 기호들은 지성이 활용할 수 있도록 만들어지지만 망각성으로 특징지어진다. 이 기호들은 잔혹하고 메마른 기호들로, 이미 재현과 동일한 오류에,

---

[136] 들뢰즈와 가타리는 페르디낭 드 소쉬르가 기호를 기의와 기표로 나누는 것을 따르기보다 루이 옐름슬레우의 정식화를 활용했는데, 그것에 따르면 기호는 내용 형식과 표현 형식으로 펼쳐진다.
[137] Deleuze, Proust and Signs, p. 5. [한글본] 들뢰즈, 『프루스트와 기호들』, 24쪽.

즉 기호가 시간의 구조 내에서 [다른 기호로] 대체되는 작용에 익숙해지지 않은 상태에서 기호의 객관적 현실이 있다고 믿는 환영에 기반하고 있다. 철학이 진리를 찾으려는 선 의지에 기반하는 것과 같은 방식으로 우정은 기호를 해석하려는 특정한 선의지에 기반한다. 들뢰즈는 우정을 사랑과 대치시키고, 철학을 예술과 대치시킨다. 우정과 철학이 선 의지의 먹잇감인데 반해, 사랑과 예술은 기만적 기호들과의 교환, 거짓말과의 교환에 의존하며, 우리가 곧 살펴보겠지만, 그러한 기호들은 들뢰즈가 수수께끼 같은 동성애의 한 형태로 규정하는 것에서 흘러나온다.

[탈]코드화에 바쳐진 기호의 두 번째 원은 사랑의 세계이다.138 들뢰즈에 따르면, 프루스트는 『잃어버린 시간을 찾아서』에서 사랑에 빠지는 것이 그것의 특정 기호들을 통해 상대방을 재인식하는 일을 배우는 것에 불과함을 보여준다.139 사랑은 사랑에 빠진 사람이 그가 사랑

---

138 Ibid, p.11. [한글본] 34쪽(정확하게는 26-34쪽).

139 [옮긴이주] 재인식은 영어 'recognize'를 번역한 것으로, 통상 '인식하다'나 '인정하다'의 의미로 번역되곤 하지만, 여기에서는 들뢰즈가 『프루스트와 기호들』에서 구별해서 사용하는 두 용어인 '재인식하다reconnatre'와 '인식하다connatre'의 의미차이를 드러내기 위해 번역상에서 구별짓고자 했다. 들뢰즈는 이렇게 말한다. "각각의 기호는 두 가지 측면을 가진다. 다시 말해, 한 대상을 지칭하기도 하며, 또 그 대상과는 다른 어떤 것을 의미하기도 한다. 대상적인 것이란 쾌락과 지금 당장의 즐김과 실재적이라는 면모를 지닌다. 이런 대상의 길로 빠져 버리면 이미 진실의 측면은 희생되어 버린 것이다. 우리는 사물들을 재인식reconnatre하기는 한다. 하지만 결코 그것들을 인식connatre하지는 못한다. 우리는 기호가 의미하는 것을 기호가 지칭하는 존재나 대상과 혼동한다." 들뢰즈, 『프루스트와 기호들』, 서동욱 옮김, 54-55쪽. 이에 따르면, 재인식이 기호가 지칭하는 바를 아는 것이라면, 인식은 기호가 의미하는 바를 아는 것이다.

하는 사람이 생산한 특수한 기호를 열정적으로 탈코드화하는 데 헌신하기를 요구한다. 『잃어버린 시간을 찾아서』에서 사랑에 빠진 사람은 무엇보다도 모든 만남에서 사랑의 기호를 탈코드화하기를 열망하는 기호의 탐색자·번역자·해석자이다. 그러나 욕정의 기호를 탈코드화하는 일은 역설적이다. 사랑에 빠진 사람이 사랑하는 사람의 기호를 탈코드화하는 법을 배우자마자, 그는 자신이 그 기호를 만들어낸 사람이 아니라는 것도 배우기 때문이다. "우리는 어떤 세계들로 나아가지 않고서는 사랑하는 사람의 기호를 해석할 수 없다. 그 세계는 형태를 띠기 위해서 우리를 기다리지 않으며, 다른 사람들과 함께 형성된 것이며, 또한 이 세계에서 우리는 우선 그저 다른 것들 사이에 끼어 있는 하나의 대상일 뿐이다."140 바로 이것이 처음에는 사랑에 빠진 사람을 사랑으로 초대했던 기호들이 이제 그를 질투의 고통에 빠뜨리는 이유이다. 이런 식으로 사랑하는 사람의 기호가 그 기호를 탈코드화하는 자를 배제할 때 탈코드화는 실망과 환멸이 된다. 이제 다른 사람의 기호를 학습하고 탈코드화하는 데 투여된 모든 시간이 헛되게 낭비되었던 것처럼 보인다.

들뢰즈는 사랑에 있어 탈코드화와 여실성141이 맺는 이러한 반비

---

140 Ibid, p. 8. [한글본] 30쪽.

141 [옮긴이주] 여실성如實性verisimilitude은 연극에서 배우의 연기가 관객? 독자의 경험과 지식에 비추어 사실로 받아들이게 만드는 상황을 의미하거나, 또는 철학에서 일부 명제가 다른 명제보다 더 진리에 가깝다고 파악하게 만드는 성격(핍진성迫眞性)을 지시한다. 가령 『잃어버린 시간을 찾아서』에서 주인공은 자신이 사랑하는 사람(알베르틴)이 자신에게 드러낸 기호들을

례 관계를 서술하기 위해 "사랑의 모순"이라는 말을 사용한다. 즉 사랑하는 사람의 기호를 탈코드화하는 일이 더 정교해질수록 우리는 사랑의 종결과 쓰라린 질투의 실망에 더 가까워진다. 그러나 바로 이 지점에서 들뢰즈는 개념의 방향을 바꿔, 질투를 고통스러운 정서로서만이 아니라 앎의 과정으로, 즉 겉보기에는 탈코드화하느라 낭비된 것 같은 시간을 정당화하는 진실을 아는 과정으로 규정한다. 질투가 일어나는 것은 사랑으로부터 배움을 얻는 계열적 과정에서 비밀이 드러나는 결정적 순간이다. 고통 및 잃어버린 시간과 나란히 질투는 사랑에 빠진 사람에게 최초로 사랑 자체보다 더 강력한 진실의 쾌락을 제공한다. "주관적으로 볼 때 질투는 사랑보다 더 깊으며, 또한 사랑의 진실을 포함한다."[142] 어떤 기호를 거짓말로, 커가는 질투를 배제로, 따라서 계속해서 탈코드화[해독]하는 일의 불가능성으로 재인식하는 것은 사랑에 빠진 사람을 자신이 사랑하는 사람의 세계를 포기하게끔, 그래서 계속해서 **찾기**를 하게끔 밀어붙인다. 따라서 기호의 해석이라는 사랑의 첫 번째 계열적 반복이 시작된다. 이 첫 번째 근사치에서 사랑은 단지 **이성애적** 일부일처제의 계열에 갇히게 된다.

그러나 이러한 질투의 기호학은 그것이 들뢰즈가 프루스트를 읽고 반복과 계열성의 문제(그리고 그로부터 따라 나오는 이성애와 일부

탈코드화(해독)하는 과정에서 그가 사실은 '동성애자'이며, 자신과의 연인관계는 그러한 동성애를 숨기는 연막에 불과하다는 사실을 깨닫고 질투와 절망에 휩싸이게 되는데, 이러한 상황을 프레시아도는 "탈코드화와 여실성이 맺는 반비례 관계"라고 말하는 것이다.

142 Ibid, p. 9. [한글본] 31쪽.

일처제의 문제)를 해결하는 방식에 대한 것이 아니었다면 특별히 예외적이지는 않았을 것이다. 처음에 질투가 일어나는 일로 시작한 기호의 심화는 사랑에 빠진 사람이 자신이 사랑하는 사람의 기호 세계로부터 우연히 배제된 것이 아니라 구조적으로 배제되었다는 것을 재인식할 때 전환점에 도달한다. 왜냐하면 자기가 사랑하는 사람이 생산한 기호는 다른 남자(그가 자신과 비교하고 경쟁할 수 있었던 남자)를 향한 것이 아니라 다른 여자를 향한 것이기 때문이다. 남자와 여자 간의 사랑의 진실은 거짓말의 형태로 말해진다. 들뢰즈는 프루스트를 뒤따르면서, 이성애적 사랑이 은폐된 타인에게 향하는 기호의 교환을 숨긴 속임수의 산물이라고 주장한다. 즉 남자는 다른 남자들을 위한 기호("소돔의 기호")를 생산하고, 여자는 다른 여자들을 위한 기호("고모라의 기호")를 생산한다. 사랑은 기호학적 사격장처럼 나타나는데, 여기서 이성애적 관계는 두 개의 엇갈린 유탄이 운 좋게 하지만 필연적으로 만난 결과이다. 들뢰즈는 이렇게 쓴다. "사랑에서의 본질은 처음에는 속임수의 법칙으로 육화되지만 두 번째에는 동성애의 비밀로 육화된다. 만일 속임수가 그것이 은폐하는 진실인 동성애를 지시하지 않았다면, 속임수는 그것을 본질적이고 의미심장한 것으로 만드는 일반성을 갖지 못했을 것이다. 모든 거짓말은 동성애 주변에서 조직되고, 거짓말의 중심에 동성애가 있는 만큼 동성애 주변을 맴돈다."[143] 나중에 르네 쉐레가 지적했듯이, 이성애적 사랑은 그것의 "피상적 깊이"로 특

---

[143] Ibid, pp. 8081. [한글본] 124쪽.

징지어지는 반면, 소돔과 고모라의 사랑은 "진리로 가득 차 있는 표면"을 드러낸다.144

그러므로 우리는 기호에 대한 배움이, 왜 선의지나 혹은 일종의 진리 추구 성향이 아니라 우리로 하여금 뭔가를 찾도록 밀어붙이는 구체적인 상황의 폭력에 의존하는지를 이해하게 된다.145 바로 이것이 우정과 철학이 기호의 생산에 근접해 있음에도 불구하고, 탈코드화에 필수적인 퀴어적 도구를 결여하는 이유이다. 왜냐하면 우정과 철학은 근본적으로 "현실주의적"이며, 또한 그것들은 기호 — 거짓말의 형태로 두 겹으로 접혔던 — 와 대면할 수 없는 순진한 이성애적 활동이기 때문이다. 사랑의 진실은 철학이 바라는 것처럼 이성의 전제가 아니라, 오직 실패 속에서만 성공할 수 있는 탈코드화 과정의 잔여나 찌꺼기이다. 진실은 사랑에 빠진 사람에게 이성애적 사랑의 계열적 반복이 주는 쾌락을 포기하라고 강요하는 폭력의 결과이다. 진실은 그가 거짓말을 믿게 되는 필연성이자, 소돔과 고모라의 위협에 직면한 그의 의지

---

144 Ren Schrer, Regards sur Deleuze, p.65. 이는 Deleuze, Proust and Signs, p. 81([한글본] 『프루스트와 기호들』, 124쪽)에 제시된 것을 번역한 것이다.

145 Deleuze, Proust and Signs, p. 15. [옮긴이주] 해당 내용은 다음과 같다. "누가 진실을 찾는가? 그리고 나는 '진실을 원한다'고 할 때 그 말의 의미는 무엇인가? 프루스트는 인간이란 설령 순수하다고 가정된 정신이라 할지라도, 참된 것에 대한 욕망, 진실에 대한 의지를 처음부터 가지고 있다고 생각하지 않는다. 우리가 구체적인 상황과 관련하여 진실을 찾지 않을 수 없을 때, 그리고 우리를 이 진실 찾기로 몰고 가는 어떤 폭력을 겪을 때만 우리는 진실을 찾아 나선다. … 진리는 결코 미리 전제된 선의지의 산물이 아니라, 사유 안에서 행사된 폭력의 결과이다." [한글본] 들뢰즈, 『프루스트와 기호들』, 39-41쪽.

에게 고통의 선택을 부과하는 강제력이다. 다른 "동성애자"에 대한 질투는 이성애적 사랑의 계열적 반복이 사라지는 소실점이자 분기선을 구성한다.

마지막으로 들뢰즈는 이후에 프루스트에 대한 해석에서 더 나아가『안티 오이디푸스』에서만 그 존재의 이유를 찾아볼 수 있는 어떤 관성에 따라 "동성애는 사랑의 진실이다"라고 주장한다.146 이 지점에서『프루스트와 기호들』은 기묘한 복잡성을 획득한다. 첫째, 들뢰즈는 이성애적 관계에 **간성 사랑**intersex love이라는 용어를 적용해 간성애와 동성애 간의 대립을 설정했는데, 이는 그가 어떤 분명한 관심도 보이지 않았던147 19세기 말에 사용되던 의학용어를 따른 것이다.148 둘째, 동성애는 실제로는 근원적 자웅동체의 산물인 것으로 드러나는데, 이는 "간성 사랑"으로 생각된 두 자웅동체 신체의 짝짓기로 이루어진다.

---

146 Ibid, p. 81. [한글본] 124쪽.

147『안티 오이디푸스』에서 들뢰즈는 간성의 언어보다는 이성애의 언어를 더 선호한다.

148 프루스트의 아버지인 아드리앵 프루스트는 실어증, 히스테리, 신경증에 관해 연구했던 전염병 전문가였다. 한 의사의 아들이자 9살 때부터 천식(당시에는 정신병리학적 상태의 증상으로 간주되었던)을 앓았던 프루스트는 성 병리학의 의학적 서술을 잘 알고 있었다. 들뢰즈가 자신의 프루스트에 대한 분석에서 의학 담론을 언급한 것은 아니지만, 프루스트의(따라서, 들뢰즈의) 동성애에 대한 해석과 제3의 성에 대한 카를 하인리히 울리히스Karl Heinrich Ulrichs의 이론 사이에 근사치를 설정하는 것이 가능하다. 나는「동성애자 되기Becoming Urning」(미출간 원고)에서 이러한 연관관계에 대해 자세히 설명한 바 있다.

우리 사랑의 무한성에는 근원적 자웅동체가 있다. 그러나 자웅동체는 스스로를 재생산할 수 없는 존재이다. 자웅동체는 성을 하나로 통합시키기보다 분리시키며, 서로 갈라지는 두 개의 동성애 계열, 즉 소돔의 계열과 고모라의 계열을 계속해서 흘러나오게 하는 원천이다. "두 성은 따로따로 죽어갈 것이다"라는 삼손의 예언의 열쇠를 쥐고 있는 것이 바로 이 자웅동체이다. 이 점에서 간성적 사랑149은 그저 각각의 성이 가진 목적지를 은폐하는 허울에 불과하며, 모든 것이 정교하게 꾸며지는 저주받은 심연을 숨긴다.150

이제 우리는 왜 동성애가 사랑의 진실인지를 분명히 이해하게 된다. "사랑의 진실은 무엇보다도 성의 격리cloisonement"151이다. 동성애는 하나의 정체성이나 관행이기 이전에 살아있는 존재들의 성적인 건축이다. 즉 성의 근원적 분리는 동성애적 사랑에 대한 이성애적 극장을 설립하는 것이다.

들뢰즈가 1970년에 『프루스트와 기호들』의 2부를 추가했던 것은 이러한 복잡성에 응답하기 위함이었을 것이다. 들뢰즈는 2부에 "문학

---

149 여기서 인용한 『프루스트와 기호들』의 영어판은 원문의 "les amour intersexuelles"를 "간성적 사랑"이 아닌 "이성애적 사랑"으로 부정확하게 번역했다. Gilles Deleuze, Marcel Proust et les signes, Paris: Presses Universitaires de France, 1964, p. 8[2006, p. 18]을 보라.

150 Deleuze, Proust and Signs, pp. 10-11. [한글본] 들뢰즈 『프루스트와 기호들』, 33-34쪽.
151 Ibid, p. 80. [한글본] 122쪽.

기계"라는 이름을 붙였으며, 여기에는 그리스인의 동성애와 유대인의 동성애에 대한 프루스트의 구분뿐만이 아니라, 프루스트에게 나타나는 동성애에 대한 근본적인 비유(분열분석에서 필수적이었던), 즉 식물적이고 전자기계적인 모형들에 대한 분석도 포함한다. 이 2부는 전지구적인 특정한 동성애와 국소적이며 불특정한 동성애에 대한 구분도 포함한다. 이러한 구분은 『안티 오이디푸스』에서의 몰적 동성애와 분자적 동성애의 대립에서 주제가 된다. 마지막으로 샤를뤼스라는 인물의 동성애는 가장 강력한 문학 기계 중 하나로 드러나는데, 이는 『안티 오이디푸스』와 『천개의 고원』에 등장하는 부분대상, 욕망하는 기계, 기관 없는 신체 등을 앞질러 있다.[152]

들뢰즈가 보기에 동성애는 그것이 생산하는 자율적인 기호들로 설명될 수 없고, 근원적 일치, 즉 근본적인 식물적 신화를 참조해서 설명되어야 한다.

여기서 식물적 주제는 유기체-로서의-로고스와 대립하는 것으로 그것의 완전한 의미를 갖는다. 즉 자웅동체는 이제는 상실된 동물적 총체성의 속성이 아니라, 하나의 동일한 식물 안에 두 개의 성을 실제로 분할하는 것이다. "남성적 기관은 여성적 기관과 분할됨으로써 분리된다." … 성이 주어진 한 개체는 (그러나 어떤 성도 총계나

---

[152] Deleuze and Guattari, Anti-Oedipus([한글본] 들뢰즈? 가타리, 『안티 오이디푸스』, 민음사, 2014); Gilles Deleuze and Flix Guattari, A Thousand Plateaus, vol. 2 of Capitalism and Schizophrenia, trans. Brian Massumi, Minneapolis: University of Minnesota Press, 1987. [한글본] 질 들뢰즈와 펠릭스 가타리, 『천개의 고원』, 김재인 옮김, 새물결, 2001.

통계적으로가 아니라면 주어지지 않는다) 자기 자신 안에 다른 성을 보유하고 있으나, 그 성과는 직접 소통할 수 없다.153

동성애와 이성애는 둘 다 이분법적인 훈육적 건축의 산물인데, 이 건축은 남성적 "식물" 기관과 여성적 "식물" 기관을 분리하면서 그 기관들이 함께 남아있는 것을 비난한다. 따라서 들뢰즈가 보기에 모든 간성적 관계는 같은 성의 영혼들 사이에서 자웅동체적 기호들의 교환을, 즉 "분할된 성들간의 횡단적 차원에서 발생하는 일탈적 소통"을 준비한다.154 바로 이것이 그가 "분자적 동성애"라 부른 관계이다. "더 이상 두 계열의 분리 속에서 남성들이 남성들과 관계맺고, 여성들이 여성들과 관계맺는 **총계적이고 특정한 동성애**는 없지만, 또한 한 남성이 여성 안에서의 남성적인 것을 추구하고 한 여성이 남성 안에서의 여성적인 것을 추구하는 **국소적이고 불특정한 동성애**가 있는데, 이것은 부분대상들인 두 성의 분할된 인접성 안에서 일어난다."155

들뢰즈는 이미 세 번의 신중한 전략적 대체를 만들어냈다. 첫째, 그는 "이성애"라고 말해야 할 곳에서 "간성성"intersexuality을 말한다. 둘째, 그는 이 간성적 관계의 특수한 형태에 "국소적 또는 분자적 동성애"라는 이름을 붙였다. 보다 더 폭력적이면서도 보다 덜 정당화된

---

153 Deleuze, Proust and Signs, p. 135. [한글본] 들뢰즈, 『프루스트와 기호들』, p.210.

154 Ibid, p. 136. [한글본] 211쪽.
155 Ibid, pp. 136-37, 강조는 원문 그대로. [한글본] 212쪽.

기표의 세 번째 전위는 "분자적 동성애"와 들뢰즈가 "횡단성애"transsexuality라 부른 것을 등치시킨 것이다.156 이제 우리는 들뢰즈가 이러한 특정한 동성애 형태를 설명하려고 "횡단성" 개념을 사용한 것에 놀라서는 안 될 것이다. "수분하는 곤충"처럼 행동하고 성들을 수정시키면서 횡단 작업을 수행했던 것은 샤를뤼스였는데, 그의 방식은 들뢰즈의 기호들이 개개별로 교환되는 일을 확실히 복잡하게 만들었다.

잠시 샤를뤼스라는 인물을 곱씹어보고, 그를 통해 『프루스트와 기호들』(6년에 걸쳐 분할 집필되었으며, 그동안 들뢰즈의 작업에서 가타리의 존재감이 점점 더 커졌다)의 1부와 2부 사이에서 일어난 이행을, 아니 그보다는 "동성애는 사랑의 진실"이라는 주장과 1970년 이후에 분자적 양상으로 동성애를 제한시킨 것 간의 이행을 추적해보자.

샤를뤼스에 이끌린 들뢰즈는 동성애에 대한 두 가지 대립하는 독해 사이에서 갈팡질팡하는 것처럼 보인다. 한편으로 동성애는 성들 간의 근원적 분할이 상연되는 고통스러운 무대로 제시된다. 샤를뤼스는 이러한 분리를 보여주고, 분할된 성들이 합류되기를 열망하며 수분을 수행한다. 이러한 의미에서 동성애자는 무엇보다도 교육적 인물, 즉 이성애자가 안전하게 기호의 미래와 자신의 성에 일어난 자웅동체적 분할을 마치 다른 누군가의 일이라도 되는 양 관찰할 수 있는 거울이다. 샤를뤼스는 렌즈이자 앎의 방법이며 이성애적 사랑의 근간을 이루는 메커니즘을 재현하는 도구이다. 들뢰즈의 입장에서 보면 샤를뤼스

---

156 Ibid, p. 137. [한글본] 214쪽.

는 젠더 해체의 전령이자, 기관들의 짝짓기로서의 성의 종말이며, 이러한 방식에서 동성애와 이성애의 구분 자체를 위협하는 것처럼 보인다.

샤를뤼스는 『잃어버린 시간을 찾아서』에 등장하는 탁월한 동성애 인물이기도 하지만, 또한 가장 중요하게는 남성 동성애자의 대표적 사례이기도 하다. 소설의 화자는 다른 남자에게서 동성애의 여성적 성격을 인식할 때 "그는 샤를뤼스이다"라고 말한다. 샤를뤼스는 기만적 기호들의 겹침이자 코드화와 탈코드화가 얽혀있는 고르디아스의 매듭이다. 기호들로 뒤덮여 있는 샤를뤼스의 몸은 마치 살과 뼈로 이루어진 텍스트라도 되는 양 탈코드화의 노동에 자기 자신을 바친다. 들뢰즈는 샤를뤼스를 기호들의 격자로 서술하면서 흥미롭게도 이브 코소프스키 세즈윅이 이후에 『벽장의 인식론』(1990)에서 제시한 노출/은폐의 변증법에 대한 설명과 가까워진다.[157] 쉐레가 지적했듯이, 동성애자는 자신을 은폐하는 바로 그 기호들을 통해 보여진다. "몸짓, 외모, 침묵, 자세 등은 상형문자에 대한 구두적 암호이다."[158] (기만적) 기호들의 단순한 발신자 그 이상으로 **샤를뤼스는 하나의 기호**이다. 그러나 의미화는 그의 기호학적 팽창을 교정하지 못한다. 들뢰즈가 보기에 동성애는 앎의 우월한 양식인데, 왜냐하면 바로 동성애 속에서 서구 형이상학의 모든 모순들이 사라지기 때문이다. 즉 기호학적 의례의 희생양인 샤를뤼스라는 인물은 기표와 기의, 저급한 것과 고상한 것, 여성과 남성을

---

157 Eve Kosofsky Sedgwick, Epistemology of the Closet, Berkeley: University of California Press, 1990.

158 Schrer, Regards sur Deleuze, p.65.

대립시키는 진리의 수직면에 변화를 일으킨다. 이것은 도착의 첫 번째 순간이다. 모든 대립의 니체적 **역전**, 모든 가치들의 가치전도. 그러나 두 번째 단계에서 도착은 무엇보다도 진리의 수직면의 **비틀림**이자, 기호들과 그 기호들이 불러일으키는 것처럼 보이는 초월적 진리 간의 조응의 변경이다. 동성애의 수평면은 기호들이 초월적 지시대상이 없이 순환하는 극장이다. 들뢰즈에 따르면, 분열증자가 무의미한 기표 사슬의 흐름에 굴복하는 것과 같은 방식으로 샤를뤼스는 흉내내기의 연속 안에서 쾌락을 느낀다. 이것이 『안티 오이디푸스』에서 들뢰즈와 가타리가 "그러므로 샤를뤼스는 확실히 미쳤다"고 말하게 만든 이유일 것이다.159 들뢰즈는 광적이면서도 퀴어한 인물들을 낭만화하고, 19-20세기의 정신병리학 언어를 무비판적으로 채택함으로써 성 이분법과 이성애 코드의 규범적 틀을 벗어나 동성애와 횡단성애를 사유할 수 없는 것처럼 보인다.

샤를뤼스는 식물적 자웅동체의 현현이자 동시에 분리된 성들을 소통하게 하는 수분하는 곤충이다. 그러나 들뢰즈가 "횡단성애적"이라고 부른 이 수분은 모순적으로 묘사된다.

그러나 이 분리되고 분할된 성들이 동일한 개체 안에 공존하기 때문에 문제가 복잡해진다. 식물이나 달팽이가 그런 것처럼 "최초의 자웅동체"는 다른 자웅동체들이 아니라면 수정될 수 없다. 그런데 중개자

---

159 Deleuze and Guattari, Anti-Oedipus, p. 318. [한글본] 들뢰즈‧가타리, 『안티 오이디푸스』, 529쪽.

가 남자와 여자의 소통을 일으키는 대신에 각각의 성 자체를 증식시키는 일이 일어난다. 자가-수정의 상징은 그것이 동성애적이고, 불임이며, 간접적이라는 점에서 더욱 감동적이다.160

샤를뤼스는 개체의 질서에 속하지 않고, 중성적 주체를 넘어서 있으며, 식물적 공간에서 수분의 임무를 스스로 떠맡는다. 들뢰즈와 가타리에 따르면, 샤를뤼스는 항문 수분 덕분에 오이디푸스의 성적 딜레마를 회피할 수 있다. "오이디푸스는 자신이 부모인지 자식인지 알지 못하는 만큼이나 자기가 살았는지 죽었는지, 남자인지 여자인지 알아서는 안 된다. 근친상간을 한다면 너는 좀비이자 자웅동체일 것이다."161 샤를뤼스는 아버지와 아들의 관계에 끼어들지 않고도 수정시킬 수 있다. 그는 항문을 넘겨주고 근친상간을 우회한다. 잔혹하게 반복적인 생식을 피하는 창조의 가능성. 우리는 들뢰즈를 매료시킨 것은 그가 분자적 동성애라고 부른 것이 수분하는 곤충으로서의 샤를뤼스의 능력, 즉 그가 아니었으면 불임이었을 사람들 가운데에서 수정·생성·창조성의 과정을 수행하는 능력이었다고 감히 말할 수 있다. 들뢰즈를 매료시킨 것은 바로 수컷의 모성이라는 수수께끼, 즉 암컷의 몸 바깥에서의 생성의 가능성이다.

샤를뤼스는 자웅동체들 간에 수정의 관계를 수립하는 위대한 수

---

160 Deleuze, Proust and Signs, p. 80. [한글본] 『프루스트와 기호들』, 122-123쪽.

161 Deleuze and Guattari, Anti-Oedipus, p. 83. [한글본] 들뢰즈와 가타리, 『안티 오이디푸스』, 140쪽.

분 곤충이다. "불임적 수정"이라는 역설적 작업을 행하는 것은 바로 샤를뤼스이다.162 분자적 샤를뤼스는 자기 자신을 역사 이전과 이후, 즉 인간으로 이어진 동물 진화 이전 그리고 오이디푸스적 이성애 계보학으로서의 인류 이후에 위치시키며, 반-로고스의 무의미한 질서인 기계의 질서, 예술의 질서, 사유의 질서에 접근한다. 그는 죄책감이나 게토와 동일시하지 않는다.163 그는 소돔과 고모라라는 "성경에 나오는 두 도시를 재생산하는 저주받은 결합"에 자신이 빠져드는 것을 허용하지 않는다.164 몰적 샤를뤼스와 분자적 샤를뤼스 간의 구분이 이제 더 명확해진다. 편집증과 분열증 간의 구분이, 정체성으로서의 동성애와 횡단적 되기로서의 동성애 간의 구분이 그랬듯이 말이다. 들뢰즈와 가타리는 『안티 오이디푸스』에서 이렇게 진술한다.

---

162 들뢰즈에게 샤를뤼스는 수분하는 곤충이자 욕망하는 기계이다. 기 오껭겜에게 샤를뤼스와 쥐피앙은 오히려 "성을 가지지 않는다. … 그들은 성 욕망의 기계 자체이다." Guy Hocquenghem, Homosexual Desire, p. 91. [한글본] 기 오껭겜, 『동성애 욕망』, 131쪽.

163 죄책감과 법의 우울한 양심이라는 주제에 대해서는 다음을 보라. Deleuze, Proust and Signs, pp. 131-136([한글본] 『프루스트와 기호들』, 201-212쪽), Gilles Deleuze, "Coldness and Cruelty", introduction to Venus in Furs by Leopold von Sacher-Masoch, in Masochism, trans. Jean McNeil, New York: Zone Books, 1991, pp. 81-90([한글본] 질 들뢰즈, 『매저키즘』, 이강훈 옮김, 인간사랑, 2007, 97-108쪽), Deleuze and Guattari, Anti-Oedipus, pp. 42-44([한글본] 들뢰즈와 가타리, 『안티 오이디푸스』, 83-86쪽)과, Schrer, Regards sur Deleuze, pp. 71-73.

164 Deleuze, Proust and Signs, p. 81. [한글본] 들뢰즈, 『프루스트와 기호들』, 125쪽.

그러므로 이것은 두 종류의 집단 또는 개체군, 즉 거대 집합체들과 미시 다양체들 간의 차이 문제에 더 가깝다. 이 두 경우에 투자는 집단적이요, 집단적 장의 투자이다. 단 하나의 입자에도 그것의 현존들이 공존하는 공간을 규정하는 흐름인 연합된 파동이 있다. 모든 투자는 집단적이고, 모든 환상은 집단 환상이며, 이런 의미에서 실재의 위치이다. 그러나 이 두 종류의 투자는 근본적으로 다르다. … 하나는 주권 형태를 취하고 있을 때나 군집적 집합의 식민지적 형성체에서나 인물들의 욕망을 사회적으로나 심리적으로 억압하는 **예속 집단**의 투자이며, 다른 하나는 욕망을 분자적 현상으로, 즉 집합체와 인물들에 대립하는 부분대상들과 흐름들로 실어나르는 횡단적 다양체 안에 있는 **주체-집단**의 투자이다.165

분자적 샤를뤼스는 끊임없는 되기들인 여성-되기, 동물-되기, 꽃-되기, 항문을 들락날락하는 한순간의 흐름을 위한 되기로 이루어지지만, 여성이나 곤충, 꽃, 똥 등과 동일시되지 않는다. 샤를뤼스는 그가 항문에 그것을 할 때 수정하기 때문에 분자적이다.

분자성은 동성애를 수정·생성·창조성에 제한시킨다.166 이런 의

---

165 Deleuze and Guattari, Anti-Oedipus, p. 280, 강조는 원문 그대로. [한글본] 들뢰즈와 가타리, 『안티 오이디푸스』, 469-470쪽.
166 들뢰즈는 1969년에 가타리를 만났고, 가타리가 철학적 훈련을 받지 않았음에도 "창조의 상태에서 철학을 마주하는" 방식에 깊은 인상을 받았다. Robert Maggiori, "Nous deux: Entretien avec Deleuze et Guattari", Libration, September 12, 1991. 그 순간부터 들뢰즈와 가타리는 20년여 년에 걸쳐 여러 기획을 함께 작업했다.

미에서 창조의 행위는 남성 성을 가진 "저자들" 사이에 특정한 "불임적 수정"을, 다시 말해 결백하고, 식물적이며, 기계적이고, 처녀적이지만, 또한 … 항문적인 생성을 수반할 것이다. 어쩌면 바로 이것이 들뢰즈의 작업에서 철학적 창조를 정의한 것 중에서 가장 자주 인용된 것이 "등 뒤에서 사정하기"(기이하게도 이 말은 크레솔에 대한 들뢰즈의 응답에서 나왔다)인 이유일 것이다.167 "철학의 역사는 일종의 항문성교이거나 '원죄없는 잉태'에 준하는 것이다. 나는 저자의 등 뒤로 다가가서 그에게 아이를 가져다주는 상상을 했다. 그 아이는 그의 아이이긴 하지만, 그럼에도 불구하고 괴물 같을 것이다."168 이러한 관점에서 보면 철학의 역사는 게토도 없고 원죄도 없는 분자적 동성애자들 간의 연쇄적인 항문 수정과 닮아있다. 즉 그것은 그들 자신의 이성애적 게토를 가진 "간성" 남성들 간의 항문 수정과 닮아있는데, 그럼에도 불구

---

167 [옮긴이주] 이에 대해서는 Gilles Deleuze, "Letter to a Harsh Critic", in Negotiations 19721990, trans. Martin Joughin, New York: Columbia University Press, 1995, p. 6. [한글본] 질 들뢰즈, 『대담 1972-1990』, 김종호 옮김, 솔출판사, 1995, 29-30쪽.

168 Deleuze and Guattari, A Thousand Plateaus, p. x. 『천개의 고원』영역자 서문에서 브라이언 마수미가 들뢰즈의 글을 약간 수정(가장 두드러진 것으로는 "성교(screwing)"를 "항문성교(ass-fuck)"로 옮긴 것이다)한 것을 재인용한 것이다. Gilles Deleuze, "I Have Nothing to Admit", trans. Janis Forman, in Anti-Oedipus, special issue of Semiotext(e) 2, no. 3, 1977, p. 112. [옮긴이주] 인용된 문장은 『천개의 고원』한글 번역본에서는 확인할 수 없지만, 마수미가 『천개의 고원』을 해설한 다음의 책에서 찾아볼 수 있다. Brian Massumi, A User's Guide to Capitalism and Schizophrenia: Deviations from Deleuze and Guattari, Cambridge/Massachusetts: The MIT Press, 1996, p. 2. [한글본] 브라이언 마수미, 『천개의 고원 사용자 가이드』, 조현일 옮김, 접힘/펼침, 2005, 8쪽.

하고 그들은 이성애적(여성적) 재생산의 법칙을 벗어나는 자웅동체적 회로에서 그들끼리 재생산을 한다.169

동성애는 오이디푸스를 지배한 것처럼 보이는 "자연적" 생성의 저주(이러한 자궁적 재생산은 남성을 이브와의 관계에 옭아매고, 또한 그 결과 죄책감과 정체성에 옭아맨다)를 넘어서 분자적 항문을 인공적이면서도 괴물스러운 수정에게 개방한다. "상형문자와 비밀스런 언어를 해독하기 위해 뚫고 내려간 이 어둑한 지대 안에 모든 것이 존재한다. 이집트 학자는 모든 것에 대해 입문 과정에 있는 남자, 즉 견습생이다."170 남성 이성애자 철학자들은 서로를 재생산하기 위해서 분자적 동성애자여야 한다. 서구의 남성 철학은 인공적인 가부장적 사정의 한 형태로, 이를 통해 기호학적 항문은 자궁(여성)이 되고, 그 이후에는 끊임없이 수분하는 곤충(동물)이 된다. 항문 철학자들은 전체 역사에서 데이지꽃의 텍스트적 흐름에 묶여 있었는데, 이 흐름은 항문과 음경을 결합시키고, 해석하고 번역한다. 몰적인 남성 이성애는 여기서 "분자적 동성애"의 진실이다. 우리가 이 글에서 내내 추적했던 해석의 문제가 갑자기 역전되는 것처럼 보인다. 이제 문제는 더 이상 들뢰즈와 가타

---

169 여기에서 우리는 여성성·성차·동성애에 관한 연구의 밑바닥에 숨겨져 있는 이성애 문제를 파헤치기 위해 여러 저자들 중에서도 특히 오토 바이닝거, 프리드리히 니체, 지그문트 프로이드, 자크 라캉의 저작들을 재검토해야 한다. 이에 대해서는 또한 슬라보예 지젝이 Metastases of Enjoyment, New York: Verso, 1995에서 바이닝거, 니체, 프로이트에 대해 분석한 것을 보라. [한글본] 슬라보예 지젝, 『향락의 전이』, 이만우 옮김, 인간사랑, 2001.

170 Deleuze, Proust and Signs, p. 92. [한글본] 들뢰즈, 『프루스트와 기호들』, 138쪽.

리가 왜 스스로를 "분자적 동성애자들"이라고 주장했는지가 아니라 왜 그들이 1970년대에 남성 이성애자라고 커밍아웃할 수 없었는지에 있다.

딜도

우리는 성적인 인공보철과 섹스 장난감의 생산과 관련된 문헌을 기원전 3세기 소아시아에서 번영했던 도시 밀레토스까지 거슬러 올라가 찾아볼 수 있다. 밀레토스는 그리스인들 사이에서 올리스보스 olisbos를 생산하고 수출하는 도시로 유명했다. 당시에 올리스보스는 나무나 속을 채운 가죽으로 만들어진 "남성 구성원의 모조품"으로 알려져 있었으며, 사용 전에는 올리브 오일을 넉넉히 발라야 했다. 여러 문헌들로 판단해 보면, 올리스보스는 많은 여성들의 자위용으로 사용되었는데, 이는 여성의 쾌락에 특별히 신경쓰지 않는 성적인 문화를 보충하는 방편이었으며, 또한 그리스인들에게는 트리바다스tribadas로 알려진 관습을 행하던 여성들도 올리스보스를 사용하였는데, 이 성적 모임에는 생물학적 남성은 속해 있지 않았다.[171]

『프랑스어 역사 사전』에는 성적 쾌락을 생산하려고 고안된 물체를 기술하고자 '고데미쉬godemichi'(1583)와 '고드미시godmicy'(1578)라는 단어가 출현했다고 적고 있다. '고드Gode'는 "아직 임신하지 않은 암컷 양" 또는 "부드럽고, 여성스러운 남자"를 의미한다.[172] 이러한 정

---

[171] 이에 대해서는 Reay Tannahill, Sex in History, New York: Scarborough House, 1980, p. 99를 보라.

[172] Alain Rey, Dictionnaire historique de la langue franaise, Paris: Le Robert, 1992의 'godemichi'와 'godmicy' 항목.

의에 따르면, 딜도는 쾌락의 생산만을 지시하는 것이 아니라 자위하는 여성을, 그리고 그 결과 이성애적인 생식 관행 내에서 신체 기관의 사용과 관련해 불임 여성이나 가짜 여성을 지시하기도 한다. 에드몽 휴거트와 알랭 레이는 '고드미쉐godemich'라는 단어의 두 가지 어원적 가능성에 초점을 맞추었다. 첫째는 "쾌락을 느끼다"나 "성적으로 흥분하다"를 의미하는 중세 라틴어 '가우데레gaudere'나 '가우데미히gaude mihi'에서 유래했다는 설이며, 둘째는 딜도가 만들어진 장소인 "가다메스Ghadames[지금의 리비아 서부도시-옮긴이]에서 온 가죽"을 지시하는 카탈루냐어 '가우다메키gaudameci'에서 유래했다는 설이다.173 스페인어 '고데오godeo', '고데스코godesco', '고디블레godible'가 비슷한 정의를 가지고 있지만 결코 딜도를 지시하는 데 쓰인 적은 없었다. 피에르 기로우드에 따르면, '고드미쉐godemich'라는 말은 '고데goder'("농담하다"나 "속이다")와 에로틱한 함의를 가진 16세기 명사 '미쉘Michel'의 합성어에서 유래했을 수 있다. 1930년경 '고데gode'는 '고데미쉐godemich'의 축약어로 "인공 남근"을 의미하는 데 쓰였다.174 여기서 『브리태니커 백과사전』 1980년 프랑스판에서 고다르Godard와 괴테Goethe 사이에 '고데미쉐godemich'를 포함하지 않았다는 점을 언급하는 것은 가치있는 일이다.

---

173 Edmond Huguet, Dictionnaire de la langue franaise du seizime sicle, Paris: Edouard Champion, 1925-1967, 그리고 Rey, Dictionnaire historique de la langue franaise, 'godemich' 항목.

174 Pierre Guiraud, Dictionnaire rotique, Paris: Payot, 2006, 'godemich' 항목.

영어에서 '딜도'라는 말은 16세기에 등장했고, "쾌락"이나 "환희"를 의미하는 이탈리아어 '딜레토diletto'에서 유래한 것처럼 보인다. 중세 영어에서 동사 '두도dudo'는 여성을 성적으로 "어루만지다"를 의미하였다. 분명한 것은 딜도가 17-18세기 영국에서 아주 흔한 말이었다는 점이다. 가령 자웅동체자들에 대한 고전적 논문인 자일스 제이콥의 「자웅동체자에 대한 논고」(1817)는 다른 여성들과 함께 살면서 불법적으로 남성 행세를 하는 여성들의 존재에 대해 주목했다. "여자 남편"은 "음경 결여를 보완하기 위해" 딜도를 사용한다는 것이다.[175] 외설적인 법의학 문헌의 시대에서는 "남편의" 진짜 "성"을 그가 죽고 난 뒤에 발견하고 모두(아내를 포함한)가 충격에 빠졌다는 식의 일화들이 발견된다.

19세기 속어에서 '딜도'는 "인공 음경"이나 "(밀랍, 뿔, 가죽, 인도 고무, 구타페르카[팔라퀴움 오블롱기폴리아 나무의 유액에서 추출한 물질로 골프공이나 껌의 원료로 쓰임-옮긴이] 등 및 기타 부드러운 소재의) 음경의 대체물로 여성들에게 이용된 음경 모양의 도구"를 의미했다. 그러나 '딜도'라는 단어에는 "어리석은" 또는 "멍청한"과 같은 의미도 있었다.[176] 우리는 여러 다양한 어원적 가능성을 넘어서 '딜도'와

---

175 Giles Jacob, Tractatus de hermaphroditis, 1817, Project Gutenberg, http://www.gutenberg.org/files/13569/13569-h/13569-h.htm.

176 John S. Farmer and William Ernest Henley, A Dictionary of Slang: An Alphabetical History of Colloquial, Unorthodox, Underground, and Vulgar English, 1903, reprint, London: Wordsworth Editions, 1982, 'dildo' 항목

'고데gode'에서 다음 두 가지 주요한 의미들이 반복해서 나타난다는 것을 알 수 있다. "질 삽입에서 음경을 대체하는 물건" 혹은 "부드럽고 여성스러운 남자".177 또한 '두도dudo'는 북아메리카의 사막 지역에서 자라는 매우 가시가 많고 분홍색 꽃을 피우는 선인장을 의미하기도 한다.

흥미로운 것은 조안 코로미네스의 『스페인어 어원사전』에는 '딜도'와 '고데미쉐godemich'를 의미하는 단어가 단 하나도 없다.178 스페인어에는 '위로하는 사람consolador', '음경벨트cinturn polla', '플라스틱 음경polla de plstico'과 같은 기존의 단어들이 있다. 첫 번째 단어는 레즈비언 성문화에서 딜도에 대해 말할 때 사용되지 않는다. 그보다는 '진동기vibradores'라는 말을 쓸 것이다. 나는 이 연구를 통해 '딜도'라는 상위의 용어 아래 함께 묶이는 섹스 장난감 대다수가 단지 "음경"의 플라스틱이나 실리콘 모조품이 아니며, 그런 의도로 쓰이지 않는다고 결론짓는다(예를 들어 어떤 것들은 인공보철 손이나 혀에 더 가깝다). 이 연구의 스페인어판에서 나는 스페인과 라틴 아메리카의 게이 레즈비언 문화에서 이미 사용하고 있는 '딜도'라는 단어를 히스패닉화하면서, 규범적이면서 의미를 약화시키는 단어들인 '플라스틱 음경'이나 '음경벨트'는 무시하기로 결정했다.

스페인어에서 '딜도'라는 말을 쓰는 것은 어원적으로는 라틴어

---

177 이에 대해서는 Jonathon Green, Green's Dictionary of Slang, digital ed., 2018, https://greensdictofslang.com/, 'dildo' and 'gode' 항목을 보라.

178 Joan Corominas, Diccionario crtico etimolgico de la lengua Castellana, 4 vols, Bern: Francke, 1954.

'딜렉티오 *dilecti*'(즉 사랑, 환희, 쾌락)와의 관계로 정당화될 수 있을 것이다. '딜렉티오'는 현대 스페인어 '딜렉씨온 *dileccin*'의 어원이며, 이를 『스페인 왕립 아카데미 사전』에서는 "진정한 선의와 사려깊은/성찰적인 사랑"으로 정의한다. 실제로 내게 이 후자의 의미가 '딜도'에 대한 꽤 멋진 정의로 다가온다. 즉 '딜도'는 성찰적인 사랑이다.

내 사랑 인공보철[179]

지그재그를 위하여

이것은 지구상에서 첫걸음을 뗀 최초의 부치들에 대한 이야기이다. 이 모든 것은 컴퓨터가 수백 장의 펀치카드로 이루어진 가엾은 전쟁 기계에 불과한 것이기 전에 시작되었다. 나는 기억나지는 않는다. 그러나 당신은 나를 믿어야 한다. 이것은 남성 몸과 여성 몸의 단조로운 진화에서 돌이킬 수 없는 이행이었다는 것을.

1945년 9월 2일, 최초의 레즈비언 영부인 엘리너 루즈벨트가 각료의 밀실에서 기다리고 있다가 전선에서 돌아오는 흑인과 백인 병사들을 맞이했다. 가엾어라! 그들이 집에 돌아갔을 때 기다리는 이는 아무도 없었다. 노년의 여성들, 신혼의 여성들, 백인 및 비백인 여성들은 모두 전쟁이 일어나는 동안 공장에서 일하는 법을 배웠다. 그들은 아마조네스[그리스 신화의 아마존 부족 여전사—옮긴이]들처럼 산업 시대에 살아남았다. 그들은 모유가 아니라 기계유로 국가를

---

179 이 글은 『대항성 선언』과는 별개로 "Prothse, mon amour"라는 제목으로 프랑스어로 먼저 출간되었다. "Prothse, mon amour", in Attirances: Lesbiennes fems/Lesbiennes butch, ed. Christine Lemoine and Ingrid Renard, Paris: ditions Gaies et Lesbiennes, 2001, pp. 329–335.

먹여 살렸다.

미국은 앳된 얼굴의 엉덩이가 반질반질한 소년들을 제2차 세계대전에 내보내, 국민들에게 질서를 가져다주려고 몹시 서둘렀다. 그 누가 국가에게 그들의 소중한 병사들이 공산당원들이나 호모들처럼 추잡하다고 말할 수 있겠는가? 그러나 미국과 유럽의 병사들, 연합군과 적군은 **항문의 부르심**을 들었다. 그들은 곡사포의 폭력성과 직장直腸 내에서 느껴지는 곤봉의 부드러운 촉감을 발견했다. 그렇다. 전쟁은 평화가 아니었다. 전쟁은 미국 최초의 동성애 공동체의 탄생을 촉발시켰던 것이다. 그리고 전쟁과 동성애의 동시적 생산이 일으킨 수많은 부수 효과는 어떤가? 그 이후 어떻게 전투성을 막아낼 수 있었겠는가? 우리가 어떻게 미래의 성 공동체를 군부대와 구별할 수 있겠는가?

일부 병사들은 팔다리를 하나 이상 잃었다. 전쟁 공장들은 가전제품을 제조할 뿐만 아니라 또한 전투 중 불구가 된 신체들을 보수하려고 인공 팔다리를 제조하는 산업으로 변모했다. 기관총과 폭탄을 생산하던 바로 그 공장들이 이제는 반짝이는 관절 의족을 만들었다. 1950년대의 가장 중요한 두 명의 건축가들인 찰스와 레이 임스 Charles & Ray Eames는 전쟁에서 평화로의 이행은 무기를 재활용해 급부상하는 안락한 소비 사회를 위한 새로운 물건으로 바꿔내는 것이라는 점을 이해했다. 그래서 임스 부부는 그들이 부상병의 팔다리를 제자리에 고정시키는 합판 시트를 만드는 데 사용했던 것과 동일한 가공 섬유판으로 미국의 학교나 회의실에서 쓰일 다양한 색상의 의자를 만들었다. 새로운 시장의 정언명령은 물질적 가소성과 합리적 가격이었다. 전시 비상식량으로 발명되었던 통조림 식품도 이제 현대의 가정주부에게는 없어서는 안 될 동맹자가 되었다.

♀ ♂ ♀ ♂ = ▯ = 🏠 = ▮

리틀보이는 1945년 8월 6일 히로시마에서 질산은窒酸銀 필름에 자신의 자취를 남기고, 사람들 각자의 몸에 문신을 새겼다. 재현 기술과 전쟁 기술은 하나이자 동일한 전투이다. 단 하나의 동일한 기술적 과정이 현대적인 백인 이성애 미국인 부부 뒤에, 소비자의 만족할 줄 모르는 신체 뒤에, 텔레비전과 머지않아-색깔로-채워질 텔레비전의 이미지들 뒤에, 산업용 성형 플라스틱 뒤에, 자동차와 주택가로 이어지는 고속도로 뒤에, 피임약 뒤에, 출생 전 태아 진단 뒤에, 수소폭탄 뒤에 숨어 있었다. 나는 아무것도 보지 못했다. 그러나 나는 마릴린 먼로와 엘비스 프레슬리가 약물을 통해 탄소와 화합된 두 개의 완벽한 플라스틱 신체였음을, 그들의 목소리를 녹음한 음반과 똑같은 플라스틱 신체였음을 알고 있다. 그들의 매끄럽게 빛나는 신체는 히로시마의 잿더미에서 태어났다. 남성성과 여성성에 대한 새로운 할리우드적 원형은 이미 너무나 인공적이어서, 엘비스가 드랙킹이 아니었다거나, 마릴린이 실리콘 성전환자가 아니었다라는 데에 그 누구도 단 1달러조차 걸지 않을 것이다. 몇 년 후, 라스베이거스의 시저스 팰리스는 마릴린과 엘비스의 닮은꼴대회를 열어 그들의 플라스틱 영웅을 따르는 전국 각지의 모형 모조품들을 끌어들였다.

전쟁 이후에 있었던 일은 이런 것이다. 즉 가장 거대한 인공보철

체계인 통합된 세계 자본주의는 성 정체성의 산물들을 게걸스럽게 먹어 치워 상품화하기 시작했다. 평범한 소비재, 의족, 실리콘 가슴은 이제 산업적 규모로 생산되어 비슷한 디자인, 생산, 판매 절차 등을 거친다. 신체들은 운동으로 가꿔지고, 부품을 갈아 끼우고, 정맥주사를 맞고, 성형된다. 신체들은 방사선·비타민·호르몬을 통해 자기 자신을 치료했다. 새로운 성 산업의 재생산 메커니즘인 젠더 수행성은 이 새로운 산업화된 신체에 속했다. 자본주의 기계의 성공은 물질적·신체적 가소성을 새로운 소비자 주체를 생산하는 작업에 밀어 넣게 만드는 능력에 달려 있다. 그러고 나서 이러한 가소성이 조금씩 전지구적 차원을 차지했다. 지구 자체가 거대한 생체정치적 산업이 되었다. 이 모든 제조 과정의 뒤에는 이성애적 식민주의 서사가 숨어 있고, 이 서사는 남성들의 기계적 신체와 어머니들의 "자연적"(먹을 수 있는) 살의 '영원한' 재생산을 정당화했다.

$$\text{♂} = \text{Y} = \text{♂}$$

소비재의 대량생산 =

새로운 플라스틱 몸 문화 =

새로운 젠더 수행성

닉슨이 소련에 세탁기를 파는 동안, 미국의 다이크들은 군인들이 그랬던 것처럼 남몰래 근육을 키우기 시작했다. 그들은 자신들의 아버지를 겁먹게 할 인공보철을 서로에게 제공하기 시작했다. 근육과 딜도가 자신들에게 잘 맞는다는 것을 그들이 알게 된 것은 그리 오래된 일은 아니었다. 성전환 여성들이 그들의 신축성있는 젖꼭지를 관광객들에게 판매하며 먹고 살았던 곳과 가까웠던 샌프란시스코와 뉴욕의 도심지들에서는 최초로 고무 딜도를 달고 고무 부츠를 신은 부치들이 최초의 펨들을 만났던 곳에서 레즈비언 바가 개장되었다. 전국 각지의 물건들과 신체들이 플라스틱화되고, (탈)색화colored 된다면 누가 플라스틱 음경을 거절할 수 있겠는가?

조립식 주택과 주방용 로봇에 둘러싸인 부치는 기술적으로는 단순하고 저렴하지만 사회적·정치적 측면에서는 정교하고 값비싸게 설계된 신체처럼 보였다. 마치 테크노가부장제 자본주의와 동일한 변형을 겪은 것처럼 1950년대 복고풍의 다이크 신체는 기계의 리듬에 맞춰 변형되었다. 부치는 UFO를 타고 우리 — 여기서 '우리'는 모든 종류의 자연적 인간을 의미한다 — 에게 온 것이 아니다. 👽 그녀는 공산주의자의 스푸트니크호[세계 최초로 발사에 성공한 우주선-옮긴이]에서 하선한 것도 아니다. 그녀는 공장에서 자라났다. 자신의 계급·젠더·인종·성욕망에 다양하게 압박받은 부치는 이른바 '인간의 주체성'보다는 기계의 객체화나 외부성에 더 가깝다. 그녀는 프롤레타리아이자 게릴라이다. 그녀는 자기 몸이 전선에 배치되는 것을 두려워하지 않는다. 그녀는 육체노동에 대해 잘 알고 있다.

강제수용소와 실험실의 상속인인 전후 식민주의 인류학이 우리에게 말한 것은 영장류는 도구를 만들고 무기를 다루게 된 엄지손가락의 해방 덕분에 동물적 조건에서 벗어날 수 있었다는 것이다. 자, 그렇다면 우리는 유럽 백인 남성의 손에게 바쳐진 이 허구를 한 바퀴 돌려, 부치는 그녀의 노동하는 손 덕분에, 즉 외설적이고 추방당한 불편한 몸짓으로 노동 도구와 합쳐지고, 탁월하게 기계를 조작하며, 뜻밖에 기계와 짝을 짓고, 몸의 배관공사를 손쉽게 해내고, 다정하게 군림함으로써 여성성을 배신하는 손 덕분에 자신의 여성적 조건에서 벗어난다고 말할 수도 있는 것이다.

젠더화된 행동, [섹스]체위, 성적인 몸짓, 앵앵거리는 오르가슴의 단조로운 신음 등의 반복에서 오는 권태의 한가운데에서, 극히 드물게 사건이 발생한다. 즉 해부학적 지도의 법칙을 다시 쓰고, 피부를 바꾸고, 쾌락을 다른 이름으로 부르려는 필사적인 시도가 있다. 부치가 바로 그 사건이다. 그녀는 이성애적 신체의 반복에 파열을 일으켰다.

탈형이상학 시대의 딸인 그녀가 손짓, 도구의 사용, 기계에 관한 지식이 남성 또는 여성의 단 하나의 본질과 자연스럽게 연결되지 않는다는 것을 깨달은 순간 그녀는 테크놀로지 도둑이 되었다. 그녀는 부주의한 스파이처럼 백인 이성애자 부부와 그들의 아이들이 텔레비전을 보고 있는 차가운 방에 불쑥 들어가 남성들이 자신들의 지배를 자연이라고 꾸미게 만든 바로 그 인공보철을 훔쳤다. 그녀가 일으킨 바람에서 가장 아름다운 것이 무엇인가를 보면, 그녀가 남성성을 흉내냈다는 것이 확실하다. 그녀의 가장 영리한 전략이 무엇인가를 보면, 그녀가 젠더 생산의 장신구를 밀수했다는 것이 확실하다. 최초에는 흰 티셔츠,

치노팬츠, 가죽벨트, 가슴 압박용 밴드, 헤어젤이, 그리고 또한 이동과 소통을 향상시키는 기구들처음에는 오토바이, 다음에는 타자기, 카메라, 컴퓨터 등이 그렇다. 처음에는 딜도가, 다음에는 호르몬이, 그리고는 육신 자체와 주체성이 그렇다.

처음에 부치는, 펨에게 서비스하는 젠더의 전도에 불과했다. (부치는 모든 소녀들이 꿈꿔왔던 "완벽한 남자친구", "매력적인 왕자님"이었다.) 그런 다음 그녀는 이성애의 제약에서 벗어나 자기 변형을 그 극한까지 밀어붙여 외양적 텔로스인 남성 신체로부터 스스로를 해방시키려 했다. 오랫동안 남성의 특권이었던 다소 정교한 다양한 인공보철을 사용할 때조차, 이러한 사용이 어떠한 상황에서도 동일한 지배의 효과를 일으키게 하지 않았다. 인공보철은 본질이 아니다. 그것은 환승[갈아타기]이다. 그것은 단일한 기원이 아니라 다양한 효과이다. 그것은 접붙이기의 구체적 맥락 내에서만 존재한다. 기구들과 도구들이 남성성에 묶여 있는 권력의 실천으로부터 분리되고 대항성적 탈맥락화의 대상을 구성한다.

이러한 성문화의 역사에서 부치는 노동하는 여성들에게 개념적 섹스를 소개한 사람이다. **레즈비언 기계**sapphic machine들에서 생식 기관을 재활용한 것이다. 차-차-차-우-우![180] 남자도 여자도 없이

---

180 [옮긴이주] 해당 문장의 스페인판 원문은 다음과 같다. "Recicla seus rgos em mquinas sficas. Cha-Cha-Cha-Uh-Uh!" '레즈비언 기계'를 의미하는 마끼나 사피까스mquinas sficas에서 '사피카스'는 기원전 6세기의 서정시인 사포sappho에서 유래한 말이다. 그녀는 그리스 레스보스섬에서 태어나 활동했는데, 어린 귀족 집안 소녀들을 모아 음악과 시, 무용 등을 가르치는 것을 생업으로 했다. 여기에 레스보스섬 사람이라는 의미에서 '레즈비언

성교를 한다고? 성과 젠더 역할의 변화가 아니라면, 특정한 인공보철의 투입이 아니라면 부치/펨의 섹스는 존재하지 않는다. 쾌락/고통, 복사/붙여넣기, 탑/바텀, 부치/펨은 다양한 욕망의 이질생성적인 시적 생산의 발산적 벡터, 조작적 매트릭스, 가변적 형상에 다름 아니다.

'Y' 'Y' 'Y'

부치는 스스로를 만들어냈다. 그녀는 전쟁보다 차갑고 돌보다 단단하다. 그들은 그녀를 스톤 부치[통상 파트너와의 성적 접촉을 원하지 않는 부치를 지시하는 말-옮긴이]라고 부른다. 만질 수 없는 그녀는 자신의 (여성적) 신체에서 최소한의 공간만을 쾌락에 바치면서 **대항성적** 경기 침체를 관리한다. 그녀는 가소적이자 육욕적인 항상 차이나는 공간에 있으면서 자기 신체 바깥에 쾌락의 가능한 최대량을 생산한다. 스톤부치는 만져지지도 삽입되지도 않는다. 나는 아무것도 본 적이 없지만, 쾌락이 (남성적 또는 여성적) 신체로부터 나오는 것이 아니라 인공보철의 육화로부터, 자연적인 것과 인공적인 것이 만나는 접점으로부터 나온다는 것은 알고 있다.

그러나 부치는 남성성의 모방과 대안적 여성성의 생산 사이에서 일어난 합선의 산물이기도 하다. 그녀의 정체성은 일탈로부터, 즉 반복 과정의 내부에서 일어난 탈선 사건으로부터 나온 것이다. 삭발한 머리

---

lesbian'이라는 말이 유래한다. 플라톤은 그녀를 9명의 여신이 뒤이은 "10번째 뮤즈"라고 불러야 한다고 말했는데, 프레시아도는 이를 '음악의 여신인 사포의 기계' '사포스러운 기계'라는 의미를 연상하면서 음악적 리듬(차-차-차)를 읊조리는 것이다.

와 손에 담배를 끼워 외관상 남자처럼 보이는 그녀는 스스로를 허구적 남성성의 상속자로 선언하는데, 남성 자신들은 (그들이 남성성을 믿는다는 가정에서 보면) 신체를 가진 적도, 신체화할 수도 없는 그러한 허구적 남성성은 오로지 부치만이 성공적으로 수행하고 모방할 수 있다.

따라서 부치는 이성애적 남성의 '겉으로 드러난 모습'과는 대척점에 있다. 돌처럼 차갑지만 예민하고, 강인하지만 부드럽고, 만질 수 없지만 다양한 오르가슴을 느낀다. 부정되고 확대된 그녀의 몸은 삽입 없이 성교를 하며, 성교 없이 삽입한다.

이성애적 남성성 및 여성성의 고정관념은 부치/펨의 만남이 생산하는 섹슈얼리티의 변환의 특징을 설명하지 못한다. 조안 네슬레 Joan Nestle는 진정한 펨은 핸드백에 딜도를 넣지 않고는 거리로 나오지 않는다고 말한다. 딜도를 부치의 허리·팔·다리에 조심스럽게 부착하는 것은 바로 펨이다. 펨이 없는 부치는 섹스리스 부치이다. 부치는 펨이 제공한 딜도로 펨과 성교한다. 기관의 이러한 거래는 어떻게 안정화될 수 있는가? 딜도는 누구의 것인가? 그렇다면 삽입하는 신체와 삽입되는 신체는 누구인가? 합체의 사건은 어디에서 이뤄지는가?

부치의 딜도는 다른 많은 것들 중에서 그저 하나의 인공보철에 불과하다. 즉 딜도는 부치의 노동하는 손이 지닌 이미 확인된 능력을 확대하고 강화한다. 무엇보다도 이러한 딜도는 부치가 자신의 영적인 추동력을 제공하는 손-기계이다. 딜도가 골반의 가소적 연장이 되기 위해서는 이러한 전문가의 손을 부치의 몸통에 접붙이는 것으로 충분하다. 그러는 동안 남성은 자신의 자연적 우월함을 확신하는 데 머무른다.

인공보철은 어떤 부재를 환상으로 보충하지 않는다. 그것은 환각도 망상도 아니며, 오히려 그것은 슈레버 판사의 벗은 몸통에 달린 가슴처럼 생산적 강도의 띠를 구성한다.[181] 특정한 테크놀로지와 특정한 정신분석학 분야가 공유하는 부재의 형이상학은 우리 모두가 무언가를 결여하고 있다고 우리를 설득하고 싶어한다. 그 형이상학은 우리에게, 여자는 음경을 결여하고, 남자는 자궁과 가슴을 결여하며, 그래서 여자와 남자는 모두 "초월론적 남근" 즉 거대 딜도를 결여하고 있기 때문에, 세계 질서가 제대로 작동하는 것이라고 말한다. 그 형이상학은 우리에게 동물은 영혼을 결여하고, 사이버네틱 기계는 살과 자유의지를 결여하고 있다고 말한다. 그 형이상학은 우리에게 전기 연결이 정보과잉을 통해 이러한 결함을 보충한다고 말한다. … 우리는 아무것도 결여하지 않는다. 우리는 음경을 결여하지 않는다. 우리는 가슴을 결여하지 않는다. 신체는 이미 다양한 강도들의 교차로이다. 우리는 욕망이 생산할 수 있는 것만큼이나 많은 기관을 가지고 있다. 우리가 결여한 것은 적극성뿐이다. 우리는 그 외 나머지를 엄청나게 가졌다.

바로 이것이 부치의 특수성, 즉 그녀의 생산적 욕망, 그녀의 투지다. 모든 것이 톰보이가 자신의 "결여"를 위한 보상으로 그저 남성성

---

181 Gilles Deleuze and Felix Guattari, *Anti-Oedipus*, vol. 1 of *Capitalism and Schizophrenia*, trans. Robert Hurley, Mark Seem, and Helen R. Lane, Minneapolis: University of Minnesota Press, 1983, p. 19. [한글본] 들뢰즈와 가타리, 『안티 오이디푸스』, 47쪽.

의 놀이를 할 뿐이라는 것을 암시하는 것처럼 보일 때, 부치는 주도권을 잡고 몸을 제작한다.

　1950년대에 부치는 공장에서 만들고 집에서 사용했던 낮은 기술의 성적 사이보그였다. 그녀의 정체성은 사회적 설비, 즉 이성애의 고철더미에서 주운 예비 부품으로 만들어진 트랜스유기체transorganic 조직이었다. 그녀의 몸은 새로운 성 기관의 이식이나 전위를 위한 특권화된 공간이었다. 부치는 다른 인공보철을 연결할 수 있는 장치이자 단말기였다. 모니크 위티그와 마찬가지로 그녀는 질을 갖지 않았다. 그녀의 성은 생식기적이지 않았다. 그녀의 몸은 산부인과나 내분비학의 해부 대상이 아니었다. 부치는 이성애 질서의 생식을 변경하고, 자연 모방의 사슬을 끊으면서 진화 법칙에서 이탈했다. 그녀는 포스트휴먼이자 포스트진화론적 존재였다. 부치는 세포와 기관에서 발생한 정치적 돌연변이였다. …

　그러나 이러한 혁명적 순간이 미래주의적이거나 유토피아적인 것은 아니었다. 거기에는 어떠한 마력도 없다. 최초의 부치들은 시크하지도, 힙하지도, 쿨하지도 않았다. 이들 근육질의 팔과 탄탄한 다리가 거리를 걸어갈 때, 그들은 목소리를 낮춰 이렇게 언급했다. "저 부치를 봐봐", "형씨, 저 다이크 좀 봐봐", "저 여자 레즈비언은 자기가 대단한 놈 아니 대단한 뭔가로 생각하겠지?"

　　　　남자들이 노래한다:　🔊♩♪♪　*부치는 추해.*　♪♪♪

　　　　펨들이 응답한다:　🔊♩♪♪　*부치는 섹시해.*　♪♪♪

인공보철의 추함이 레즈비언 신체의 아방가르드 미학이다.

접붙이기, 딜도, 이식, 약물, 호르몬 … 그 밖에 너무나 많은 인공보철들이, 그 밖에 너무나 많은 젠더-생산의 지대가 있다. 인공보철은 합체의 발생이며, 역사적으로 보면 우리의 탈산업 사회들에서 "신체가 되는" 유일한 방식이다. 인공보철은 추상이 아니다. 인공보철은 여기나 지금이 아니라면, 이 신체가 아니라면, 이 맥락에서가 아니라면 존재하지 않는다. 나는 아무것도 보지 못했지만, 21세기에는 모든 젠더들이 인공보철적이 될 거라는 것을 알고 있다. **남성성**과 **여성성**은 역사적(아마도 구닥다리) 합체구조를 지칭하는 용어가 될 것이다. 바로 이것이 인공보철 몸인 부치가 일반화된 정체성 생산과정의 예외가 아니라 그 일부인 이유이다. 스페인 마초맨은 부치 못지않게 인공보철적이며, 비비 안데르손의 곡선미는 파멜라 앤더슨의 곡선미만큼이나 인공적(그만큼 영광스럽다!)이다.182 우리가 알든 모르든 간에, 우리 모두는 페드로 알모도바르Pedro Almodvar의 영화 『내 어머니의 모든 것』 (1999)의 아그라도처럼 우리 신체의 인공보철적 트랜스생산transproduction을 기다리고 있다. 즉 새로운 모뎀, 새로운 심장 박동기, 골수 이식, 새로운 항바이러스 혼합제, 더 나은 엑스터시, 클리토리스는 자라나게 하지만 머리털은 주지 않는 호르몬, 남성용 피임약, 주부용 비아그라 … 등을 기다리고 있다.

---

182 [옮긴이주] 비비 안데르손Bibi Anderson(1935-2019)은 1950년대에서 70년대에 주로 관능미 넘치는 여성을 연기했던 스웨덴 출신의 배우이다. 파멜라 앤더슨Pamela Anderson은 캐나다출생의 모델이자 배우로, 플레이보이지 모델로 데뷔해 전세계적으로 가장 유명한 섹스심벌이 되었다.

다음 세기의 부치들은 제임스 딘처럼 보일 필요는 없으며, **아버지**의 것과 같은 음경을 가질 필요도 없다. 그들은 이성애적 진화로부터 그들을 분리시키는 DNA 염기서열을 가지고 논다. 그들은 **변이**중이다.

2000년 10월 30일, 뉴욕

저자 후기

이 선언문은 프랑스와 미국을 오가면서 쓴 여행일지이기도 하다. 나는 1999년 1월 자크 데리다의 초청을 받아 사회과학고등연구원[183]에서 열리는 세미나에 참석하기 위해 파리에 도착했다. 프랑스에서 "탈구축[해체] 하기"가 무엇을 의미할 수 있는지를 알기 위함이었다. 또한 나는 모니크 위티그의 '잃어버린 흔적'을 찾아보고 싶기도 했다. 내가 "탈구축"이라고 말할 때는 특히 주디스 버틀러와 같은 퀴어 페미니스트 독자의 렌즈를 통해 자크 데리다의 철학을 대서양을 가로질러 수용한 것을, 그리고 1970년대에 퀴어 이론으로 알려지게 된 것을 지시하는 것이다.

의심의 여지 없이 우리는 대서양을 사이에 두는 두 지역에서 일어난 독해 및 번역 실천들에 대해 묻고자 했다. 프랑스에서 이러한 실천은 탈구축을 정치적으로 중립적인 지적인 게임처럼 보이게 만들었던 반면, 미국에서의 탈구축은 무엇보다도 침입과 언어 혼종화의 실천으

---

[183] [옮긴이주] 사회과학고등연구원(cole des hautes tudes)은 1947년에 설립된 사회과학연구기관으로, 현재는 2006년 토마 피케티의 주도로 사회과학개발연구원(Institut de Recherche pour le Dveloppement), 응용경제연구센터(Centre Pour la Recherche EconoMique et ses APplications), 고등사범학교(cole Normale Suprieure), 국립고등교량도로학교(cole Nationales des Ponts et Chausses), 파리 제1대학교(Universit Paris I Panthon-Sorbonne) 등의 연구기관, 대학, 그랑제꼴 등을 모아 설립된 경제학 중심의 대학원 기관인 "파리 경제학교"(cole d'conomie de Paris)의 소속기관이 되었다.

로, 이는 정치적·사회적 제도들을 자연화하는 규범적 기능들을 약화시키고, 그 제도들을 가역불가능한 이행에 붙잡아둔다. 퀴어 탈구축[해체]? 그보다는 "이행하기" 또는 "접붙이기" 또는 단지 "딜도학"에 관해 말하는 편이 더 나을 것이다.

이 책 『대항성 선언』은 『스트레이트 마인드』가 프랑스어로 출판되었더라면, 즉 그 책의 저자가 사막으로 탈출하지 않았더라면, 그래서 프랑스의 급진적 레즈비언주의가 백인 자유주의 페미니즘 뒤에 숨어서 스스로를 배반하지 않았더라면 열렸을 수도 있는 정치적·이론적 공간에서 자신이 놓일 자리를 "찾는다."

어떤 텍스트가 퀴어 철학의 일탈적 "교본"이 되어야 하는가? 우리는 급진적·성적·정치적 운동의 기원을 여전히 기억하는 행위자들을 어디서 찾을 수 있는가? 어떻게 우리는 프랑스 레즈비언 연결고리를 이해하게 해줄 앵글로색슨적 실마리를 찾을 수 있는가? 퀴어 철학에 관해 말한다는 것은 어떠한 가이드도 없이 눈에 보이지 않는 지도만으로 여행하는 것을 의미하며, 결국 눈에 보이는 어떠한 고정된 프로그램이나 목표 없이 **문헌집**을 발명하는 것을 의미한다.

감사의 말

프랑스 퀴어 활동가 단체 쭈Zoo와, 내가 이 책의 핵심 생각 중 일부를 다듬고 있던 1999년 겨울과 2000년 봄에 열린 Q 세미나에 참석한 모든 이들, 특히 자비에르 르모인Xavier Lemoine, 마틴 라로쉬 Martine Laroche, 소피 쿠르티알Sophie Courtial, 니니 프란체스코 체케리니Nini Francesco Ceccherini, 자크 이스나르디Jacques Isnardi, 베르나데트 히니크Bernadette Henique, 제라드 베루스트Grard Verroust, 캐서린 비올레트Catherine Viollet에게 감사드립니다. 그리고 내가 결코 발명해본 적이 없는 레즈비언 문헌의 거의 모든 부분에 대해 신세를 진 수제뜨 로비숑-트리통Suzette Robichon-Triton에게 특별히 고마움을 전합니다. 프랑스에서 열린 세미나와 대담에서 내게 여러 차례 말할 기회를 준 페미니스트들인 니콜 클로드 마티외Nicole Claude Mathieu, 다니엘 샤레스트Danile Charrest, 게일 피터슨Gail Pheterson, 프랑스와즈 뒤루Franoise Duroux에게 감사드립니다.

사회연구 뉴스쿨 철학부와 당시 나를 지도해 주었던 교수들인 자크 데리다, 아그네스 헬러Agnes Heller, 리처드 번스타인Richard Bernstein, 앨런 바스Alan Bass, 제시카 벤자민Jessica Benjamin, 제프리 에스코피에Jeffrey Escoffier, 디온 파쿠하Dion Faquhar, 이르미야후 요벨Yirmiyahu Yove, 알렌 베루베Alan Berub, 조엘 화이테부크Jol Whitebook에게 감사를 전합니다. 미국과 스페인 간 교류에 대해 풀브라이트 위원회에 감사드립니다. 이 책을 쓸 당시 내가 박사논문을 작성했던 곳인 프린스턴대학에게, 그리고 특히 베아트리즈 콜로미나Beatriz Colomina와 마크 위글리Mark Wigley에게 감사를 전합니다. 내가 인공보철과의 합체와 인공보철을 성찰할 수 있도록 도움을 준 조르주 테이소George Teyssot에게 고마움을 전합니다. 나는 이들 모두로부터 배움을 얻었지만, 그들은 자신들의 가르침이 의도하지 않은 결과에 대해 어떠한 책임감도 느껴서는 안 될 것입니다.

나에게 들뢰즈에 대한 작업을 격려해주었으며, 처음으로 들뢰즈의 분자적 동성애에 대한 공개적인 대항성적 독서실행의 기회를 준 마리본 세종Maryvonne Saison에게 감사드립니다.

나의 딜도 수집에 아낌없는 보탬을 준 뉴욕의 성인용품점 베이비랜드Babeland의 가비Gabbie에게 감사를 전합니다.

자신들의 깊은 신념에도 불구하고 나의 독서와 글쓰기를 지원해준 나의 부모님들에게 감사를 전합니다.

스페인에서 나의 첫 독자였던 LSD와 페파 비야Fefa Vila에게, 그리고 뉴욕에서 『스트레이트 마인드』의 첫 번째 사본을 내게 준 아나 힐 코스타Ana Gil Costa에게 감사드립니다. 여러 가지 방식으로 알게 모르게 레즈비언으로서의 나의 지적 활동을 지원했던 이들 모두 피노 오티즈Pino Ortiz, 콜로마 페르난데스 아르메로Coloma Fernndez Armero, 이사벨 아르메로Isabel Armero와 카를로타 아르메로Carlota Armero, 샐리 구티에레즈Sally Gutirrez, 베아트리즈 아세베도Beatriz Acevedo, 로라 코팅암Laura Cottingham, 루즈 마리아 페르난데스Luz Mara Fernndez, 마리아 메르세데즈 고메스Mara Mercedes Gmez, 안토니오 블란치

Antonio Blanch, 안느 루소Anne Rousseau, 마린 험바키Marine Rambach, 차로 코랄Charo Corral, 아수세나 비에이테스Azucena Veites, 마리아 호세 벨벨Mara Jos Belbel에게 감사드립니다. 그리고 특히 내 여동생이자 친구인 코체 에차렌Coch Echarren에게 고마움을 전합니다.

나의 믿을만한 프랑스어 편집자, 영광스러운 항문이자 탁월한 딜도 전달자인 기욤 뒤스탕Guillaume Dustan에게 감사드립니다.

내가 이 번역본을 검토하고, 이 책에 대한 서문을 쓰게 도움을 준 루마 재단LUMA Foundation에게 감사드립니다.

한국어판 편집 후기

신체 주권을 둘러싼 전쟁

채희철

"나는 남성이 아닙니다. 나는 여성이 아닙니다. 나는 이성애자가 아닙니다.
나는 동성애자가 아닙니다. 나는 양성애자도 아닙니다.
나는 섹스 젠더 체계에 반대합니다."(프레시아도)

폴 B. 프레시아도는 우리에겐 낯선 이름이지만 그가 태어난 스페인, 그의 현재 주요 활동무대인 프랑스를 비롯해 유럽에서의 그는 현존하는 가장 위대한 퀴어 철학자이자 정력적인 활동가로 알려져 있다. 언론에서 그를 소개하는 수식어들은 많다. 페미니스트, 퀴어, 레즈비언 부치, 트랜스젠더, 철학을 퀴어링하는 실험적이고 개념주의적인 철학자, 현대예술 운동과 그 부흥의 정치적 행동주의자, 그리고 탈주와 저항, 사랑과 혁명의 선동가.... 그를 어떻게 소개하건 그의 영향력은 유럽 바깥으로, 동성애/트랜스/장애/정체성 정치 바깥으로 점점 더 넓어지고 있다.

프레시아도는 1970년 생이다. 태어난 년도를 거론하니까 이상하게 들릴 수도 있겠지만, 그것은 '동시대성'을 암시해준다. 우리는 물류와 여행과 글로벌체인 공장의 세계화를 지나 빈곤과 질병과 생태위기와 전쟁의 지구화를 경유하고 있다. 그리고 매순간 실시간으로 초국적 금융의 지배아래에서 부의 척도로써 '자산'에 의해 삶의 모든 것을 평가받으며 살고 있다. 노동은 덧없고 하찮은 것, 적당히 그 수를 유지해야 할 필요(필수)인력, 예비인력, 잉여인력으로 점점 더 가치가 하락하고 있고 그에 따라 노동 소득은 형편없어지고 있다. 정치인, 자본가, 엘리트들은 피지배층의 소득을 올려주기 보다는 대출규제를 완화하는 각종 금융상품을 던져주면서 자신들의 책임을 사회구성원 각 개인에게 전가하고 있다. 그렇게 해서 사람들은 임금과 복지를 요구하는 집단적 투쟁보다는 대출을 잘 받을 수 있게 개인 '신용'에 더 신경을 쓰게 되었다. 이것이 금융산업이 점점 더 사회를 지배하는 원인이다. 그리고 '신용'이 중요해질수록 한 사회의 변화의 가능성은 폐쇄되며, 사람들은 빚 없이는 생활하기 어려운 일반적 부채 노예상태에 놓이게 된다. 노동자는 이제 생산적 노동력이라기 보다는 자본주의가 생산한 상품과 재화를 소비할 수 있는 '구매력'으로만 소구된다. 구매력이란 욕망 특히, 신체적 욕망의 단위로 개인이 평가됨을 의미한다. 그래서 신체적 매력은 구매력의 정도를 표시하고, 노동력보다는 신체적 매력이 개인이 추구해볼 수 있는 자산축적의 전략이 되어버렸다. 이런 상황에서 과체중, 저체중, 약골, 장애, 노화 등을 겪는 신체, 그리고 동성애적 신체, 트랜스 신체 등 모든 퀴어한 신체들은 어떻게 될까? 신용과 신체적 매력이 암시하는 정치는 금융화된 경제를 받아 줄 총수요의 생성으로서의 초현대적 생식농장 - 한쪽에서는 건강하게 발기하고 사정하고 다른 쪽에서는 건강하게 임신하고 출산하는 – 체제의 구축이다.

이런 시대를 경유하는 우리에게 필요한 것은 노동자가 사회의 다수파가 되는 사회를 꿈꾸는 마르크스가 아니다. 여성의 영역을 특정 가치화하거나, 재생산 영역의 가치를 재고하려는 페미니스트 이론도 아니다. '자연'의 회복이나 '정상화'를 요청하는 생태주의자의 이론도 아니다. 나는 들뢰즈의 파트너로 잘 알려진 펠릭스 가타리와 같은 시대의 흐름을 앞질러가거나 혹은 거스르는 개념의 발명가, 전통이나 정통과 단절해 아예 판을 새로 짜려는 전복적 행동주의자이자 활동가의 이론이 필요하다고 생각했고, '가타리'의 '이후'를 찾고 있었다. 그때 프레시아도를 알게 되었다. 나는 그의 『테크노 정키』를 먼저 접했고 그 책에서 논하고 있는, 자본주의적 인간의 재생산(생식)을 위한 물질적이며 심리적이며 생화학적인 생체정치 분석에 감명을 받았다. 프레시아도는 이 금융적이고 기계론적이고 기호론적인 초현대적 생식농장 체제의 형성과 과정을 경험한 세대이자 이 상황을 타개하기 위해 그 누구보다도 날카롭고 예민한 감각으로 이 체제를 관찰해온 철학자다.

프레시아도의 『대항성 선언』은 지금으로부터 20여년전에 쓰여진 책이다. 그러나 이 책이 지닌 이론적 유효성과 그 생기는 전혀 시들지 않았다. 섹스의 권리를 자유가 아닌 '자연'과 본능의 권리로 정초시키고 섹스를 거부하는 여성이나 남성의 발기력과 사정력에 협조하지 않거나 그럴 능력이 없다고 판단되는 여성을 혐오하는 반동적인 남성들의 등장, 남성에게는 발기와 사정이라는 쾌락에 초점을 두는 테크놀로지와 사회규범이 적용되고 여성에게는 사정 대상(정자제공 대상)과 임신이라는 출산에 초점을 두는 테크놀로지와 사회규범이 적용되는 성에 대한 비대칭적 이진화와 이성애 체계의 심화, 낙태금지법과 같은 여성의 신체에 대한 국가 관리와 통제의 강화는 물론 생식을 지향하지 않거나 생식을 할 수 없는 성적 신체와 성적 활동을 혐오하고 악마화하고 범죄화하려는 새로운 차별과 사회적 배제의 압력 등은 모두 초현대적 생식농장 체제의 징후적이고 예비적인 실천이다. 『대항성 선언』은 이 체제를 예감한 것처럼 이 체제로부터 우리의 신체를 구출하기 위한 제안을 담고 있다.

우선, 『대항성 선언』은 섹스를 자연으로부터 구출함으로써 섹스 구분을 무효화시키고 젠더를 신체의 사회 카테고리화로부터 구출함으로써 젠더 구분을 무효화시킨다.

레즈비언 부치이며 동시에 스스로를 트랜스로 퀴어링하는 프레시아도는 이 책에서 생물학적으로 정체성을 규정하려는 것으로서의 '성별'관점과 '섹스'에 대한 가정(그것이 페미니스트 이론이건 다른 자들의 것이건)을 신랄하게 비판한다. 물론 자연적인 것으로 간주되는 '남/녀'로서의 성별 체계는 이미 지난 수십년간 젠더 구성주의 입장을 갖는 페미니스트들에 의해 비판되어져 왔다. 그러나 프레시아도는 섹스 자연본질주의자에 대해 비판적인 것만큼이나 젠더 사회구성주의자들에게도 비판적이다.

프레시아도가 보기에 젠더 구성주의의 문제는 젠더가 사회적으로 구성된다는 관념으로 인해 역으로 섹스와 젠더를 단절시키고 섹스(자연)로부터 한발 물러선 꼴이 되었으며 따라서 섹스=자연, 젠더=사회라는 너무나 익숙하고 낡은 이분법적 도식화의 병존에 안주했다는 것이다.

성 정체성은 담론 이전의 육체의 진실에 대한 본능적 표현도 아니고, 평평한 표면으로 여겨지는 신체 위에 젠더 관행이 새겨진 결과물도 아니다. 소위 구성주의적 페미니즘은 서구의 자연/문화의 분리를 믿음으로써 신체를 형태없는 물질로 전환시키고, 그 위에 젠더가 문화적·역사적 매트릭스를 따라 문화적 형식과 의미를 부여한다고 보는 실수를 저질렀다. 버틀러의 독자 일부가 주장하듯이 젠더는 단순하고 순수하게 수행적인 것(즉 언어적-담론적인 문화적 관행의 효과)은 아니다... 젠더는 몸의 물질성을 제외하고 발생하지 않는다. 젠더는 전적으로 구성된 것이자, 동시에 순수하게 유기체적인 것이다. (p. 51~52)

프레시아도는 성에 대해 그것을 다른 무엇보다도 테크놀로지로 볼 것을 제안하고 있다. 이 책에서 프레시아도는 성 감별과 성 할당에 개입한 테크놀로지의 역사를 공들여 추적한다. 그 결과 벗겨진 성의 전모는 인구와 사회 재생산을 위한 인간의 생식 활동을 목표로 이진화된 성별체계와 이성애 체계를 신체에다 고안·디자인하고, 그것을 정상성으로 규범화하고 강제화하는 테크놀로지로 이뤄진 체계라는 것이다. 프레시아도에 의하면 그 성 체계는 데리다의 '대리보충' 개념처럼 인공보철적인 것에 의해 보충되어야만 완성되는 무엇이다. 성이 성기관들이 갖는 기능에 의해 기능적으로 파악되고 정의되는 것이라고 한다면, 그리고 그 기능들은 늘 이상적인 모델과 형태를 갖지도(예를 들면 '미세 자지'처럼), 또 자신들의 기능을 이상적으로 수행하지도 않으므로(예를 들면 '발기 못하는 음경'처럼) 보충물의 도움을 받아야만 완성형의 성 체계가 존립할 수 있는 것이다. 인공보철은 성이 체계가 되는 것에 있어 필요충분조건이다. 그렇다면 애초에 인공보철적인 성과 성별 체계는 전환과 변이가 가능한 가소적인 것이다. 성은 자연적인 것이 아니라 생식을 목적으로 하는 테크놀로지에 의해 자연적인 것인양 위장한 채 우리에게 그 모습을 드러내는 것뿐이다.

테크놀로지의 가장 정교한 움직임은 자신을 "자연"으로 제시하는 데 있었다. (p.191)

'성은 인공보철적이고 테크놀로지적'이라는 프레시아도의 관점에서 보면 자연 본질주의적 관점이건, 사회 구성적 관점이건 현실 설명력에 실패하고 있다. 예컨대 그 이론들은 남성과 여성은 설명할 수 있으되 그 사이의 다양한 성이나 '간성', '트랜스성'을 설명하지 못한다. 주류(정확히 말해 인간 재생산-생식 모델에서의 주류적 남녀)가 아닌 그 외의 성에는 불구라는 딱지가 붙게 되고 의학적 도움을 받아야 하는 것으로 정의될 것이다. 생식을 하지 않거나 하지 못하는 비생식적인 몸과 자위행위, 동성애, 트랜스성 등의 실천은 비정상, 변태, 괴물로 취급될 것이다. 그러나 앞서 지적했듯이 애초의 성(남성/여성)도 인공보철적이라는 점을 상기하면 모든 성은 인공보철적 도움이 필요한 불구와 비정상이라 할 수 있다. 모든 성은 미완이며 이행 중이다. 어디로 이행할 것인가? 이 물음은 신체적 자유를 암시한다. 이런 물음이 초현대적인 생식농장 체제인 성의 이진화와 이성애 체계를 교란하리라는 것은 불을 보듯 뻔하다. 이것이 인공보철적인 것을 본질로 하는 성이 지닌 전복성이다.

프레시아도는 『대항성 선언』에서 성별 이진화와 이성애 체계를 끝장내고 그 체계를 무화시키는 대항성을 주장한다. 대항성은 반성별주의, 반생식 혹은 대항-생식의 다른 이름이며, 금융자본주의의 총수요를 위해 사육되는 생식농장에서 탈출하여 되찾으려는 신체적 주권과 자율성의 다른 이름이다.

최근 프레시아도는 이탈리아에서 열린 LGBTI+ 축제인 세르코 페스티발 강연에서 전세계적으로 확산되는 성소수자들의 죽음과 낙태권을 폐지하는 법의 부활이라는 신반동적 체제의 발흥에 대해 '신체 주권 전쟁'의 개시를 알리는 편지를 낭독했다. 이와 관련해 가진 〈일 메니페스토〉와의 인터뷰에서 프레시아도는 이렇게 말했다.

미 연방대법원이 헌법상 낙태권을 인정했던 것을 49년만에 뒤집고 폐지한 것은 놀라운 일이 아니다. 이미 트럼프의 임기가 끝나기 전에 34개국이 모여 낙태반대에 서명하는 제네바 선언이 있었다. 거기에 서명한 서방 국가와 동방 국가, 기독교인이나 이슬람교도 사이에 정체성 분열이나 소란은 없었다. 그래서 그 선언은 횡단적 성격의 가부장적-식민지 전선이 있음을 보여준다. 나는 우리가 18세기처럼 식민주의나 가부장제 상황에 살고 있다고 말하는 게 아니다. 나는 신체에 대한 표현과 주권의 체계라 할 수 있는 특정 인식론을 언급하고 있다. 우리는 현재 특정 신체 기관에 대해 신체 주권을 위한 전쟁을 경험하고 있다. 마르크스주의적 용어로써 우리는 생산수단에 대한 갈등을 말한다. 그러나 이것은 번식수단에 관한 것이다. 그것은 신체의 사용에 대한 정의와 신체를 둘러싼 신체정치적 전쟁이다. 나는 이 싸움을 정체성의 논리, 대립하는 남녀, 페미니즘과 반페미니즘으로 정의하는 데 관심이 없다. 몸의 주권에 대한 정의와 그를 둘러싼 전쟁이다. 이는 이성애 여성에게만 영향을 미치는 정체성 싸움이 아니다. 레즈비언 여성과 같이 자궁이 있지만 사용하지 않는 여성, 임신한 자궁이 있는 트랜스 남성도 있다. 이 전쟁은 그들에게도 해당되며, 신체의 용도에 대한 정의와 신체적 주권을 위한 것이다…
트랜스를 배제하는 페미니스트들은 여전히 자연에 대한 관념에 중독되어 있다. 낙태는 바디 테크놀로지다. 그것은 자연스러운 게 아니다. 사후 피임약이나 호르몬제 피임약 등 일련의 생식관리 기술이 수반된다. 그것은 전환 중에 있는 트랜스젠더가 사용하는 것과 같다. 페미니스트들은 자궁과 여성의 몸을 자연적인 것으로 생각하는 것을 멈춰야 한다. 그렇지 않으면 미안하지만, 당신들은 낙태할 수 없다.

많은 현대정치 이론가들이 생명정치 혹은 죽음정치를 거론하고 있지만 그들이 푸코가 스케치한 것 즉, "살게 하고 죽게 내버려 두는" 권력에 대한 스케치에서 더 나아간 경우는 거의 없다. 그런 점에서 프레시아도의 저서들은 단순히 좀 별나고 색다른 퀴어 이론이 아니라 그 권력의 성격과 방식, 그래서 지금 신체를 두고 어떤 전선이 그어지고 있는지 명징하게 추적하고 제시하는, 우리가 무엇을 해야하는

지에 대한 제안으로 읽혀야 한다.

한국에 프레시아도를 소개하게 되어 기쁘다. 이를 계기로 저자의 작업이 더 많이 소개되고 또 더 많이 논쟁되고 거론되길 기대한다.

이 책의 영어판 서문을 흔쾌히 가져다 쓰게 해준 잭 핼버스탬에게 감사드린다. 무엇보다 낯선 저자와 저서를 소개하는 까다로운 작업을 편하게 해주었다. 이 책에 대해 그처럼 멋진 서문을 쓰기는 어려울 것이다.

낯선 저자, 그것도 일종의 자기이론Autotheory적 저서를 알리는 것에는 저자의 사진이 꽤 큰 역할을 한다. 비록 그가 '마스크'에 대한 체제의 이중잣대(전염병에는 마스크를 써야 하지만 평소에 쓰거나 소수자들이 쓰면 안된다는 식의 식별규범)를 비판하고 마스크의 전복성을 역설함에도 불구하고, 자신의 사진에 대해 역시 흔쾌히 사용을 허락해준 프레시아도에게 감사드린다. 그 사진조차 마스크일지 모르지만, 철학자가 그렇게 멋진 사진을 남기는 것도 흔치 않다.

이 책을 번역하며 고생했을 이승준·정유진에게도 감사드린다. 네그리와 자율주의 정치이론, 그리고 들뢰즈 철학을 연구하고 그에 익숙한 그들에게 이 책의 언어는 낯설었을 것이다. 그들이 헐떡이는 신체와 진동기의 언어로 이론을 구축해가는 이 책으로부터 지적으로 자극받고 신체적으로 해방감을 맛보았을지도 모르겠다. 나로서는 그렇게 되었기를 바랄 뿐이다. 아울러 함께 번역 초고를 읽고, 다듬어주었던 *연구공간 L* 회원들에게도 고마움을 전한다.

마지막으로 가상의 독자에게 감사드린다. 이 독자들은 아직까지 드러나지 않았고 존재하지 않는 것처럼 보인다. 나는 독자들을 발명하기 위해 이 책의 발간에 참여했다. 돌연변이적, 인공보철적, 자기이론적, 행동주의적 독자.

참고문헌

Amar, Jules. *Organisation physiologique du travail.* Paris: Dunod et Pinot, 1917.

-----. *La prothse et le travail de mutils.* Paris: Dunot et Pinat, 1916.

Aristotle. *Politics.* Translated by Benjamin Jowett. New York: Cosimo, 2008. [한글본] 아리스토텔레스, 『정치학』, 천병희 옮김, 도서출판 숲, 2009.

Asendorf, Christoph. *Batteries of Life: On the History of Things and Their Perception in Modernity.* Berkeley: University of California Press, 1993.

Bataille, Georges. *Consumption.* Vol. 1 of *The Accursed Share.* New York: Zone Books, 1991..

-----. *The History of Eroticism and Sovereignty.* Vols. 2 and 3 of *The Accursed Share.* New York: Zone Books, 1993. [한글본] 조르주 바타유, 『에로티즘의 역사』, 조한경 옮김, 민음사, 1998.

Bernauer, James W. "Michel Foucault's Ecstatic Thinking." In *Michel Foucault*, vol. 1, edited by Barry Smart, 251280. New York: Routledge, 1994.

Bornstein, Kate. *Gender Outlaw: On Men, Women, and the Rest of Us.* New York: Routledge, 1994. [한글본] 케이트 본스타인, 『젠더 무법자』, 조은혜 옮김, 바다출판사, 2015.

Briquet, Pierre. *Trait clinique el thrapeutique de l' hystrie.* Paris: J. B. Baillire, 1859.

Buchanan, Ian. Introduction to *A Deleuzian Century*, edited by Ian Buchanan, 1 12. Durham, N.C.: Duke University Press, 1999.

Buchanan, Ian and Claire Colebrook, eds. *Deleuze and Feminist Theory.* Edinburgh: Edinburgh University Press, 2000.

Bullough, Vern. *Sexual Variance in Society and History.* New York: Wiley, 1976.
-----. "Technology for the Prevention of 'les maladies produites par la masturbation.'" *Technology and Culture* 28, no. 4 (1987): 828-832.
Bullough, Vern L. and Martha Voght. "Homosexuality and Its Confusion with the 'Secret Sin' in Pre-Freudian America." *Journal of the History of Medicine and Allied Sciences* 28 (1973): 143~155.

Butler, Judith. *Bodies That Matter: The Discursive Limits of Sex.* New York: Routledge, 1993. [한글본] 주디스 버틀러, 『의미를 체현하는 육체』, 김윤상 옮김, 인간사랑, 2003.
-----. "Doing Justice to Someone: Sex Reassignment and Allegories of Transsexuality." *GLQ* 7, no. 4 (2001): 621636. [한글본] 주디스 버틀러, 누군가를 공정하게 평가한다는 것: 성전환과 트랜스섹슈얼의 알레고리, 『젠더 허물기』, 조현준 옮김, 문학과지성사, 2015에 수록.
----. *Excitable Speech: A Politics of the Performative.* New York: Routledge, 1997. [한글본] 주디스 버틀러, 『혐오 발언』, 유민석 옮김, 알렙, 2016.
----. *Gender Trouble: Feminism and the Subversion of Identity.* New

York: Routledge, 1990. [한글본] 주디스 버틀러, 『젠더 트러블』, 조현준 옮김, 문학동네, 2008.

Califia, Pat. *Sex Changes: The Politics of Transgenderism*. San Francisco: Cleis Press, 1996.

Canguilhem, George. *Knowledge of Life*. Translated by Stefanos Geroulanos and Daniela Ginsburg. New York: Fordham University Press, 2009. [한글본] 조르주 캉길렘, 『생명에 대한 인식』, 여인석·박찬웅 옮김, 그린비, 2020.

Chase, Cheryl. "Hermaphrodites with Attitude.: Mapping the Emergence of Intersex Political Activism." In *The Transgender Studies Reader*, ed. Susan Stryker and Stephen Whittle, 300314. New York: Routledge, 2006.

Chatelet, Franois. *Cronique des ides perdues*. Paris: Stock, 1997.

Corea, Gena. *The Mother Machine: Reproductive Technologies from Artificial Insemination to Artificial Wombs*. New York: Harper and Row, 1985.

Corominas, Joan. *Diccionario crtico etimolgico de la lengua Castellana*. 4 vols. Bern: Francke, 1954.

Creith, Elain. *Undressing Lesbian Sex*. London: Cassell, 1996.

Cressole, Michel. *Deleuze*. Paris: ditions Universitaires, 1973.
Davis, Angela. *Women, Race, Class*. New York: Vintage Books, 1981.

De Beauvoir, Simone. *The Second Sex.* Translated by Constance Borde and Sheila Malovany-Chevallier. New York: Vintage Books, 2011. [한글본] 시몬 드 보부아르, 『제2의 성』, 이정순 옮김, 을유문화사, 2021.

De Lauretis, Teresa. *The Practice of Love: Lesbian Sexuality and Perverse Desire.* Indianapolis: Indiana University Press, 1994..

Deleuze, Gilles. "Coldness and Cruelty." Introduction to Venus in Furs by Leopold von Sacher-Masoch. In *Masochism,* translated by Jean McNeil, 9123. New York: Zone Books, 1991. [한글본] 질 들뢰즈, 냉정함과 잔인성, 『매저키즘』, 이강훈 옮김, 인간사랑, 2007에 수록.

----. "I Have Nothing to Admit." Translated by Janis Forman. In *AntiOedipus, special issue* of Semiotext(e) 2, no. 3 (1977): 110116. http://azinelibrary.org/approved/anti-oedipus-psychoanalysis-schizopolitics-semiotext-e-volume-ii-number-2-1977-1.pdf.

----. *Marcel Proust et les signes.* Paris: Presses Universitaires de France, 1964. [한글본] 질 들뢰즈, 『프루스트와 기호들』, 서동욱? 이충민 옮김, 민음사, 2004.

-----. *Proust and Signs: The Complete Text.* Translated by Richard Howard. Minneapolis: University of Minnesota Press, 2000.

----. *Negotiations 19721990.* Translated by Martin Joughin. New York: Columbia University Press, 1995. [한글본] 질 들뢰즈, 『대담 1972-1990』, 김종호 옮김, 솔출판사, 1994.

-----. "Preface to Hocquenghem's L'Aprs Mai des faunes." In *Desert Islands and Other Texts 19531974,* p.284288. Los Angeles: Semiotext(e), 2004.

-----. "The Rise of the Social." Foreword to Jacques Donzelot, *The*

Policing of Families, trans. Robert Hurley, ix-xvii. New York: Pantheon, 1979.

Deleuze, Gilles and Flix Guattari. *Anti-Oedipus*. Vol. 1 of *Capitalism and Schizophrenia*. Translated by Robert Hurley, Mark Seem, and Helen R. Lane. Minneapolis: University of Minnesota Press, 1983. [한글본] 질 들뢰즈, 펠릭스 가타리, 『안티 오이디푸스: 자본주의와 분열증』, 김재인 옮김, 민음사, 2014.

-----. *Mille plateaux*. Vol. 2 of *Capitalisme et schizophrnie*. Paris: ditions de Minuit, 1980. [한글본] 질 들뢰즈, 펠릭스 가타리, 『천개의 고원: 자본주의와 분열증 2』, 김재인 옮김, 새물결, 2001.

-----. *A Thousand Plateaus*. Vol. 2 of *Capitalism and Schizophrenia*. Translated by Brian Massumi. Minneapolis: University of Minnesota Press, 1987.

-----. "Sur Capitalisme et schizophrnie." Interview by C. Backs-Clment. *L'Arc* 49 (1972): 4755. [한글본] 질 들뢰즈, 『대담 1972-1990』, 김종호 옮김, 솔출판사, 1994에 수록.

Derrida, Jacques. *De la grammatologie*. Paris: Minuit, 1967. [한글본] 자크 데리다, 『그라마톨로지』, 김성도 옮김, 민음사, 2010.

-----. Of *Grammatology*. Translated by Gayatri C. Spivak. Baltimore: Johns Hopkins University Press, 1976.

-----. "Plato's Pharmacy." In *Dissemination*, translated by Barbara Johnson, 61155. Chicago: University of Chicago Press, 1981.

-----. "Signature Event Context." In *Margins of Philosophy*, translated by Alan Bass, 307330. Chicago: University of Chicago Press, 1982.

-----. *Writing and Difference*. Translated by Alan Bass. Chicago:

University of Chicago Press, 1978. [한글본] 자크 데리다, 『글쓰기와 차이』, 남수인 옮김, 동문선, 2001.

Devor, Holly. *Gender Blending: Confronting the Limits of Duality.* Bloomington: Indiana University Press, 1989.

Didi-Huberman, Georges. *Invention of Hysteria: Charcot and the Photographic Iconography of La Salptrire.* Cambridge, Mass.: MIT Press, 2004.

Donzelot, Jacques. *The Policing of Families.* Translated by Robert Hurley. New York: Pantheon Books, 1979.

Dworkin, Andrea. *Letters from a War Zone.* New York: Lawrence Hill Books, 1993.

Farmer, John S. and William Ernest Henley. *A Dictionary of Slang: An Alphabetical History of Colloquial, Unorthodox, Underground, and Vulgar English. 1903. Reprint.* London: Wordsworth Editions, 1982.

Feinberg, Leslie. *Transgender Warriors: Making History from Joan of Arc to RuPaul.* Boston: Beacon Press, 1996.

Fontanus, Nicolas. *The Womans Doctour; or, An Exact and Distinct Explanation of All Such Diseases as Are Peculiar to That Sex with Choise and Experimentall Remedies Against the Same.* London: n.p., 1652.
https://quod.lib.umich.edu/e/eebo/A39862.0001.001?rgn=main;view=fullte

xt.

Foote, Edward B. *Plain Home Talk About the Human System.* New York: n.p., 1871.

Foucault, Michel. *The Care of the Self.* Vol. 3 of *The History of Sexuality.* Translated by Robert Hurley. New York: Pantheon Books, 1986. [한글본] 미셸 푸코, 『성의 역사 3: 자기 배려』, 이혜숙? 이영목 옮김, 나남출판, 2020.
-----. *Discipline and Punish: The Birth of the Prison.* New York: Vintage, 1977. [한글본] 미셸 푸코, 『감시와 처벌: 감옥의 탄생』, 오생근 옮김, 나남출판, 2020.
-----. "The Gay Science." Interview by Jean Le Bitoux, translated by Nicolae Morar and Daniel W. Smith. *Critical Inquiry* 37 (Spring 2011): 385403.
-----. *The Order of Things: An Archaeology of the Human Sciences.* New York: Random House, 1970. [한글본] 미셸 푸코, 『말과 사물』, 이규현 옮김, 민음사, 2012.
-----. "Technologies of the Self." In *Technologies of the Self: A Seminar with Michel Foucault*, edited by Luther H. Martin, Huck Gutman, and Patrick H. Hutton, 1649. Amherst: University of Massachusetts Press, 1982. [한글본] 미셸 푸코, 『자기의 테크놀로지』, 이희원 옮김, 동문선, 1997에 수록.
-----. *The Use of Pleasure.* Vol. 2 of *The History of Sexuality.* Translated by Robert Hurley. New York: Pantheon Books, 1985. [한글본] 미셸 푸코, 『성의 역사 2: 쾌락의 활용』, 신은영? 문경자 옮김, 나남출판, 2018.
-----. *The Will to Knowledge.* Vol. 1 of *The History of Sexuality.*

Translated by Robert Hurley. New York: Pantheon Books, 1978. [한글본] 미셸 푸코, 『성의 역사 1: 지식의 의지』, 이규현 옮김, 나남출판, 2020.

Frazier, E. Franklin. *The Negro Family*. 1939. Reprint. Chicago: Chicago University Press, 1969.

Garber, Marjorie. *Vested Interests: Cross-Dressing and Cultural Anxiety*. New York: Routledge, 1992.

Gilman, Sander L. "AIDS and Syphilis: The Iconography of Disease." *October* 43 (1987): pp.87~108.

Grace, Delia. *Loves Bites*. London: GMP, 1991.

Gray, Chris Hables, ed. *The Cyborg Handbook*. New York: Routledge, 1995.

Green, Jonathon. *Green's Dictionary of Slang*. Digital ed. 2018. https://greensdictofslang.com/.

Guattari, Flix. *Chaosmose*. Paris: Editions Galilee, 1992. [한글본] 펠릭스 가타리, 『카오스모제』, 윤수종 옮김, 동문선, 2003.
-----. *Chaosmosis: An Ethico-aesthetic Paradigm*. Translated by Paul Bains and Julian Pefanis. Bloomington: Indiana University Press, 1995.
-----. "A Liberation of Desire." Interview by George Stambolian. In *The Guattari Reader*, edited by Gary Genosko, 204 14. Oxford: Blackwell, 1996. [한글본] 펠릭스 가타리, 욕망 해방, 윤수종 엮음, 『가타리가 실천하는 욕망과 혁명』, 문화과학사, 2004에 수록.

Guiraud, Pierre. *Dictionnaire rotique*. Paris : Payot, 2006.

Halberstam, Jack. *Female Masculinity*. Durham, N.C.: Duke University Press, 1998. [한글본] 주디스 핼버스탬, 『여성의 남성성』, 유강은 옮김, 이매진, 2015.

Halberstam, Judith. "F2M: The Making of Female Masculinity." In *The Lesbian Postmodern*, edited by Laura Doan, 210228. New York: Columbia University Press, 1994.

Halperin, David. *Saint Foucault: Towards a Gay Hagiography*. New York: Oxford University Press, 1995.

Haraway, Donna. *A Cyborg Manifesto*. New York: Routledge, 1985. [한글본] 도나 해러웨이, 『해러웨이 선언문: 인간과 동물과 사이보그에 관한 전복적 사유』, 황희선 옮김, 책세상, 2019.
-----. "A Game of Cat's Cradle: Science Studies, Feminist Theory, Cultural Studies." *Configurations* 2, no. 1 (1994): 5971.
-----. *Primate Visions: Gender, Race, and Nature in the World of Modern Nature*. New York: Routledge, 1989.
-----. *Simians, Cyborgs, and Women: The Reinvention of Nature*. New York: Routledge, 1991. [한글본] 도나 해러웨이, 『유인원, 사이보그, 그리고 여자: 자연의 재발명』, 민경숙 옮김, 동문선, 2002.

Hardt, Michael and Toni Negri. *Empire*. Paris: Exils, 2001. [한글본] 안토니오 네그리, 마이클 하트, 『제국』, 윤수종 옮김, 이학사, 2001.
Heuze, Stephanie. *Changer le corps*. Paris: Musardine, 2000.

Hocquenghem, Guy. *L'AprsMai des faunes*. Paris: Grasset, 1974.

-----. *Homosexual Desire*. Translated by Daniella Dangoor. Durham, N.C.: Duke University Press, 1993. [한글본] 기 오껭겜, 『동성애 욕망』, 윤수종 옮김, 중원문화, 2013.

Huguet, Edmond. *Dictionnaire de la langue franaise du seizime sicle*. Paris: Edouard Champion, 1925-1967.

Hume, David. *An Enquiry Concerning Human Understanding*. 1748. Reprint. London: Simon and Brown, 2011. [한글본] 데이비드 흄, 『인간의 이해력에 관한 탐구』, 김혜숙 옮김, 지만지, 2012.

International Commission on Civil Status. *Transsexualism in Europe*. Strasbourg: Council of Europe, 2000.

Jacob, Giles. *Tractatus de hermaphroditis*. 1817. Project Gutenberg. http://www.gutenberg.org/files/13569/13569-h/13569-h.htm.

Kessler, Suzanne J. "The Medical Construction of Gender: Case Management of Intersexual Infants." In *Sex/Machine: Readings in Culture, Gender, and Technology*, edited by Patrick D. Hopkins, 241~260. Bloomington: Indiana University Press, 1998.

Kessler, Suzanne J. and Wendy McKenna. *Gender: An Ethnomethodological Approach*. Chicago: Chicago University Press, 1978.

Kleinberg-Levin, David Michael, ed. *Modernity and the Hegemony of Vision*. Berkeley: University of California Press, 1993.

Kristeva, Julia. *Powers of Horror: An Essay on Abjection*. Translated by Leon S. Roudiez. New York: Columbia University Press, 1982. [한글본] 줄리아 크리스테바, 『공포의 권력』, 서민원 옮김, 동문선, 2001.

Lacan, Jacques. "The Signification of the Phallus." In *crits*, translated by Bruce Fink, 575584. New York: Norton, 2007. [한글본] 자크 라캉, 남근의 의미작용, 『에크리』, 홍준기·이종영·조형준·김대진 옮김, 새물결, 2019에 수록.

Laqueur, Thomas. *Making Sex: Body and Gender from the Greeks to Freud*. Cambridge, Mass.: Harvard University Press, 1990.

Lemoine, Christine and Ingrid Renard, eds. *Attirances: Lesbiennes fems/Lesbiennes butch*. Paris: ditions Gaies et Lesbiennes, 2001.

Livingston, Ira. "Indiscretions: Of Body, Gender, Technology." In *Processed Lives: Gender and Technology in Everyday Life*, edited by Terry Jennifer and Calvert Melodie, 95102. New York: Routledge, 1997.

Lyotard, Jean-Franois. "Logos and Techne, or Telegraphy?" In *The Inhuman: Reflections on Time*, translated by Geoffrey Bennington and Rachel Bowlby, p.4757. Stanford, CA: Stanford University Press, 1991.

Macey, David. *The Lives of Michel Foucault*. London: Vintage Books, 1993.

Maggiori, Robert. "Nous deux: 4Entretien avec Deleuze et Guattari." *Libration*, September 12, 1991.

Maines, Rachel P. *The Technology of Orgasm: Hysteria, the Vibrator, and Woman's Sexual Satisfaction.* Baltimore: Johns Hopkins University Press, 1999.

McLuhan, Marshall. *Understanding Media: The Extensions of Man.* New York: McGraw-Hill, 1964. [한글본] W. 테런스 고든, 허버트 마셜 매클루언, 『미디어의 이해: 인간의 확장』, 김상호 옮김, 커뮤니케이션북스, 2011.

Merleau-Ponty, Maurice. *The Phenomenology of Perception.* Translated by Donald A. Landes. New York: Routledge, 2013. [한글본] 모리스 메를로 퐁티, 『지각의 현상학』, 류의근 옮김, 문학과지성사, 2002.

Money, John. "Hermaphroditism and Pseudohermaphroditism." In *Gynecologic Endocrinology*, edited by Jay J. Gold, 449464. New York: Hoeber, 1968.

-----. "Psychological Counseling: Hermaphroditism." In *Endocrine and Genetic Diseases of Childhood and Adolescence*, edited by L. I. Gardner, 609618. Philadelphia: Saunders, 1975.

Money, John, Tom Mazur, Charles Abrams, and Bernard F. Norman. " Micropenis, Family Mental Health, and Neonatal Management: A Report on Fourteen Patients Reared as Girls." *Journal of Preventive Psychiatry* 1, no. 1 (1981): 17~27.

Namaste, Vivian K. "'Tragic Misreadings': Queer Theory's Erasure of Transgender Subjectivity." In *Invisible Lives: The Erasure of Transsexual and Transgendered People*, p.923. Chicago: Chicago

University Press, 2000.

Nancy, Jean-Luc. *Corpus*. Translated by Richard A. Rand. New York: Fordham University Press, 2008. [한글본] 장-뤽 낭시, 『코르푸스』, 김예령 옮김, 문학과지성사, 2012.

Newton, Esther. *Female Impersonators in America*. Chicago: University of Chicago Press, 1972.

Panchasi, Roxanne. "Reconstructions: Prosthetics and the Rehabilitation of the Male Body in the World War in France." *Differences* 7, no. 3 (1995): p.109~140.

Preciado, Paul B. "Prothse, mon amour." In *Attirances: Lesbiennes fems/Lesbiennes butchs*, edited by Christine Lemoine and Ingrid Renard, p.329335. Paris: ditions Gaies et Lesbiennes, 2001.
-----. *Testo Junkie: Sex, Drugs, and Biopolitics*. Translated by Bruce Benderson. Introduction translated by Kevin Gerry Dunn. New York: Feminist Press, 2013.

Prosser, Jay. *Second Skins: The Body Narratives of Transsexuality*. New York: Columbia University Press, 1998.

Raymond, Janice G. *The Transsexual Empire: The Making of the She-Male*. New York: Teachers College Press, 1979.

Rey, Alain. *Dictionnaire historique de la langue franaise*. Paris: Le Robert, 1992.

Roberts, Marie-Louise. *Civilization Without Sexes: Reconstructing Gender in Postwar France*. Chicago: University of Chicago Press, 1994.

Rosario, Vernon A. *The Erotic Imagination: French Histories of Perversity*. New York: Oxford University Press, 1997.

─────. ed. *Science and Homosexualities*. New York: Routledge, 1997.

Rosen, Michel A. *Sexual Art: Photographs That Test the Limits*. San Francisco: Shaynew Press, 1994.

Rubin, Gayle, with Judith Butler. "Sexual Traffic." Interview. In *Feminism Meets Queer Theory*, ed. Elizabeth Weed and Naomi Schor, p.68108. Bloomington: Indiana University Press, 1997. [한글본] 게일 루빈, 성적 거래: 주디스 버틀러의 게일 루빈 인터뷰, 『일탈: 게일 루빈 선집』, 임옥희·조혜영·신혜수·허윤 옮김, 현실문화, 2015에 수록.

─────. "The Traffic in Women." In *Towards an Anthropology of Women*, edited by Reyne R. Reiter, p.157210. New York: Monthly Review Press, 1975. [한글본] 게일 루빈, 여성 거래: 성의 '정치경제'에 관한 노트, 『일탈: 게일 루빈 선집』, 임옥희·조혜영·신혜수·허윤 옮김, 현실문화, 2015에 수록.

Rush, Benjamin. *Medical Inquiries and Observations Upon the Diseases of the Mind*. Philadelphia: n.p., 1812.

SandMUtopian Guardian. No. 34 (1999).

Schrer, Ren. *Regards sur Deleuze*. Paris: ditions Kim, 1998.

Sedgwick, Eve Kosofsky. *Epistemology of the Closet*. Berkeley: University of California Press, 1990.

Smart, Barry, ed. *Michel Foucault: Critical Assessments*. Vol. 1. New York: Routledge, 1994.

Smith, Terry, ed. *Visible Touch: Modernism and Masculinity*. Chicago: University of Chicago Press, 1997.

Smyth, Cherry. *Lesbians Talk Queer Notions*. London: Scarlet Press, 1992.

Stambolian, Georges and Elaine Marks, eds. *Homosexualities and French Literature: Cultural Context/Critical Texts*. Ithaca, NY: Cornell University Press, 1979.

Stoler, Ana Laura. *Race and the Education of Desire: Foucault's History of Sexuality and the Colonial Order of Things*. Durham, N.C.: Duke University Press, 1995.

Stoller, Robert J. *Sex and Gender*. New York: Aronson, 1968.

Tannahill, Reay. *Sex in History*. 1980. Reprint. New York: Scarborough House, 1992.

Teyssot, Georges. "Body Building." *Lotus* 94 (September 1997): p.116~131.
----"The Mutant Body of Architecture." *Ottagono* 96 (1990): p.835.

Tissot, Samuel Auguste. *A Treatise on the Diseases Produced by Onanism*. Translated by "a physician." New York: Collins & Hannay, 1832.

Vance, Carol. *Pleasure and Danger: Exploring Female Sexuality*. London: Pandora Press, 1984.

Venturi, Robert, Denise Scott Brown, and Steven Izenour. *Learning from Las Vegas: The Forgotten Symbols of Architectural Form*. Cambridge, Mass.: MIT Press, 1972. [한글본] 로버트 벤투리, 데니스 스콧 브라운, 스티븐 아이즈너, 『라스베이거스의 교훈』, 이상원 옮김, 청하, 2017.

Virilio, Paul. *Speed and Politics: An Essay on Dromology*. New York, Semiotext(e), 1977. [한글본] 폴 비릴리오, 『속도와 정치: 공간의 정치학에서 시간의 정치학으로』, 이재원 옮김, 그린비, 2004.

Volcano, Del LaGrace. *Love Bites*. London: Gay Men's Press, 1991.

Walther, Daniel J. *Sex and Control: Venereal Disease, Colonial Physicians, and Indigenous Agency in German Colonialism, 1880-1914*. New York: Berghahn, 2015.

Weiner, Norbert. *The Human Use of Human Beings*. New York: Avon, 1954. [한글본] 노버트 위너, 『인간의 인간적 활용: 사이버네틱스와 사회』, 이희은·김재영 옮김, 텍스트, 2011.

Wells Bones, Calvin. *Bodies and Disease: Evidence of Disease and*

Abnormality in Early Man. London: Thames & Hudson, 1964.

Wittig, Monique. *The Straight Mind and Other Essays*. Boston: Beacon Press, 1992. [한글본] 모니크 위티그, 『모니크 위티그의 스트레이트 마인드: 이성애 제도에 대한 전복적 시선』, 허윤 옮김, 행성B(행성비), 2020.

Zimmerman, Jan, ed. *The Technological Woman: Interfacing with Tomorrow*. New York: Praeger, 1983.

iek, Slavoj. *Metastases of Enjoyment*. New York: Verso, 1995. [한글본] 슬라보예 지젝, 『향락의 전이』, 이만우 옮김, 인간사랑, 2001.

대항성 선언
Countersexual Manifesto

초판 1쇄 펴낸날 2022년 7월 20일
지은이   폴 B. 프레시아도
옮긴이   이승준, 정유진

펴낸곳   포이에시스
기획/편집 채희철
출판등록   제420-2-2-000012호
홈페이지   poiesisbooks.com
이메일   poiesis.kr@gmail.com

ISBN 979-11-972641-1-5

이 책은 저작권법에 따라 보호받는 저작물이므로 무단전체와 복제를 금합니다. 이 책 내용의 전부 또는 일부를 이용하려면 반드시 저작권자와 도서출판 포이에시스에 서면 동의를 받아야 합니다.

* 책값은 뒤표지에 있습니다. 잘못된 책은 바꾸어 드립니다.